全球化译丛

In Defense of Global Capitalism

为全球化申辩

〔瑞典〕约翰·诺尔贝格〔Johan Norberg〕 著

姚中秋 陈海威 译

社会科学文献出版社
SOCIAL SCIENCES ACADEMIC PRESS (CHINA)

Johan Norberg and Timbro/SFN 授权社会科学文献出版社出版中文版。本书根据 Cato Institute 的英文版译出。

First published 2001 in Swedish with the title *Till världskapitalismens försvar*, and in the American language by Cato Institute, Washington, DC, with the title *In Defense of Global Capitalism*.

本书在版权安排、翻译等方面得到下列机构的支持与合作：

www. tiandaocn. org

www. cato. org

www. jiuding. org

《全球化译丛》总序

1998 年我主编了国内第一套《全球化论丛》，距今已经十年整。这十年是中国与世界天翻地覆的十年，而促使这种巨大变迁的根本动因之一，便是全球化。从世界历史的角度看，全球化实际上是人类发展的一个新阶段，是我们这一时代的最重要特征。它理所当然地引起了世界各国学者的普遍关注，全球化研究也顺理成章地成为人文社会科学的热点领域。在推动国内学术界的全球化研究方面，社会科学文献出版社功勋卓著。在过去的十年中，社科文献出版社既译介了大量国外学者的全球化研究文献，又出版了众多中国学者的全球化专著论文。经过不懈的努力，社科文献的"全球化"系列，不仅形成为该社的一个品牌产品，也成为中国学界全球化研究水准的一杆标尺。

出版社决定进一步整合旗下的各种全球化翻译作品，推出新的《全球化译丛》，谢寿光社长又嘱我再为译丛做一个总的序言。作为国内倡导全球化研究的始作俑者之一，我责无旁贷。其实，我已经为各种全球化译丛或论丛写过好几篇序言。适应当时国内全球化研究现状的需要，在那些序言中我反复表达的意思是：人类正在进入一个全球化时代，全球化是一个人类历史的转变过程，其基本特征是，在经济一体化的基础上，世界范围内产生一种内在的、不可分离的和日益加强的相互联系。全球化既不是"西方化"，更不是"美国化"和"资本主义化"，它是一种客观的世界历史进程。不管人们承认与否，喜欢与否，害怕与否，它必将深刻地影响中国与

世界的命运。唯有深入研究全球化的规律，积极应对全球化的挑战，我们才能在理论与实践上掌握全球化的主动权。现在，上述这些观点几成共识，无须再强调。尤其在实践层面上，中国不仅深度介入全球化进程，而且是国际社会公认的全球化赢家之一。

那么，在这里再说点什么呢？我想说的是，全球化首先表现为经济的一体化，但经济生活的全球化不仅极大地改变了人类的生产方式、消费方式和交换方式，也极大地改变了人类的思维方式和行为方式，从而对民族文化造成深刻的冲击。换言之，全球化不仅是一种经济和政治现象，也是一种文化和学术现象，正在重塑我们的民族文化和学术研究，改变我们的思维所赖以参照的坐标系，要求我们同时具有民族性和全球性的双向思维。唯有如此，才能真正发展起具有"中国特色"和"中国气派"的中国学术，并使之走向世界，展现中国文化和中国学术的魅力和实力。

长期以来，建立在领土疆界之上的民族国家一直是我们进行想象和分析的基本依托和主要坐标，全球化的进程正在无情地撼动民族国家的传统疆域。毫无疑问，在可见的将来，民族国家仍将是政治生活的核心，国家认同和民族认同仍将是基本的政治身份标识。但是，必须清楚地看到，传统的民族国家已经受到全球化的严重挑战。全球化是一种穿越国界的过程，全球性是人类对民族性的一种超越。它既要求我们进行民族的思考，也要求我们学会全球的分析。民族国家仍然是我们进行比较分析的主要坐标，但全球社会也同样应当是比较研究的基本参照。

因此，在文化建设和学术研究方面，我们必须处理好本土化与国际化的关系，既使文化建设和学术研究扎根于我国特殊的土壤中，同时又不背离人类社会的共同价值和普遍原理。立足于中国的现实，根据我国具体的政治、经济、文化和历史环境，研究我国的理论和实际问题，使人文社会科学研究带有中国特色，这是中国学术发展的前提条件。但是，人文社会科学必然具有超越国家的普遍性原理，离开这些原理，就无所谓科学。我们的学术研究应当在立足中国的基础上走向国际化，应当使中国的人文社会科学成为国际人文社会科学不可或缺的组成部分，使全世界的学者都认识到，中国的学术智慧是全人类学术智慧的重要内容。

全球化要求我们特别重视前瞻性思维和理论创新。习惯于背逆性思维，是我们中华民族传统思维方式的一个显著特点。言必称三王，行必提尧舜，理想的时代必定在古代。即使欲对传统有所突破，也要"托古改制"。带着沉重的怀古情节来观察和评判现实，一看到或听到新的观点和理论，往往不是冷静地分析，而是根据既定的标准进行指摘和抵触，这是我们的传统思维定式。全球化是现代化的延伸，是对传统的超越，无情地摧毁了过去的各种理想模式。在全球化时代，过去的和现存的每一种社会生活模式都暴露出其固有的缺点。它迫使人们进行前瞻性的思考，把理想模式建立在未来，而不再是过去。在这样一种背景下，对于学术研究而言，理论的创新显得前所未有的重要。创新不仅是社会进步的动力，也是文化进步的动力。

全球化要求我们在进行纵向思维的同时，特别重视横向的比较思维。纵向思维使我们能够学习历史的经验，但片面的纵向思维容易把自己局限于狭隘的历史经验中，总是拿自己过去的经验与现实进行比较，觉得自己现在是如何之好或如何之坏，很容易走向两个极端：对现实的虚假满足或极度憎恶，不是夜郎自大，就是自暴自弃。前者使人看不到自己与别人事实上存在的差距，后者则使人看不到自己身上具有的优势和长处。全球化的重要特征是社会的政治经济发展和人类生活的跨国性，它迫使人们更多地进行横向思维，即跳出自己狭隘的历史经验，将自己的经验与别人的经验加以比较，虚心向其他先进者学习，扬己之长，避己之短，既不夜郎自大，沾沾于自己取得的成就；又不妄自菲薄，看到与先进者的差距就垂头丧气。

全球化要求我们打破非此即彼的简单两分法，进行综合的思考。简单的两分法思维方式长期影响着我们的政治和经济生活，其特征是把两种事物截然对立起来，似乎有你无我，有我无他。首先不问观点是否正确，事物本身是否对人民有益，而是一上来就问姓

"资"还是姓"社"，姓"中"还是姓"西"，是"马"还是"非马"。全球化既不是单纯的同质化，也不是简单的碎裂化，它是一个合理的悖论：它既是国际化，又是本土化；既是普遍化，又是特殊化；既是民族化，又是世界化；既是分散，又是整合。全球化是一种真正的"对立统一"，两种完全相反的趋势却奇妙地结合在一起，相辅相成，你中有我，我中有你。取其任何一方而忽视另一方，既不符合全球化的客观进程，更会给现实带来灾难性的后果。

全球化正在摧毁目的论和宿命论的现实基础，要求我们具有过程性的思维。一切宗教和神学的哲学基础都是目的论和宿命论，它有意识地或潜意识地假定一切事物、一切行动都有其终极目的，人们无法超越预先设定的最终目的。一切封建迷信和个人崇拜归根结蒂也是由这种宿命论和目的论派生出来的，它的现实基础就是社会政治经济制度和文化观念在封闭的环境中长时期地静止不变。全球化使得任何一个民族国家，不能再闭关自守，而必须对外部世界开放，否则就是自取灭亡。全球化不是一种目标，甚至也不是一种稳定的状态，而是一个过程。它迫使民族国家不断对自己的制度和价值进行创新，使改革和创新也变成一个持续的过程。

总之，全球化正在深刻改变人类的思维方式和文化生活，正在改变着中国文化和中国学术。全球化将现代文明提升为全球性的抽象，而不管这种文明源于东方还是西方，所以，学习现代的西方文明并不等于"西方化"，正如学习现代的东方文明不等于"东方化"一样。我们正在全力振兴中华文化，这是全球化背景下的中国文化复兴。我们必须更加主动地迎接全球化对中国文化的挑战，更加积极地进行文化创新，更加充分地吸取人类文明一切合理的成果。这是推动中国文化和中国学术创造性地向前发展，保持和发扬自己的本土优势和民族特色，实现中华民族伟大复兴的唯一正确选择。

俞可平

2008 年劳动节于京郊方圆阁

目录
CONTENTS

前　言

我们无政府主义派在学校的选举中获胜了！

那是 1988 年秋季学期，我们 16 岁，学校位于斯德哥尔摩西郊。跟以往的选举年一样，学校也举办了由学生们参与的"校园选举"。但我跟自己最好的朋友马尔库斯并不相信这套选举制度。在我们看来，多数获胜的选举规则，就好比是由两只狼和一只羊在竞选应当由谁来充当晚餐。学校想要我们选出某个人来统治我们，但我们所追求的是自己治理自己的生活。

我想，之所以有这种看法，部分是因为我们的感觉跟别人不大一样。我们沉迷于电子音乐和哥特朋客摇滚，总是一身黑色行头，头发向后披着。我们只想演奏音乐，读读书，而其他人则似乎热衷于拥有右派的装饰品，将其戴在身上。在我们看来，右翼是上层既得利益者，死硬地抵制一切跟他们不同的东西。但我们对左翼也没有好感，在我们看来，左翼就意味着庞大的政府官僚机构和军事化的控制。尽管我们喜欢听仁慈姐妹乐队①和瑞典的朋克歌手特斯罗姆（Thåström），但我们真正相信的，则是约翰·列侬那样"幻想一个没有国家的世界"。应当消灭国家，应当让人们在全世界自由地流动，应当让全世界的人们根据自己的意志自愿合作。我们想要一个

---

① 仁慈姐妹乐队（The Sisters of Mercy），20 世纪 80 年代的哥特音乐流行乐队，由几名爱好中古世纪音乐的男子组成。

没有强制也没有统治者的世界。显然，我们既不是右派也不是左派，既不是保守党人也不是社会民主党人。我们是无政府主义者！

于是，我们成立了"无政府主义阵线"，填写了一张内容激进、不乏幽默的登记表，成为校园选举的候选人。随即，我们在学校的墙上贴出手写的标语，提出诸如此类的问题："谁来管你的生活——你自己还是349名宪法兵？"我们要求废除政府……废除校园内禁骑自行车的禁令。大多数老师对我们的做法很不以为然，认为我们是在给竞选添乱，而我们则觉得，我们是以民主的方式传播我们的看法。校长将我们叫到办公室中训话，但这却反而强化了我们的反抗精神。

我们在激烈的大选中做得很好，获得了25%的支持票。社会民主党以19%名列第二。我们很兴奋，我们确信，这可能是某种大事业的开端……

这都是15年前的旧事了。这么多年以后，我对很多事情的看法发生了变化。我已经认识到，关于个人、社会和自由的问题，要比我想象的复杂。用极端的乌托邦冲动来解决一切事情，会带来太多的复杂情况和问题。我已经认识到，我们需要政府来保护自由，防止权贵压迫个人。我现在相信，对于保护个人权利这个目的而言，代议民主制度要优越于其他一切制度。我现在认识到，我从前所提防的现代工业社会，事实上让人们享有了此前意想不到的生活水平，给了人们以广泛的自由。但我对自由的基本追求仍跟1988年那场精彩的学校选举时一样强烈。我希望人们获得自由，人不再压迫人，我仍然向往一个没有政府使用关税和边界限制人们出入境的世界。

我喜欢"全球化"，尽管这个词相当无趣，但通过全球化，人员、信息、贸易、投资、民主制度和市场经济越来越多地冲破国家的边界。这种国际化使我们更少受地图绘制者画出的界限的约束。

政治权力一向是地理的产物，以对某一疆域的实际控制为基础。全球化则使我们能够通过人员的旅行、跨国贸易和投资，更方便地在这些疆域之间穿梭。由于交通成本的不断下降，由于我们获得了更新更有效的通信手段，由于贸易和资本流动的自由化，我们的选择和机会随之不断增加。

本地的大公司不再是我们购物时唯一的选择了，如今有了外国竞争者。我们也不用待在村里听命于那个唯一的雇主，而可以到外地去寻找机会。我们也不必一切都依着陈规旧俗来，如今，整个世界的文化都可以供我们选择。我们不必把一生都耗在一个地方，我们可以到处旅行，不断搬家。

这些因素也导致了思想的解放。我们不用非得遵循当地的习俗，我们希望更主动地、自由地进行选择。公司、政客和各种社团则不得不竭尽所能唤起人们对它们的兴趣，或争取人们的支持，因为人们已经可以在全世界范围内进行选择了。我们控制自己生活的能力正在增长，社会也由此不断趋向繁荣。

正是因为这一原因，当那些自称为无政府主义者的人士投入到反对全球化的斗争的时候，我觉得他们很可怜：他们竟然不是在支持它，而是在反对它！2001 年 6 月份，我去了一趟哥特堡，那里正在召开欧盟首脑会议。我到那儿是想向人们解释，欧盟的问题就在于它正在许多方面抵制着全球化和自由化，我也想在那里提出我自己的观点：应当开放边界，取消控制措施。

我没有能够表达出自己的意见，因为我本来准备发言的地方，成了一场战斗的中心。在那里，反全球化的所谓无政府主义者正在打砸商店，向那些保护民主集会的警察投掷石块。这些所谓的无政府主义者，要求的其实是禁令和控制，并向那些坚持不同价值观的人投掷石块。这些"无政府主义者"主张，政府应当重新约束人民，约束那些刚刚才摆脱边界线约束的人民。这么一来，他们就肆意地歪曲了自由的理念。在我们这些当年生气勃勃的无政府主义人士看来，这群人跟无政府主义根本就不搭边。要是用我们十几岁时比较简单直接的话来说，他们简直就是法西斯党人。

不过，这种暴力活动只是更为广泛反对全球化进程的思想运动中的一部分而已。在过去几年间，越来越多的人在抱怨，新的自由化和国际化走得太远了，正在导致某种"极端资本主义"

(hypercapitalism)。抗议这种日益全球性的资本主义的运动，或许可以自称为激进主义者，也可以自我标榜为一种激动人心的新观点。然而，它其实不过是对以前的反对自由市场和自由贸易的陈词滥调的重复而已，而在以往，这些论调倒是经常被统治者们挂在嘴边。很多集团——第三世界那些实行独裁统治的政权、欧共体的官僚们（Eurocrats）、农业保护运动组织、垄断企业、保守派知识分子和新左派运动，都在担心实现了全球化的人类将以牺牲国家机构为代价而获得更多权力。所有这些团体都一致地将全球化视为一头完全失去控制的巨兽，一头需要圈起来、予以约束的巨兽。

批评全球化的很多观点，都将全球化描述为某种巨大而具有威胁性的东西。这些批评通常不进行理性的思考，而只是简单地描述目前事实。比如，批评者们可以说，全世界最大的第 51 个经济体是某个公司，或每天金融市场上有 1.5 万亿美元资金在流动，仿佛规模本身就内在地是危险的、可怕的。但这只是算术，而不是论点。大企业或很高的资金周转量本身就是问题吗？这是有待证明的。而批评者们却通常忘了进行证明。本书将证明相反的观点：只要我们可以自由地挑选和选择，某种自愿合作的形态由于获得成功而越来越庞大本身并没有错。

如此庞大的数字和抽象的词语"全球化"——该词汇形成于 20 世纪 60 年代初，但直到 80 年代才被广泛使用——带给人们这样一种印象：这是一股匿名的、神秘的、难以表述的力量。仅仅因为全球化是由分散在不同国家的人们的个人行动所推动，而不是由某个集中控制室所主宰，它就被看做是不受约束的、混乱的东西。政治理论家本雅明·巴伯曾悲叹，显然缺乏一种"强劲的力量来抗衡、制服和驯化无政府的全球经济势力"[1]，这反映了很多具有类似心态的知识分子的想法。

---

① Benjamin R. Barber, "Globalizing Democracy," *The American Prospect* 11, no. 20, September 11, 2000, p. 16.

　　面对全球化，很多人觉得无力。这种感觉的出现并不难理解，全球化进程其实是数以百万计人的分散决策共同推动的，单一的个人与之相比自然是渺小的。对于成千上万人自主安排的生活，我们确实无权干涉，这似乎很让人无助。但反过来，别人也同样无法干涉我们的生活，我们也由此获得了对于自己生活的新权力。因此，这种无力感其实是一件好事情。没有人在驾驶座上，因为我们都是驾驶者。

　　如果我们不是每天都用互联网收发电子邮件、订购书籍、下载音乐，这个全球性的电脑网络就会萎缩、死亡。假如我们不想购买外国的东西，也就不会有公司会从外国进口东西；如果不是外国的企业家想扩展生意或开办新企业以满足消费者的需求，那也就不会有人到外国去投资。全球化就是由我们的日常活动构成的。我们吃的是来自厄瓜多尔的香蕉，喝的是法国葡萄酒，从英国订购书籍，为那些向德国和俄罗斯出口商品的公司工作，到泰国休假，节约下来的退休金则由基金投资到南美和亚洲。资本可以通过金融企业流动，商品可以由商业企业进出口，但资金和商品之所以如此流动，仅仅因为我们需要它们这样流动。全球化是自下而上形成的，尽管政客们用形形色色的机构（欧盟、国际货币基金组织、联合国、世界贸易组织、联合国贸易发展会议、经济合作与发展组织）来管理它，试图控制这个过程。

　　当然，要跟上时代的步伐，并不是一件容易的事情，尤其是对知识分子来说，他们习惯于把任何事情都置于控制之下。在讨论19世纪瑞典诗人和历史学家恩里克·古斯塔夫·格杰尔（Erik Gustaf Geijier）的一本书中，安德尔斯·恩马克（Anders Ehnmark）几乎是用非常羡慕的笔触写道，格杰尔有这样一种能耐，坐在乌普萨拉，仅靠阅读《爱丁堡评论》和《评论季刊》，他就可以洞悉天下大势①。因此，假如由欧洲各国首都的一小撮精英来左右世界历

---

① Anders Ehnmark, *Minnets hemlighet: en bok om Erik Gustaf Geijer*（Stockholm: Norstedts, 1999），p. 60.

史进程，那这个世界确实将会非常简单易懂。而现在，其他大陆已经觉醒，社会的发展也开始受到普通人日常决策的影响，于是，一切都变得复杂而让人困扰了。因此，毫不奇怪，有影响力的人士、决策者和政客都宣称，"我们"（其实是指他们）由于全球化而丧失了权力。而事实上，他们的一些权力也确实到了我们——普通人——手中。

并不是我们每个人都能成为全球性阔佬，但不用如此我们也能参与到全球化进程中。尤其是穷人和无权者将会发现，由于廉价商品不再被关税壁垒拒之门外，由于外商投资提供了就业机会、实现了生产现代化，他们的福利能得到极大改进。即使那些仍然生活在出生之地的人们，也能从信息的跨国流动和选举其政治代表的自由中获得巨大收益。而这则需要更多的民主改革和经济自由。

要求得到更多挑选和选择的自由，看起来似乎无足轻重，但实际并非如此。对于生活在富裕国家的我们来说，获得外国产品和服务，似乎是一种奢侈享受，甚至是一种烦恼。可以想象人们是如何看待星巴克或垃圾般的美国真人秀电视节目的，但它们并非完全不能容忍。而对于穷人来说，生存就意味着赤贫、肮脏、无知和无权；意味着总是要琢磨下一顿饭从哪儿来；意味着要走几里地去弄水，即使那水并不适合饮用。

当全球化敲响印度塞加尼村庄的"贱民"老农布哈甘特家的大门之后，他家的房屋从土筑的变成砖砌的，家人前所未有地穿上了鞋子，干净的衣服取代了破烂发臭的衣衫。而在他家门外，往昔污水横流的街道排干了水，犁过的土地的芳香取代了垃圾的臭味。要知道，在30年前，布哈甘特甚至都不知道自己生活在一个叫做印度的国家。而如今，他可以通过电视看到世界新闻了①。

新的选择自由意味着，人们不再只是给村里唯一的雇主也就是

① Lasse Berg and Stig T. Karlsson, *I Asiens tid*: *Indien*, *Kina*, *Japan 1966 – 1999* (Stockholm: Ordfront, 2000), chap. 1.

那些有权势的大农场主干活。妇女们离家出外工作，并因此提高了她们在家里的地位。而新生的金融市场则意味着，布哈甘特的孩子们再也不用被迫借高利贷了。在以往，借了高利贷的后果常常是被迫充当放贷者的廉价劳工，而如今，随着人们可以自由地在不同的银行贷到钱，高利贷销声匿迹了。

布哈甘特那一代，人人都是文盲。到了他的儿子辈，也只有少数孩子能够上学；而到了他的孙子辈，每个孩子都能上学了。布哈甘特发现，社会真的变了。社会越来越自由和繁荣。今天，孩子们的行为倒是个大问题。布哈甘特年轻的时候，孩子很听话，在家里帮工。现在，他们变得那么独立，自己给自己挣钱。这样的事情当然会带来冲突，但跟眼睁睁看着自己的孩子死去或者不得不把孩子卖给放高利贷者相比，完全不是一种性质。

你、我这些生活在西方特权世界中的人对于全球化的紧迫问题所采取的立场，能够决定，是让更多人分享到布哈甘特的村庄所出现的那种发展成就，还是让这种发展逆转。

全球化的批评者经常竭力描述这样一幅图景：新自由主义（neo-liberal①）的市场掠夺者已经密谋把资本主义变成世界的主宰者。举例来说，我们看到，政治理论家约翰·格雷将自由市场政策的传播描述为一些试图"渗透到"政府中的"激进"空想家所导演的一场虚拟政变。按照格雷的说法，"这场革命的目标是使新自由主义的政策不受政治生活中的民主责任制的制约"②。还有些学究——包括《美国前景》的总编辑罗伯特·库特尔（Robert Kuttner）和经济学家约瑟夫·斯蒂格里茨（Joseph Stiglitz），甚至

---

① 我用欧洲意义上的"自由主义者"（liberal）一词指信奉 19 世纪自由主义传统的那些人，他们支持自由贸易和开放市场，即经济和公民自由权利，而不是指更常见的美国意义上的、政治上的中左派。在美国的政治光谱中，"自由至上主义者"（libertarian）可能接近于我们所说的"自由主义者"。——作者自注

② John Gray, *False Dawn*: *The Delusions of Global Capitalism* (New York: The New Press, 1998), pp. 39 – 43.

将鼓吹自由市场的人士形容为某种准宗教派别，称之为"市场原教旨主义"。

然而，放松管制、私有化和贸易自由化，并不是由极端自由主义的空想家发明出来的。确实有一些政治领导人，比如里根总统和撒切尔夫人，受到了经济自由主义的启发。但最大的改革者其实是中国和前苏联的共产党人，是拉美的贸易保护主义者和亚洲的民族主义者。在很多欧洲国家，这方面的进展则出自社会民主党人之手。总之，极端自由主义者通过休克疗法进行革命的阴谋论说法，是完全没有根据的。相反，改革往往是出于实用主义的考虑，通常是反自由主义的政治家认识到了，他们的政府在全面控制的方向上走得太远了，他们仅仅是基于这一理由，才开始放开本国经济，而不是根据什么自由主义的理论。自由资本主义支配世界的说法，经不住下面的观察结果的验证：今天，我们可能拥有有史以来最大的公共部门和最高的税率。已经采取的种种自由化措施，不过废除了过去一些过分的集中控制措施而已，但这些措施还远不足以建立起一个自由放任的制度。统治者基于自己的利益、按照自己的速度从过度控制往后退，因此，我们有理由问，这种后退是否真的在自由化的道路上走得太远了，还是相反，它其实根本没有做到位。

我说我要捍卫资本主义，指的其实是资本主义所带来的自由，即那种可以自由尝试，而无须首先请求统治者和边境官员的许可的自由。这样的自由，就是我当初以为通过无政府可以实现的自由。当然，这种自由应当在法律的控制之下，以便确保一个人的自由不至于侵犯另一个人的自由。我向往每个人都能享有这样的自由。假如资本主义的批评者觉得，这样的自由今天已经过剩了，那我就希望让全世界的穷人也能得到这样的自由，哪怕是过剩也行。因为，一直到今天，他们对于自己的工作和消费还是只有很少发言权。因此，我毫不迟疑地把这本书的标题定为《为全球资本主义辩护》，尽管我所说的"资本主义"可能更多地是一种未来的可能，而不是现存的体制。

我用资本主义一词，不是特指由资本所有权和投资机会所构成的经济体制。这些东西也可以存在于命令式经济中。我所指的是自由的市场经济，可以进行自由竞争，它的基础则是使用自己的财产的权利和讨价还价的自由、签订契约的自由、开办企业的自由。因而，我所捍卫的，其实就是个人在经济事务中的自由。资本家如果不是通过竞争来获取利润，而是跟政府沆瀣一气，那就是一股危险的力量。假如国家实行独裁统治，公司就很容易成为侵犯人权的帮凶，不少西方石油公司在非洲就扮演了这样的角色①。基于同样的理由，假如资本家活跃于政治权力的走廊上寻求利润和特权，那他也就不是真正的资本家。相反，他们将威胁到自由市场，因而，必须对他们予以批评和抵制。商人通常都想玩政治，政客也想当商人。这不是市场经济，而是一种混合经济，在这里，企业家和政客混淆了自己的角色。只有当政客追求自由主义政策，而资本主义专心做生意，此时，才有自由资本主义。

因此，我信仰的不是资本主义或全球化，也不是种种体制和管制性法规，尽管它们让我们取得了繁荣、创新、交流、文化等方方面面的成就。这些东西都是人为创造出来的。我信仰的是人们实现伟大目标的能力，及源于我们的互动和交换的联合性力量。我之所以期望更大的自由和更开放的世界，不是因为我相信一种体制凑巧比另一种体制更有效率，而是因为，这些东西提供了一个释放出个人创造性的框架，而别的体制却做不到这一点。它们刺激了人的能动性，从而带来了人自身、经济、科学和技术的进步。相信资本主义并不意味着信仰经济增长、信仰经济本身或效率。它们尽管也是可欲的，但仅仅是结果而已。相信资本主义的核心则是相信人类。

跟大多数自由主义者一样，我也可以认同法国社会党总理若斯

---

① 比如，参见 Human Rights Watch, *The Price of Oil: Corporate Responsibility and Human Rights Violations in Nigeria's Oil Producing Communities* (New York: Human Rights Watch, 1999), http://www.hrw.org/reports/1999/nigeria/index.htm.

潘的一句话：我们只要一个"市场的经济，而不要一个市场的社会"。我的结论不是经济交易可以取代人类的一切关系。我所追求的是各个领域中的自由和自愿性关系。在文化领域中，这意味着表达和出版自由；在政治领域中，这意味着民主制度和法治；在社会领域中，这意味着根据自己的价值生活和选择自己的同伴的自由；而在经济中，则意味着资本主义和自由市场。

我的意图并不是主张我们应当给所有东西都标上价格。生活中重要的东西，比如爱情、家庭、友谊、一个人的生活方式，它们不可能用金钱来标价。有些人相信，自由主义者以为人们总是根据其收入最大化目标采取行动，这样的人其实对自由主义者一无所知；而任何确实这样思考问题的自由主义者，可谓对人性毫无所知。我写作这本讨论全球化的价值的书，而不是去当会计师或渔民，驱使我这样做的，并不是想追求更高收入。我只是写下了我信仰的一些东西，而这些东西是很要紧的。我之所以希望生活在一个自由社会，是因为，这样的社会能给人机会以选择什么对他们是最要紧的权利。

最后，我要对那些帮助我整理我在这些问题上的思考的人士表示诚挚的谢意，而由于很简单的理由，这一主题对他们也很重要，尤其是对弗雷德里克·埃里克森（Fredrik Erixon）、索非亚·勒布兰德（Sofia Nerbrand）、莫里西奥·罗加斯（Mauricio Rojas）。我也非常感谢巴布罗·本特森（Barbro Bengtson）、夏洛特·哈格布拉德（Charlotte Häggblad）、克里斯提娜·范·乌格（Kristina von Unge），他们以很高的效率使我的手稿变得干净利落。

约翰·诺尔贝格
斯德哥尔摩，2003 年 1 月

第一章
每日每处

半真半假

1014 年，伍尔夫斯坦大主教（Archbishop Wulfstan）在约克郡布道时宣称，"世界一片混乱，末日即将来临"。至少从那时起，甚至更早，人们就相信一切正变得越来越糟，美好的事物正一天天离我们远去。许多关于全球化的讨论与此相似，都有一个预设，即世界正迅速地陷入毁灭之中。几年前，教皇约翰·保罗二世回应了他一千年前的同事，用下面的话概括了世界的发展。

> 各地都在见证着某种资本主义的新自由主义的复兴，它使人类盲从于市场力量，并使人类的发展受到这些力量的限制……因此，在国际社会中，我们发现一小部分国家正变得极其富裕，他们富裕的代价则是其他大多数国家日益贫困化；结果是富者更富，穷者更穷。①

据说，这世界正变得越来越不公平。关于市场经济的辩论异口

---

① 伍尔夫斯坦的话出自 Anthony Giddens, *Runaway World: How Globalisation Is Reshaping Our Lives* (London: Profile Books, 1999), p. 1. 教皇约翰·保罗二世的话出自他的文章 "Homily in the José Martí Square of Havana"，发表于 1998 年 1 月 25 日。其英文稿网络版见 http://www.vatican.va/holy_father/john_paul_ii/travels/documents/hf_jp-ii_hom_25011998_lahavana_en.html.

同声地说道："富者更富，穷者益穷。"这一论述被认为是不证自明的自然法则，是一个毫无疑义的论题。但如果我们透过这一耳熟能详的口号，去研究世界上到底发生了什么的时候，就会发现，这其实是一个"半真半假"的命题。命题的前半部分是正确的，富者的确变得越来越富——尽管不是所有富人都更富了，但总体而言，的确如此。我们这些有幸生活在富裕国家的人，在过去几十年中的财富增长相当可观，那些第三世界中的富人也一样。但这个命题的后半部分则完全是错误的。从总体上来说，在最近几十年中，穷人的境况不仅没有变得更糟糕，相反，绝对贫困已经大为缓解。在贫苦者数量最多的地区——亚洲，数亿人的生活已经有了一定保障，甚至达到一定程度的富裕；而就在 20 年前，他们还在为满足最基本的需要而苦苦挣扎。在全球范围内，贫困都已经减少，人们已经开始解决严重的不公平问题。作为全书开篇的本章，将为大家呈现一长串的数据和趋势描述，而这些数据和描述，对于纠正对世界状况的普遍误解是必不可少的。①

在近几年出版的妙趣横生的著作中，有一本叫做《亚洲的时代：印度、中国和日本 1966 - 1999》。这是一本游记，瑞典籍作

---

① 除非特意注明，本章所引的事实和数据均出自联合国发展署（the United Nations Development Program，UNDP）和世界银行，尤其是这两个机构历年发表的年度报告，《人类发展报告》（Human Development Report）和《世界发展报告》（World Development Report），及其编制的《2000 年世界发展指标》（World Development Indicators 2000）。应当强调，由于测算方法不同，不同出处的数据有时会略有出入，因而，在研究某一历时性变化时，应谨慎使用这些数据。本书在比较发展中国家与工业化国家时，发展中（或不发达）国家的定义一般是指那些生活水平较低、公共卫生和教育较差、生产率较低、资本短缺、严重依赖农业和原材料、不稳定，并依赖国际环境的国家。参考 Michael P. Todaro, Economic Development, 6th ed., (Reading, Mass.: Addison Wesley Longman, 1997), p. 38. 根据这一定义，约有 135 个国家属于典型的发展中国家，而所谓的第三世界国家则都属于发展中国家。记住下面一点是重要的：这些国家之间的差异非常大，因而，很难将它们归为一类来谈论。这个概念把独裁统治与民主制度，战争地区与增长的市场，处于绝对贫困、遭受饥荒折磨的国家与已经实现工业化的国家混在一起。

者莱斯·伯格（Lasse Berg）和摄影师斯蒂格·卡尔森（Stig Karlsson）在书中描绘了他们曾经踏足的这些亚洲国家。他们曾在20世纪60年代到过这些国家旅行。[1] 那时，他们触日所见的尽是贫穷、无望的悲惨和即将来临的灾难。跟来到这些国家的其他许多旅游者一样，他们对这些国家的未来不抱有太大希望，并且认为，社会主义革命是唯一的解决办法。20世纪90年代，当他们再次回到印度和中国时，他们发现，自己曾经的判断是多么错误。在这两个国家，越来越多的人从贫穷中解脱出来；饥饿问题正稳步消除；街道也打扫得干干净净。破旧的泥草屋让路于整齐宽敞的砖瓦房，家家户户都用上了电，屋顶上也支起了电视天线。

在伯格和卡尔森第一次访问加尔各答时，有10%的居民无家可归，每天早晨，政府或教会组织会派出卡车，四处寻找并收集这一夜中死亡者的尸体。30年后，当他们准备去拍摄街头流浪者时，他们发现，很难找到这样的人了。黄包车已经在这座城市中消失，人们的出行工具变成了汽车、摩托车和地铁。

当伯格和卡尔森拿出他们上次访问时拍摄的照片，就在这些照片被拍摄的同一地方，给印度的年轻人看，而这些年轻人简直无法相信这居然就是同一个地方。他们不能相信，这个地方曾经是如此苦难和可怕！在他们书中的第42页有两张图片，可以用来说明这一惊人的变化。摄于1976年的旧照片中，12岁的印度小女孩萨图（Satto）伸出了由于多年的辛苦劳作而满是裂口的双手，相对于年龄而讲，这双手实在是太粗糙了。而最近的照片拍摄的是萨图13岁的女儿舍玛（Seema），她伸出的是一双年轻而柔软的，属于孩子的手，这说明她的童年没有被劳作剥夺。

最大的变化其实在于人们的思想和梦想。电视和报纸带来了世界另一半的观点和图景，打开了人们的视野，让他们能够设想，自己能够做些什么。为什么我们要将自己的终身耗在同一个地方？

---

[1]　Published in Sweden as I Asiens tid: Indien, Kina, Japan 1966–1999.

为什么妇女必须被迫早生孩子而牺牲掉自己的事业？为什么婚姻
必须被包办？为什么贱民（the untouchables）必须被排斥在社会
之外？为什么其他国家的家庭关系可以是那么自由？为什么世界
上有那么多可行的政治制度，而在这里却只能是这样一种政治制
度？

莱斯·伯格以一种自我批评的口吻写道：

> 我阅读了我们这些观察者，无论是外国人还是印度人，在
> 20世纪六七十年代写的东西，在这些分析中，我不能找到任
> 何有关今日印度的痕迹。通常都是噩梦一般的景象——人口过
> 多、喧嚣、动乱或者是停滞不前，那时的我们不能想象会出现
> 现在这样稳定的发展，更不用说是现在随处可见的现代化的思
> 想和梦想。有谁预见到消费主义的生活观会如此深入到偏僻的
> 乡间？又有谁预见到经济状况和普遍的生活水平都是如此之
> 好？回想起来，这些描述的共性是，它们都夸大了异乎寻常
> 的、令人恐惧的或不确定的事情（大多数作者有个人的情结、
> 喜好或习惯），同时却低估了发展的固有的主导力量。[1]

莱斯·伯格展现给我们的累累硕果不是社会主义革命的结果，
恰恰相反，是过去几十年中追求更多个人自由的运动的结果。自由
选择和国际交流增多，投资和发展援助既传播了思想，又带来了资
源，使得发展中国家也可以从他国的知识、财富和发明中获益。
医药的进口和新的医疗保健体制大大改善了人们的生活状况。现
代技术和新生产方法提高了产量，增加了粮食供给。公民可以更
加自由地选择自己的职业，出售自己的产品。通过统计数据，我
们可以说明这如何增加了国家财富，减少了贫困人口。但最为重
要的还是自由本身，是自治将独立和尊严带给了曾经饱受压迫和

---

① Berg and Karlsson, p. 96.

欺凌的人民。

由于人道主义观念（humanist ideas）的传播，几世纪前还在世界上普遍存在的奴隶制度，在一个又一个大陆被推翻。时至今日，尽管它还非法存在着，但自从 1970 年阿拉伯半岛上最后一批奴隶解放之后，奴隶制几乎在地球的每一处都被禁止。前资本主义经济时代盛行的强迫性劳工，正迅速地被市场蓬勃发展带来的签约自由和流动自由取代。

缩 减 贫 穷

在 1965 ~ 1998 年间，全球人口的平均收入实际上翻了一番，根据购买力和通货膨胀进行了调整之后的数字是从 2497 美元增长到 4839 美元。这一增长并不是由工业化国家增加了其收入而带来的。在这一期间，世界上最富裕的五个国家的人均收入从 8315 美元增加到 14623 美元，也就是大约 75%。而世界上最穷困的五个国家的人均收入增长速度更快，在同一时期翻了不止两番，即从 551 美元增加到了 1137 美元。① 到了今天，全世界的总消费量是 1960 年的两倍还多。

多亏过去半个世纪的物质发展，全世界有超过 30 亿人生活在贫困线之上。这在历史上是从未有过的。联合国开发署（UNDP）观察到，总而言之，在过去 50 年中世界贫困水平下降的程度比先前的 500 年中所下降的总和还多。联合国开发署《1997 年人类发展报告》中写道，人类正处在"第二次大上升"（Great Ascend）

---

① Arne Melchior, Kjetil Telle, and Henrik Wiig, *Globalisering och ulikhet: Verdens inntektsfordeling og levestandard, 1960 – 1998* (Oslo: Royal Norwegian Ministry of Foreign Affairs, 2000). 也可见英文版："Globalization and Inequality: World Income Distribution and Living Standards, 1960 – 1998," *Studies on Foreign Policy Issues*, Report 6: B, 2000, chap. 2, http://xodin. dep. no/ud/engelsk/publ/rapporter/032001 – 990349/index-dok000-b-n-a. html.

时期。第一次大上升始于 19 世纪，当时的美国和欧洲工业化处于兴起阶段，繁荣随之迅速扩展。第二次始于第二次世界大战之后，现在正处于全盛时期。这期间，首先在亚洲，然后在其他发展中国家，反对贫困、饥饿、疾病和文盲的战斗取得了从未有过的伟大胜利。报告最后宣称：

> 20 世纪减少贫困的伟大胜利表明，在 21 世纪的第一个十年中，根除严重的贫困是可以实现的。①

贫困仍将迅速地减少。通常人们将"绝对贫困"定义为每天收入少于 1 美元的生活水平。在 1820 年，世界人口的 85% 生活在低于每天相当于 1 美元的水平。到 1950 年，这一数据下降到50%，到 1980 年，则进一步下降为 31%。根据世界银行的数据，1980 年以来，绝对贫困率从 31% 下降到 20%（24% 这个数据也经常被提到，这是指不计入发达国家中的绝对贫困人口，发展中国家中绝对贫困人口在总人口中的比例为 24%）。在过去 20 年中出现的这种快速下降现象在历史上是绝无仅有的，因为它不仅意味着绝对贫困人口比例的下降，更在于绝对贫困的总人数的下降——而这在世界历史上还是第一次。要知道，在这 20 年中，世界总人口增加了 15 亿，但绝对贫困人数依然减少了 2 亿。这一下降与经济增长是密不可分的：在经济增长最快的地方，贫困也消除得最有效。在东亚（除了中国），绝对贫困从 15% 下降到略多于 9%；在中国，则从 32% 下降到 17%。1975 年，亚洲人中十个有六个处于绝对贫困状态，根据世界银行的数据，现在，每十个人中只有不到两个人还处于绝对贫困状态。

但是，可以肯定的是，尽管这些数据令人鼓舞，但还是明显高

---

① UNDP, *Human Development Report 1997* (New York: Oxford University Press for the United Nations Development Program, 1997), "Overview," p. 12.

估了世界的贫困程度，因为世界银行采用了大家都知道不大可信的调查数据作为其评估的基础。世界银行前经济学家瑟吉特·巴拉（Surjit S. Bhalla）最近发表了他自己的计算，作为对以国家统计数据为基础的调查结果的补充。他有力地证明，这一方法的重要意义不仅仅在于提供精确的测量方法。巴拉发现贫穷急速减少，从1980年44%的水平下降到2002年底的13%，这一数字要比世界银行的数字更为可观。如果这些数据是正确无误的，那么过去的20年就出现了贫困率非同寻常、史无前例地降低的现象——至少是其他任何有记录的20年中所能达到的两倍。这样，联合国的目标，即到2015年将贫困人口减少到15%以下，不仅早已达到了，而且大大超过了。①

"但是，"怀疑主义者追问，"在发展中国家，人们难道真的需要消费和发展吗？为什么我们要将我们的生活方式强加给他们？"答案是，我们的确不应该将一种特别的生活方式强加给任何人。但是，不管他们的评价是什么，世上的大多数人都非常渴望更好的物质条件，理由很简单，因为他们将会因此而拥有更多的选择，而用不着我们去考虑他们到时如何决定使用这笔新增财富。如印度经济学家、诺贝尔奖得主阿玛蒂亚·森（Amartya Sen）所强调的，贫穷不仅仅是个物质问题。贫穷是一个更广泛的范畴：它意味着没有权力，意味着被剥夺了基本的机会和选择的自由。收入低下通常表明人们缺乏这些东西，表示人们被边缘化或者受制于高压统治和强制。人类的发展意味着可以享受健康并且不为生存担忧，意味着达到一个良好的生活水平并且能够自由地安排自己的生活。研究物质的发展是很重要的，因为它不仅能给出如何创造财富的建议，而且在更广泛的意义上能对发展作出贡献。无论是个人的还是社会的物质资源，都能使人们填饱肚子、接受教育、获得医疗保健，而

---

① Surjit S. Bhalla, *Imagine There's No Country*: *Poverty*, *Inequality*, *and Growth in the Era of Globalization* (Washington: Institute for International Economics, 2002).

且，不用再忍受眼睁睁地看着自己的孩子死亡的痛苦。人们发现，一旦人类被允许自己做出选择，以上这些就是全世界每个人的愿望。

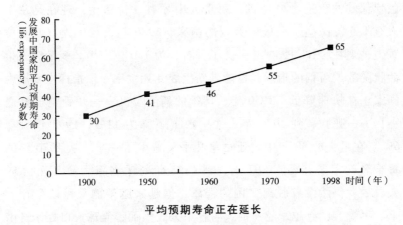

平均预期寿命正在延长

资料来源：联合国开发计划署，《1997 年人类发展报告》（New York：Oxford University Press for the United Nations Development Program，1997）。

人类状况的世界性改善反映在平均预期寿命的迅速提高方面。20 世纪初，发展中国家人口的平均预期寿命还不到 30 岁，1960 年增长为 46 岁，到 1998 年是 65 岁。发展中国家人口现在的预期寿命比一个世纪前处于世界顶尖经济体的英国的预期寿命还要高出大约 15 岁。非洲南撒哈拉地区的发展是最慢的，但即使在那里，预期寿命也出现了增长，从 20 世纪 60 年代起的 41 岁增长到现在的 51 岁。在最富裕的国家，平均预期寿命仍然保持最高——经济合作和发展组织（OECD）的成员国，平均寿命是 78 岁，但最快的改善发生在穷国。1960 年，穷国的人均寿命是富国的 60%，现在已经超过了 80%。当今世界 90% 的人都有可能活到 60 岁以上，这是 100 年前平均预期寿命的两倍。

在《亚洲的时代》一书中，伯格描述了 30 年后第二次访问马来西亚的情况，他突然意识到，在这 30 年中，平均预期寿命增长了 15 岁。这意味着，按当时的预期寿命，他上次访问时看到的那

些人，本来只有半年可活了，但实际上，现在他们却仍然可以好好地活下去。[1]

健康的改善部分源自饮食习惯和生活状况的改善，但也得益于医疗保健的改进。20 年前，每千人中才有一位医生，现在是每千人有 1.5 位医生。在极度穷困的国家，1980 年，每千人有 0.6 位医生；现在，这一数据几乎翻了一番，为 1.0 位医生。衡量穷人生活状况的最可信的指标，可能是新生婴儿死亡率，该指标在发展中国家正在快速降低。1950 年，18% 的新生婴儿——几乎是五分之一！——死亡，到 1976 年，这一数据下降为 11%，1995 年只有 6%。在过去的 30 年中，死亡率几乎又减少了一半，从 1970 年的每千名新生婴儿死亡 107 人，到 1998 年每千名新生婴儿死亡 59 人。尽管仍然没有脱离贫困的苦海，但越来越多的人可以生存下来。尽管穷国有越来越多的人生存下来，然而，全球人口处于贫困状态的比例却日益降低，这反过来证明了，贫困率下降的幅度要比肤浅的统计研究显示的结果大。

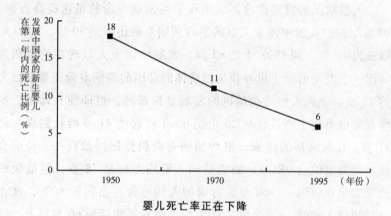

婴儿死亡率正在下降

资料来源：联合国开发计划署，《1997 年人类发展报告》（New York: Oxford University Press for the United Nations Development Program, 1997）。

---

[1] Berg and Karlsson, p. 300.

饥 饿

更长的寿命和更好的医疗条件与欠发达的另一个最为重要的表现形式之一——饥饿——的减少有关。从 20 世纪 60 年代开始，第三世界的人均卡路里摄入量增长了 30%。根据联合国粮农组织的统计，70 年代，发展中国家有 9.6 亿人营养不足。1991 年，这一数据是 8.3 亿，到 1996 年为 7.9 亿。根据人口比例，这个改善速度非常迅速。30 年前，发展中国家大约 37% 的人口受到饥饿的折磨。今天，这一数据少于 18%。仍然很多，是吧？是的。太多了，对吗？当然是的。但数量在急剧减少。瑞典用了 20 世纪的头 20 年来消除长期的营养不良，相比之下，仅仅在 30 年中，世界的饥饿比例就下降了一半，并且有希望进一步减少，到 2010 年达到 12%。地球上从来没有今天这么多的人口，也从未有过如此充足的食物供给。在 20 世纪 90 年代，就饱受饥饿之苦的人口而言，绝对数量平均每年下降 600 万人，而同期，世界人口大约每年增长 8000 万。

在东亚和东南亚，这一切发生得更快，饥饿比例从 1970 年的 43% 下降到 13%；在拉丁美洲，从 19% 下降到 11%，北非和中东则从 25% 下降到 9%，南非从 38% 下降到 23%。发展最糟的地区是撒哈拉以南非洲，饥饿人口数量实际上增加了，从 0.89 亿到 1.8 亿人。但是即使在那里，处于饥饿中的人口比例还是下降了一些，尽管微不足道：从 34% 下降到 33%。

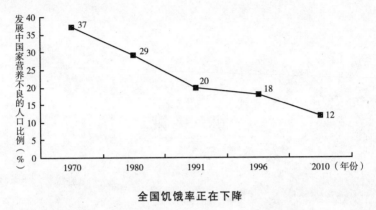

全国饥饿率正在下降

资料来源: 联合国粮农组织, "The State of Food and Agriculture", Document C99/2 to FAQ Conference, 30th Sesion, Rome, Nov. 12 – 13, 1998.

在过去半个世纪,全球粮食生产已经翻了一番,在发展中国家增加了三倍。1961 ~ 1999 年间,全球粮食供给增加了 24%,人均每日热量摄入量从 2257 卡路里增加到 2808 卡路里。最快的增长发生在发展中国家,热量摄入量增加了 39%,每日卡路里消耗从 1932 增加到 2684。[①] 这一发展不是由于将新的土地转变为农业用途,而是由于原有土地的耕作效率得到了提高。每英亩可耕种地的产量实际上翻了一番。小麦、玉米和稻谷的价格下降超过了 60%。自从 20 世纪 80 年代初以来,食品价格下降了一半,某些地区的土地产量增加了 25%——这一过程在穷国比在富国更快。

这是"绿色革命"的胜利。人们培育出了产量更多、抗病性能更好的作物,同时,播种、灌溉、施肥和收割方法都有了重大改进。产量更高的小麦新品种占了发展中国家小麦总产量的 75%,估计发展中国家的农民由于这一改变,已经获得了大约 50 亿美元的额外收入。在印度南部,据估计,在过去 20 年中,绿色革命已经使农民的实际收入增加了 90%,使无地佃农的实际收入增长了

---

① Indur M. Goklany, "The Globalization of Human Well-Being," Cato Institute Policy Analysis no. 447, 2002, p. 7, http: //www. cato. org/pubs/pas/pa447. pdf.

125%。绿色革命的影响在非洲是最小的，但即使在那里，它也使每英亩玉米产量增长了 10%~40%。如果没有绿色革命，据估计，世界小麦和稻谷价格将比现在的价格高出大约 40%，而且世界儿童会另有大约 2%——这些孩子现在有足够的粮食——将遭受长期的营养不良。今天的粮食问题与人口过多没有关系。今天的饥荒问题是如何得到知识和技术，如何得到财富，以及如何保持使粮食生产能够正常进行的稳定环境。许多研究者相信，如果我们能将现代化的农业技术运用到全世界的农业生产中，我们现在立刻就可以养活另外 10 亿人口。[①]

严重饥荒的发生率也显著减少，这在很大程度上是民主制度扩散的结果。饥荒在每一种社会形态下都发生过——共产主义社会、殖民帝国、技术官僚主导的国家和古代的部落社会。在所有的饥荒中，都存在着中央集权的政府，以及压制自由言论和市场运行的情况。阿玛蒂亚·森观察到，在民主政体中，从未有过大饥荒。即使民主不发达的国家，如印度和博茨瓦纳，也成功地避免了大饥荒，哪怕这些国家的粮食供应比发生饥荒的国家还要少。相反，在社会主义社会，如中国、前苏联、柬埔寨、埃塞俄比亚和朝鲜，以及殖民地，如英国统治下的印度，都经历过大饥荒。这表明，饥荒是由独裁政权引起的，而不是粮食短缺造成；饥荒是由于领导者毁坏生产和贸易、制造战争并忽略饥饿人口的困境才得以发生的。

森之所以坚持认为，民主政治下鲜有饥荒，乃是因为，如果一个社会的统治者愿意去防止饥荒，那就可以很容易地防止饥荒。统治者可以减少对粮食分配的各种阻碍来防止饥荒，可以在危机时为没有能力购买粮食的人创造就业机会。但是，独裁者没有任何压力：无论他们的人民吃得多么糟，他们自己都可以吃饱；而民主政

---

① Forbes, November 16, 1998, p. 36; World Bank, *World Development Report 2000/2001: Attacking Poverty* (New York: Oxford University Press/World Bank, 2000), p. 184, http://www.worldbank.org/poverty/wdrpoverty/report/index.htm.

体中的领导者如果不能解决粮食分配问题，他们就会下台。另外，自由的舆论可以使普通公众意识到问题所在，使得这些问题可以得到及时处理。而在独裁政体中，即使是领导者也有可能被新闻检查制度蒙骗。许多证据表明，在1958～1961年的"大跃进"时期，中国有3000万人死于饥荒，但中国的领导人却相信了他们自己的宣传和下级操纵的统计数字。[①]

在越来越多的人得到他们所需要粮食的同时，饮用水的供给也翻了一番，这对发展中国家减少疾病和传染病是非常重要的。在全世界范围内，大约80%的人都可以得到纯净的水。而在一代人以前，世界90%的农村人口得不到纯净的水，今天，这一数字只有25%。在20世纪80年代初，印度只有差不多一半的人可以得到纯净的水，而十年后，这一数据超过了80%。在印度尼西亚，这一比例从39%上升到62%。科威特和沙特阿拉伯这样的国家使用的水，大部分都是通过海水淡化处理的，因为海水可以无限制得到。海水淡化的费用很高，但这恰好表明了，社会繁荣可以解决资源稀缺的问题。

① Amartya Sen, *Development as Freedom* (New York: Anchor Books, 1999), chap. 7.

教　育

　　教育是提高人们发展和收入前景的最可靠方法之一，但是总有许多人被排斥在教育的大门之外。接受教育在很大程度上是一个性别歧视问题：大约65%不能上学并因此成为文盲的人是女孩。这也是一个贫穷问题。在许多国家，最贫穷的人压根儿就没有受过任何教育。贫穷的家庭不能让他们的孩子上学，要么是因为学费太贵，根本无法负担，要么就是因为教育的回报不够。在印度，来自最富裕的15%的家庭的孩子，比最贫穷的15%的家庭的孩子多受10年的教育。因此，当经济发展加快时，教育也迅速发展，这就没什么让人惊讶的了。教育水平的提高反过来也可以刺激经济的发展。

　　基础教育入学率在全世界已经差不多达到100%。撒哈拉以南非洲又一次是比较大的例外，但即使在那里，也达到了人口的3/4。中学教育入学率从1960年的27%上升到1995年的67%。在这段时间中，可以上学的儿童比例上升了80%。今天大约有9亿的成年文盲。这听起来很多，实际上的确是很多，但它已有显著的下降，从20世纪50年代占发展中国家人口的70%，下降到今天的25%～30%。仔细考察各代人中识字率，就会看出，当今世界识字的人在迅速增加。如果仅考察年轻人，则文盲率正在迅速降低。

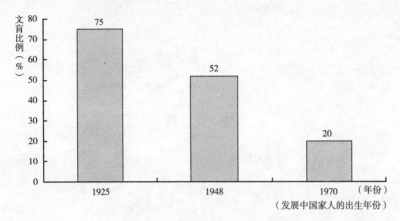

文盲正在减少

资料来源: 联合国教科文组织, *The World Education Report 2000*（Paris：
UNESCO Publishing，2000）

民 主 化

各种信息和观念在全球以更快的速度传播，同时教育水平不断提高，社会更加繁荣，这就推进了对真正的政治权利的需求。全球化的批评者坚持认为，动态的市场和国际化的资本是对民主的威胁，但他们真正应当视为威胁的，其实是他们所使用的民主一词的含义。在人类历史上，民主、普选权和自由地形成意见从来没有像今天这样普遍。

100 年前，地球上没有任何一个国家有普遍而平等的选举权，世界由帝王和君主统治。即使在西方，妇女也被排除在民主进程之外。在 20 世纪，世界的大部分地区都屈从于共产主义、法西斯主义，或国家社会主义的威胁，这些不同种类的意识形态带来了大规模的战争，对上亿人实施了"政治谋杀"。除了少数例外，这样的体制纷纷垮台了。极权主义国家崩溃了，独裁统治则实现了民主化，绝对君主政体被废除。100 年前，世界上有 1/3 的人口被遥远的殖民势力统治。今天，殖民帝国已经瓦解。在过去的几十年中，独裁统治如保龄球瓶一样纷纷倒下。冷战的结束也使美国不再奉行那种不受欢迎的战略：只要第三世界独裁者反对苏联集团，美国就支持他们。

根据美国思想库"自由之家"（Freedom House）提供的资料，2002 年，全世界有 121 个民主国家实行多党制，拥有广泛和平等

的选举权；35亿人，或者说世界人口的大约60%生活在这些民主国家。"自由之家"认为，有85个国家，总共25亿居民是"自由"的（也即是保护公民权利的民主政体）。这超出了世界人口的40%，是有史以来最大的比例。换句话说，有这么多人生活在确保法治、允许自由言论和存在活跃的政治反对派的国家中。

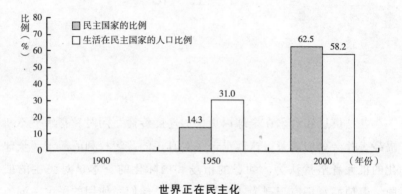

世界正在民主化

资料来源：Freedom House，"Democracy's Century：A Survey of Global Political Change in the 20th century"（New York：Freedom House，2000），http：//www. Freedom House. org/reports/century.

2002年，有47个国家侵犯基本人权，其中最严重的是缅甸、古巴、伊拉克、利比亚、朝鲜、沙特阿拉伯、苏丹、叙利亚和土库曼斯坦——也就是说，是那些受到全球化影响最小、最不利于市场经济和自由主义的国家。我们在痛恨并反对他们的压迫、他们对思想的管制、政府对媒体实行控制和窃听的同时，也应该记得，仅在几十年前，对世界人口绝大多数人来说，这样一种状态其实才是正常状态。1973年，只有20个人口超过100万的国家生活实行民主治理。[1]

20世纪90年代，世界上"自由"国家的数量增加了21个，

---

[1] Freedom House, *Freedom in the World 2002*（New York：Freedom House，2002），http：//www. freedomhouse. org/research/freeworld/2002/web. pdf.

同时非自由国家的数量减少了 3 个。前苏联瓦解后，形成了许多新国家，自由得以继续扩张。民主的趋势仍在继续，现在没有任何理由预期它会结束。不时有人断言，民主制度很难与伊斯兰教相容，从当今世界的情况来看，似乎的确如此。但是，我们应该记得，就在不久前，也即 20 世纪 70 年代，有许多研究者也针对天主教说了同样的话，那时的天主教国家包括了拉丁美洲的军事政权、东欧的共产主义国家，以及独裁政权，如在费迪南·马科斯（Ferdinand Marcos）统治下的菲律宾。

过去十年中，战争的数量减少了一半，现在只有不到世界人口 1% 的人口直接受到军事冲突的影响。一个理由是，民主国家互相之间不发动战争；另一个理由是，国际贸易使冲突不再那么有吸引力。有了迁徙自由和自由贸易，公民不再对其国家的规模感兴趣。人们不再通过吞并他国土地，而是通过与这些国家以及这些国家的资源进行贸易而创造财富。另一方面，如果世界由自给自足的国家组成，那么，他国的领土只有在占领之后才是有价值的。

"贸易带来和平"（the ox made peace）是 16 世纪丹麦和瑞典边界地区的一句习语。边境地区的农民不顾统治者的愿望，彼此和平相处，因为他们想用肉和黄油来交换鲱鱼和香料。19 世纪法国自由主义者弗雷德里克·巴斯夏（Frédéric Bastiat）尖锐地说道："如果贸易不跨越国界，士兵就会跨越国界。"相互依赖意味着引起国家间冲突的潜在导火索在减少。资产的跨国持有（cross-ownership）、跨国公司和跨国投资、自然资源的私有使得人们很难说清楚一个国家真正到哪里结束，另一个国家又从哪里开始。几个世纪前，瑞典海盗掠夺欧洲的时候，他们破坏和侵占的是别人的资源。如果他们在今天做同样的事，受害者将包括许多瑞典公司，更不用说瑞典的资本和瑞典的出口市场了。

曾有人断言，全球化给国家的稳定带来了挑战，会导致种族隔离主义、地区和种族冲突。如果国家政权不稳定，那么，的确有种族隔离主义的风险，前南斯拉夫的悲剧就是流血冲突的证明。但是致命的大冲突的数量——死亡人数大于 1000 的冲突，在 1991～1998 年间，从 20 起减少到 13 起。其中 9 起发生在非洲，那里是世界上民主化、全球化和资本化程度最低的地区。极权政体垮台之后发生的冲突，主要是在暂时的权力真空格局下展开的权力斗争。在一些国家，中央集权阻碍了稳定的民主制度和市民社会的发展，当中央集权消失时，动乱随之发生，直到新制度建立。没有理由相信这是一个更加国际化、民主化的世界中的新趋势。

对妇女的压迫

压迫女性是世界上最残酷的不公正现象之一。在世界的某些地方，女性被认为是男性的财产。父亲有权决定女儿婚姻，丈夫有权决定妻子应该做什么样的工作。在许多国家，丈夫拥有妻子的护照或者身份证件，这样妻子即使在自己的国家也不能够自由旅行。在有些国家，法律不允许女性离婚、拥有财产或者在家庭以外的地方工作。女儿没有与儿子一样的继承权。女孩不能获得与男孩一样的教育，在通常情况下更是压根就不能接受一丁点的教育。如果未能生育，女性会受到虐待，被认为是不能生育的罪魁祸首，强奸也不受到任何政府干预。

的确，如许多人抱怨的，全球化使得旧的传统和习俗陷入了尴尬的境地，例如，如果孩子突然比家长的收入更多，那你还如何维持家长统治的权威？受到全球化挑战的一个传统就是长期以来对女性的压制。通过文化交流和思想交流，新的希望和理念广泛传播。在电视上看到女性不一定非得是家庭妇女的印度女性，开始计划在法律和医学方面取得事业的发展。曾经被隔绝于外界的一些中国女性在 gaogenxie.com 网站的鼓舞下，要享有更多的自治权，并且自己为自己做主。这一网站名字的意思是"高跟鞋"，是与传统的女性裹脚相对立的自由的标志。当女性开始自己为自己的消费行为和工作做决定时，她们更加坚持地要求其他领域的平等自由和权利。

> "我父母不仅给我一副漂亮的外表，还教育我要行为端正。我应当孝顺，有礼貌，服从我的父母和老师……但以后我如果有了孩子，我希望家庭中有一种平等的气氛，男女平等，孩子与父母平等。我们以前不是这样的，对我父母一辈人来说，结了婚的女人就应该待在家里，即使她有工作，她也必须做所有的家务。我想这样的时代很快就会一去不复返了。"
>
> 尚颖，上海的一位银行职员，21 岁的中国女孩。[①]

经济的不断繁荣使女性有机会变得独立，可以养活自己。从非洲和其他地方的经验来看，女性通常主要是各种非正式部门的小规模生产和交换企业的企业主，这表明，在没有歧视和政府管制时，市场就是她们的囊中之物。实际上，更自由的服务环境和更自由的市场在世界范围的扩散，使得将女性排除在外的难度越来越大。今日女性构成了世界劳动力的 42%，而 20 年前只有 36%。资本主义不关心最优秀的生产者是男性还是女性。相反，歧视的代价是昂贵的，因为歧视意味着拒绝某些人的产品和劳动。所有研究都表明，尊重女性的权利和她们在家庭中发挥影响力的能力，与她们在家庭之外找到工作并挣到独立收入的能力紧密相关。

技术进步可以加速社会进步。沙特阿拉伯妇女只有覆盖上除手、眼睛和脚的全部身体后，才允许在公共场合露面。她们也不被允许开车和做其他事情。这种做法的实际影响就是将女性排斥在经济活动以外。但现在，因特网和电话的普及使得女性一夜之间就可以利用电脑在家中经商。在短短的时间之内，女性拥有的企业就遍地开花、随处可见了。这些企业遍及诸如流行时尚业、旅游业以及会展业等行业。这就是为什么在沙特阿拉伯 2/3 的因特网用户是女

---

① Berg and Karlsson，p. 202.

性的原因之一。当成千上万的女性突然表现出她们在每一方面都与男性一样有竞争力的时候，性别歧视尽管仍然存在，但对女性的限制正日益显示出其荒谬性。对性别歧视的觉醒正在提高，批判力度也与日俱增。[1]

民主化使女性在政治上有了发言权，在越来越多的国家，人们锐意改革法律制度，使男女之间更加平等。在离婚法和继承权上对妇女的偏见越来越少。随着民主制度和资本主义的兴盛，法律面前男女平等的观念深入人心，人格尊严平等的思想得到广泛传播，冲击了性别歧视。

性别平等也由于经济的繁荣而有所改善。世界银行研究了印度的教育情况，尽管在所有收入层次上，男孩上学的机会均比女孩多，但这种差别的程度与财产的关系很大。在最富裕的家庭中，研究发现，男孩和女孩的入学率只有 2.5 个百分点的差别；而在最贫困的家庭，这一差别很大，达到 34 个百分点。[2] 在世界上男女最不平等的地区——南亚、非洲和中东，女孩的入学率在过去 25 年中已经翻了一番。在过去的 25 年中，全球范围内，女性和男性入学率的差别缩小了一半。平均而言，在全世界基础教育中，46% 的学生是女孩。

这一统计数据非常重要，不仅仅是对女性而言，对她们的孩子也非常重要。一位母亲受到更好的教育、获得更多的收入，很快就可以使她的孩子有更好的营养和教育，而父亲的收入和孩子福利之间的关系则没有这么紧密。在南亚，对女性价值的野蛮态度曾经——现在仍然——导致女婴在出生第一年之内死亡率较高，而现在，女婴出生时的预期寿命比男婴长。发展中国家女性的平均预期寿命在过去的半个世纪中增加了 20 岁。经济发展也使女性对自己

---

[1] "How Women Beat the Rules," *The Economist*, October 2, 1999.

[2] Deon Filmer, "The Structure of Social Disparities in Education: Gender and Wealth," *World Bank Policy Research Working Paper 2268* (Washington: World Bank, 1999), http://econ.worldbank.org/docs/1021.pdf.

的身体有了更多的支配权。在穷国，女性权利的增加和避孕法的改进始终与出生率的降低并存。

> 索沙比（Shoishab）是一个设在孟加拉国达卡、由牛津饥荒救济委员会（Oxfam）资助致力于帮助贫困的和无家可归的儿童以及工作妇女的组织，海伦·拉赫曼（Helen Rahman）供职于该组织。她认为，过去20年中，孟加拉国的纺织业提高了女性的地位："服装工业刺激了一场静悄悄的社会革命。过去人们认为，女性在家庭以外工作是不可接受的。以前，女孩离开农村到城市工作是一种耻辱，被人认为沦为娼妓。现在，五个女孩一起租一间房已被人接受。"海伦也注意到了社会行为的改变："女性的收入使她们有了社会地位，也有了谈判的权利。一个非常积极的变化就是平均结婚年龄提高了。"①

---

① Oxfam, "The Clothes Trade in Bangladesh," Oxford: Oxfam（http://www.oxfam.org.uk/campaign/clothes/clobanfo.htm），2001 年 5 月 1 日下载。

中　国

世界贫困人口的大约一半生活在两个人口大国，印度和中国，因此，研究这两个国家的状况非常重要。过去 20 年中，这两个国家的经济已经大大地自由化。中国共产主义政权在 20 世纪 70 年代末认识到，集体化阻碍发展，令人窒息的集中控制——例如要求农民上缴他们自己的产品，阻碍了土地肥力的恢复，并降低了粮食产量。邓小平希望继续忠实于社会主义的分配思想，但他认识到，他要么分配贫穷，要么分配繁荣，而后者只有通过给予人民更多的自由才能达到。因此，1978 年 12 月，毛泽东去世两年后，邓小平开始了改革计划。曾经被强制参加集体耕作的农村家庭开始可以保留一部分自己的产品，并以市场价出售。这一制度随着时间的流逝亦越来越自由，因而刺激了中国人投资农业，改进农业效率。选择放弃集体化，形式上从政府手中租赁土地的做法已经非常普遍。这一变化的影响范围如此之大，以至于实际上，几乎所有的耕地都转移到了私人手中，这可能也是中国历史上最大规模的私有化事件。这一事件的结果就是，1978～1984 年，粮食产量不可思议般地以年均 7.7% 的速度增加。仅仅在 20 年前，这个国家还在遭受人类历史上最严重的饥荒打击，现在却有了粮食剩余。

不久以后，同样的市场机制也引入了其他经济部门。第一，建立了经济特区。这些地区不受社会主义原则的限制，允许中国企业从事国际贸易。这一制度最大的成功之处在于，它刺激了整个经济的自由化。在农村可以进行贸易，在城镇和农村之间也允许存在贸易活动。以前自给自足的乡村，现在融入了区域甚至是全国性市场。生产力提升和购买力增加使得许多农民将他们的资本投资于私有和合作制的各式企业。从那时起，越来越多以前想都不敢想的现象——更自由的劳动力市场、国际贸易和国外直接投资，已经变得司空见惯。

有关这些发展的信息有矛盾之处，原因在于，在严格的控制下，很难获得确切的事实。但所有的观察者都认为，在中国观察到的经济增长和收入增加的现象是独一无二的。有消息说，在开始改革以后的20年中，年均经济增长率几乎达到10%，中国的国内生产总值（GDP）翻了超过两番。20年前，中国的经济总量与德国差不多，但20年后，中国经济已经超出了德国、法国、意大利和北欧的总和。1978年的改革使8亿中国农民仅仅在六年中收入就增长了一倍。经济学家姚书杰认为，中国官方的统计数据长期隐瞒了绝对贫困的实际状况。但依据改革的真实情况，5亿中国人已经摆脱了绝对贫困。世界银行将这一现象概括为"历史上规模最大、速度最快的减贫成就"。①

在中国，也一直存在着戏剧性的经济逆流。在资本管制的保护之下，巨额贷款流向低效率的国有政府部门以及政府官员青睐的企业，而对中小型企业（SMEs）的投资却严重不足。政府保护银行和企业免于外界审查，因为这会导致大规模的突然危机。但经济已经发生如此天翻地覆的变化，无论是政策，还是经济状况，都不可

---

① Shuije Yao, "Economic Development and Poverty Reduction in China over 20 Years of Reform," *Economic Development and Cultural Change* 48, no. 3 (2000), pp. 447 – 74. World Bank, "Does More International Trade Openness Increase World Poverty?" Vol 2 of *Assessing Globalization* (Washington: World Bank/PREM Economic Policy Group and Development Economics Group, 2000), http://www.worldbank.org/economicpolicy/globalization/ag02.html.

能再回复到 1978 年改革之前的状况。

在中国，通过经济改革，公民可以享有重要的自由。虽然以前他们得服从命令，叫去哪儿工作就去哪儿，但现在，他们可以自由选择工作。以前，旅游和迁徙几乎是不可能的，更不用提从乡村迁徙到城市。现在，中国人可以随心所欲地旅行、穿戴、消费。

村民选举地方代表的能力提高了。在一些村庄，村民甚至坚决要求有权选出党支部书记。现在总算可以听到更多观点，这在很大程度上是由于国际的影响和互联网的存在。独立的组织逐渐出现，信息不再那么容易受到控制；甚至报纸也表现出更大的独立性，人们可以公开批评腐败的官员。

印　度

　　与中国不同，印度在 1947 年独立的时候就是民主国家，但同时，它也实行严厉的经济管制。政府投资于大规模的产业，并通过很高的进出口关税壁垒对其予以保护，旨在使其能够自给自足。结果，这些投资耗资巨大，无一成功。所有的经济活动都在管制之下，并受到必不可少的许可证的阻挠，而这些许可证只有通过走后门和行贿才能得到。"许可证统治"（permit raj）代替了英国人的统治。权力转到了官僚机构手上。希望经商的印度人不得不花大量时间和精力来打点官员，如果成功，他们就会受到保护，并不受其他人的竞争。由此，印度经济增长的步伐没能赶上人口增长的速度，印度生活在贫困线以下人口的比例从独立时的 50% 增长到 1966 年的 62%。

　　在 20 世纪 70 年代中期，印度开始慢慢地调整经济。依赖本国劳动密集型工业优势的政策，取代了闭关自守和自给自足政策。到了 20 世纪 80 年代，经济增长开始加速，贫困逐渐减少。但这种扩张是由于举借外债所致，结果在 90 年代初，出现了相当严重的危机。1991 年，政府开始进行一系列改革，旨在使财政恢复秩序，欢迎贸易和国外投资，鼓励竞争和兴办企业。以前，关税平均水平一度曾达到 87%，后来降低到了 27%。经过接连三届内阁放松管制的努力，经济终于从大量管制中解放出来，尽管这些内阁体现的是不同政党集团的利益。

　　虽然印度在成为真正的市场经济国家之前，仍有许多改革之路要走，但通过提高国家资源的使用效率，许多目标业已实现。从改革开始起，印度就一直获得稳定的国外投资，年增长率在5%～7%之间。印度生活在贫困线以下的居民比例现在跌到了32%以下。制度转变后，发展也就加快了。在实行改革的1993～1999年间，贫困率降低了10个百分点。如果贫困率没有如此降低，则超过3亿的印度人今天仍将生活在贫困之中。从20世纪60年代末起，人口增长率下降了30%，平均寿命增加了一倍，从独立后的30多岁增加到今天的60多岁。[①] 现在，约一半印度贫困家庭拥有一只钟，1/3家庭拥有一部收音机，40%拥有一台电视机。

　　但发展是不均衡的，还得看各邦改革力度的大小。农村的大部分地区是穷人居住地区，还没有享受到重大自由化措施带来的好处，贫困率依然很高。同时，南方省份——尤其是安得拉邦（Andhra Pradesh）、卡尔纳塔卡邦（Karnūtaka）和泰米尔纳德邦（Tamil Nadu）——在自由化浪潮下有了迅速的进步。这些省份的增长率高于该国的平均水平，有时甚至达到不可思议的年均15%。这些省份吸引了印度国外和国内其他地区的大部分投资。印度经济诞生了信息技术飞速发展的奇迹，软件部门的年均增长率为50%。在安得拉邦，微软建立了其在西雅图总部以外的第一个功能齐全的研发中心。经济增长在社会发展方面也留下了印记。平均而言，改革的省份在医疗保健和教育方面也最为成功，婴儿死亡率和文盲率的下降速度也最快。女孩以前几乎不受任何教育，现在入学率也赶上了男孩。在一些省份（安得拉邦、卡尔纳塔卡邦），从20世纪70年代末起，贫困率下降了大约40%，而在没有进行自由化的省份，如比哈尔邦（Bihar）和北方邦（Uttar Pradesh），贫困率根本

----

① Berg and Karlsson, chap. 4.

没有下降。①

　　印度的种姓制度——一种根据人们的家庭出身划分、评定和对待人的隔离制度——已经被官方禁止，但实际仍然非常顽固。在地方一级，较低等级的人们仍然被认为是劣等人，享有的权利也比别人少。但是现在，这种制度正在被逐渐打破，因为市场没有偏见，只雇佣最好的工人而不是来自权势家庭的人。在越来越多的地区，"贱民"第一次参加了村委员会会议。政府没有加强等级制度，而是在推动反歧视运动。这一进步的一个非常有说服力的例子就是，贱民科奇里尔·拉曼·纳拉亚南（K. R. Narayanan）在1997～2002年间担任了总统。

---

① Nirupam Bajpai and Jeffrey Sachs, "The Progress of Policy Reform and Variations in Performance at the Sub-National Level in India," *Development Discussion Paper* no. 730 (Cambridge, Mass. : Harvard Institute for International Development, 1999).

全球的不平等

全球化的许多批评者说，虽然全球化过程总体上很好，但是，即使大多数人的境况都在变好，贫富差距还是扩大了，富人和富国占有的果实比其他国家多，改善的速度也比其他国家快。因此，不平等是加剧了。批评者指出，40 年前，20 个最富裕国家人均 GDP 总和比 20 个最穷困国家高出 15 倍，现在则是 30 倍。

反全球化的这一指控是不成立的，有两个理由：第一，即使这是真的，这也不重要。如果人人都越来越富裕，那么，有些人富裕的速度比其他人快，又有什么关系呢？当然，最重要的是让每一个人都尽可能地富裕，而不是追究是否有人比别人更富裕。只有那些认为财富是比贫穷更严重的问题的人士才会认为，有些人成了百万富翁而有些人只是比最初富裕了一点点是一个问题。在不实行平均主义的美国，2001 年的贫困线标准是每年收入 9039 美元，在这里做穷人，也比生活在如卢旺达那样的国家更平等，2001 年，那里的人均 GDP 是 1000 美元（根据购买力调整后），孟加拉国是 1750 美元，乌兹别克斯坦为 2500 美元。[①] 通常，在进行某些改革的国家，比如中国，贫富差距拉大的原因，是城镇的发展速度比乡村

[①] Central Intelligence Agency, CIA World Factbook 2002, http://www.cia.gov/cia/publications/factbook.

快。但是，面对城镇和乡村出现的贫困率史无前例地下降，谁还能希望这种发展从未发生过？

> 穷人并非一直处于贫困中。很多关于贫困的概念强调的是相对贫困，也就是说，不是衡量某人有多么穷困，而是衡量一个人相对于其他人有多穷困。例如，联合国开发署经常用到的一个贫困的概念就是，如果一个人的收入是其所居住国中等工资的一半以下，该人就被评定为贫困。这也就意味着，尼泊尔这样的国家中的富人，放在物质丰裕的美国，会被认为是一贫如洗。因此，这些相对数字不可用于国与国之间的比较。在美国被认定为穷人的人，也不总是属于我们所定义的贫穷范围。因为，72%的美国贫困家庭有一辆或多辆小汽车，50%有空调，72%有洗衣机，20%有洗碗机，60%有微波炉，93%有彩色电视机，60%有录像机，41%有自己的房子（贫困只参考正常的收入，房地产不包括在收入水平中）。①

第二，不平等加剧的指控本身就是错的。全球不平等加剧的想法，很大程度上基于联合国开发署的数据之上，尤其是其《1999年人类发展报告》。这些数据的问题在于，它们没有根据实际购买力进行调整。这意味着，联合国开发署的数据没有考虑人们用钱实际可以买到的东西。不经过调整的话，这些数据主要反映的是一国官方汇率的水平及其货币在国际市场上的价格，因而用这种方法衡量贫困是很不准确的。无需赘言，穷人的实际生活水平与衣食住的

---

① Michael W. Cox and Richard Alm, *Myths of Rich and Poor: Why We're Better Off than We Think* (New York: Basic Books, 1999), pp. 14ff.

价格关系更加密切，而不是如果他们在欧洲度假，他们可以买到什么。奇怪的是，联合国开发署在其人类发展指数（HDI）中用的是经过购买力调整的实际汇率，这一指数是度量生活水平的世界性准绳。攻击全球化的人只使用没有经过调整的数据来证明他们关于不平等加剧的主张，而故意对不利于他们的数字视而不见。

挪威外交事务研究所的一份报告用经过购买力调整的数据研究了全球的不平等。他们的数据表明，与传统看法不同，国与国之间的不平等从 20 世纪 70 年代末就一直在缩小。1993～1998 年间，缩小的速度尤其快，而此时，全球化进程也在加快。[①] 最近，哥伦比亚大学著名发展经济学家泽维尔·萨拉－伊－马丁（Xavier Sala-i-Martin）做了类似的研究，证实了这些发现。萨拉－伊－马丁将联合国开发署的数据根据购买力进行了调整，结果发现，无论用哪一种常见的衡量方法，全世界的不平等程度都在急剧缩小。巴拉和萨拉－伊－马丁还分别独立发现，如果我们更关注人与人之间的不平等，而不是过于关注国与国之间的不平等，那么到 2000 年底，全球的不平等达到了二战以后的最低水平。[②] 两位作者都注意到，关注国家而不是个人的数据，在很大程度上会夸大实际的不平等程度，因为，更少量的人的损失抵消了多数人的收益。在国家统计中将赋予中国和格林纳达同等的权重，尽管中国的人口是格林纳达的 12000 倍。一旦我们将注意力从国家转移到个人，那么，压倒性的证据将是，过去的 30 年间出现了全球范围内的平等化。[③] 仅仅比较最富裕的十国和最穷困的十国，不平等确实扩大了，这表明，有

---

① Melchior, Telle, and Wiig. 这一向着更平等方向发展的速度，未来几十年将更快，因为，随着全球劳动力年龄增长，其报酬也更平等。参见 Tomas Larsson, *Falska mantran：globaliseringsdebatten efter Seattle*（Stockholm：Timbro, 2001），p. 11f, http：//www. timbro. se/bokhandel/pejling/pdf/75664801. pdf.

② Xavier Sala-i-Martin, "The Disturbing 'Rise' of Global Income Inequality," National Bureau of Economic Research Working Paper no. 8904, http：//www. nber. org/papers/w8904.

③ Bhalla.

一小部分国家的发展是停滞不前（后面我们将讨论是哪些国家以及为什么这些国家的发展会滞后），但研究所有国家就可以明确看出，平等性普遍提高了。例如，如果我们比较最富的 1/5 国家和最穷的 1/5 国家，或者最富的 1/3 国家和最穷的 1/3 国家，我们发现，差异正在缩小。

经济学家经常用"基尼系数"来衡量不平等程度。这一系数为零就表示绝对平均，每一个人拥有同等数量的财富；如果是 1，就是完全的不平等，也就是说，一个人拥有了所有的财富。全球的基尼系数从 1968 年的 0.6 下降到了 1997 年的 0.52，下降了超过 10%。

由于这些国家内部贫富差距在这一段时间大致是稳定的（增加了 1/2，又减少了 1/2），因而，与一般的观点相反，全球的平等程度增加了。1998/99 年世界银行报告在回顾其他方面的进展时回顾了发展中国家收入最高和最低的 20% 人口之间的收入差距。毫无疑问，该报告证明，差距是巨大的，但也表明，在各大洲，这种差距正在消失。只有曾经是社会主义国家的苏东地区例外，在这一地区，改革最慢的国家的不平等程度加剧得最快。[①]

1999 年联合国开发署的报告与这一发现相矛盾，它的结论很让人怀疑，不仅因为联合国开发署遗漏了不平等程度降低最快的年份（1995~1997）的统计数据，更重要的是，它自己的福利数据——加总为人类发展指数（HDI），所表明的全球不平等程度降低的幅度，比挪威报告中指出的还要迅速。人类发展指数将社会福利的各个方面加总在一起——收入、教育水平和人口的预期寿命。这一指标的范围是 0~1，0 表示彻底的悲惨境地，1 表示圆满的幸福。在过去的 40 年中，各类国家的人类发展指数都提高了，但最贫困国家的指数提高最快。在经济合作与发展组织国家，1960~1993 年间，人类发展指数从 0.8 增长到 0.91，而发展中国家增长

① World Bank, *Making Transition Work for Everyone: Poverty and Inequality in Europe and Central Asia* (Washington: World Bank, 2000).

得更快，从 0. 26 到 0. 56。

　　人们经常听到这样的说法，根据那份联合国开发署的报告，世界上最富裕的 1/5 人口的财富是最贫困 1/5 人口的 75 倍。但如果我们根据这些人可以用他们的钱买到什么来衡量财富，也就是，如果我们使用经购买力调整的数据，那么，最富裕的 1/5 人口的财富也就是最贫困的 1/5 人口的 16 倍而已。[①]

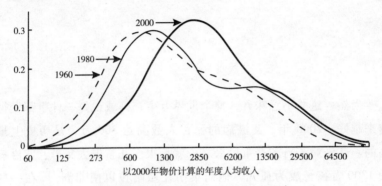

全球的收入分配，1960，1980 和 2000 年

资料来源：Surjit S. Bhalla, *Imagine There's No Country* (Washington: Institute for International Economics, 2002), p. 176.

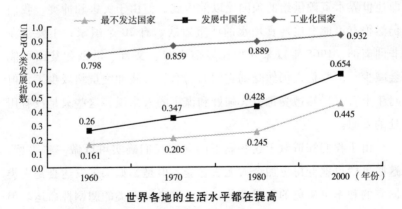

世界各地的生活水平都在提高

资料来源：联合国开发计划署 1997 年人类发展报告 (New York: Oxford University Press for the United Nations Development Program, 1997)。

---

① Larsson, *Falska mantran: globaliseringsdebatten efter Seattle*, p. 11f.

遗 留 问 题

　　当然，这并不意味着，整个世界万事，抑或说每一件事都变得越来越好。2000 年，艾滋病的死亡人数高达 300 万，是历史上最高的。艾滋病流行的严重后果之一就是很多儿童失去父母：艾滋病使 1300 万孩子成为孤儿，他们集中在撒哈拉以南非洲。① 在一些非洲国家，有超过 15% 的成年人是艾滋病病毒携带者或者艾滋病患者。另有大约 2000 万人由于迫害、冲突或者自然灾害成为难民。即使世界水资源供给的预测比以前乐观，但由于灾害和冲突，我们仍然很有可能会遭遇食用水的严重短缺。有 20 个国家，主要是在非洲南部，1965 年以来变得比以前更穷。文盲、饥饿和贫困可能会减少，但数亿人仍然受到它们的折磨。武装冲突虽然减少了，但对于上百万仍然遭受毒打、强奸和谋害的人来说，这些只是没有用处的安慰。

　　由于我们知道对于这些剩下的问题我们确实可以做一些事情，这些事情也就变得更加令人无法忍受。但是，如果欠发达真是人类固有的和不可避免的组成部分，那可以说是人类的悲剧性命运。但如果我们认识到这些欠发达不是必然的，那它就是一个能够而且应

---

① UNICEF, "Children Orphaned by AIDS: Front-Line Responses From Eastern and Southern Africa," http://www.unicef.org/pubsgen/aids.

当解决的问题。这样的现象并不陌生：200多年前西方工业革命开始改变人们的生活标准时，同样的事情也发生过。如果处处都是悲惨世界，我们就很容易对它熟视无睹。但如果贫困与其他一些东西形成鲜明对比，如富足和繁荣，我们的眼睛就会盯着它——这是一件好事，因为我们觉醒了，这将刺激我们努力改变遗留的问题。但这不应该让我们产生一种错觉，以为世界实际上变得越来越糟，因为事情并非如此。

没有人否认，全世界应该共同承担起解决这些严重问题的任务。最奇妙的事情是，民主制度和资本主义的传播，大大缓解了这些问题。在自由政治实行最长时间的地区，人们使贫困和剥夺成为例外，而不是规律——而在以前历史上的所有时期，贫困和剥夺是全世界所有地方共同的规律。巨大的变化有待我们去完成，但同时，我们也要睁开眼睛，时刻寻找可行的政治和技术解决方案。透过如此全面的考虑，我们没有理由不对未来保持乐观。

第二章

这不是巧合

那就是资本主义！

世界财富的增长，并不是"奇迹"或者让人觉得神秘的东西，而我们经常用这样的词汇来形容那些取得经济和社会成功的国家。天上不会掉馅饼：学校不是单靠运气建起来的，收入也不是单靠运气创造出来的。只有当人们按照新思路思考问题并努力将他们的观念付诸现实，才能发生这样所谓的"奇迹"。不过，每个地方的人都在这样做，而我们也没有理由说，某个历史时期生活于某个地方的某个民族天生就比别的民族聪明或能干。结果之所以不同，得看环境是允许、鼓励这样的观念和努力，还是给其设置障碍。这取决于人们是否可以自由地进行探索，是否可以拥有财产，是否可以进行长期投资，是否能够签订私人协定，是否可以与他人进行贸易。一句话，这取决于人们所在的国家是否有资本主义。在这个富足的世界上，几个世纪以来，我们曾经经历过这样那样的资本主义。正是它，使得西方国家成为"富足的世界"。资本主义既给了人们以创新、生产和贸易的自由，也给了人们以激励，因而才使人们得以创造出繁荣。

在过去20多年间，这套体制透过被称为"全球化"的过程传播到整个世界。东方的共产制度和第三世界的军事独裁统治崩溃了，它们建起来的用于隔离观念、人口、商品流动的高墙，也跟它们一起倒塌了。取而代之的是，我们看到，一种观念在传播并被广

泛接受:创造性不可能被集中起来,只有让每个公民有权决定自己的事务,有权进行创造、思考、工作,才能鼓励这种创造性。

资本主义意味着,任何人都不受他人之专断强制。因为我们可以自由地选择不签署一份合同或做一笔买卖,因而,在自由市场中,致富的唯一途径就是向人们提供他们所需要的东西,他们根据自己的自由意志愿意购买的某些东西。自由交换的双方都觉得他们从中得到了收益;否则他们就可以选择不交易。因而,经济活动不是零和游戏。在市场经济中,一个人的收入之所以比较高,是因为他比较有效地向人们供应了他们所需要的东西。比尔·盖茨和麦当娜的收入数以百万美元计,但这些钱不是偷来的;通过向很多人供应他们愿意掏钱购买的软件和音乐,他们才挣到那些钱。从这个意义上说,他们其实是我们的仆人。企业和个人努力地开发更好的商品,也在寻求满足我们需求的更有效率的方法。另一种模式则是政府拿走我们的资源,然后决定应当鼓励哪些类型的行为。唯一的问题是,政府怎么可能比我们自己更清楚我们想要什么,比我们更清楚在我们的生活中什么比较重要?

市场经济中的价格和利润是一个信号系统,工人、企业家和投资者唯有依靠它才能知道该干些什么。谁要想获得高工资或赚取高利润,他就得进入他能够最好地迎合他人需求的经济领域。苛捐杂税则会彻底扭曲这些信号和激励因素。价格管制措施之所以是破坏性因素,是因为,它们直接扰乱必不可少的价格信号。假如政府对价格设定上限——也就是说,假如政府使价格维持在市场应有价格的水平之下,就好像纽约公寓的租金现在的情况一样,则必将导致短缺。人们将会占据他们所居住的公寓,即使他们当时已不需要,甚至即使别人愿意为租住该公寓支付较高价格。由于不能抬高租金,房主会觉得投资购买新房不大划算,而房地产公司也不会再建设新房屋。其结果就是,住房短缺。反过来,假如政府设定价格下限,也就是说,故意使价格维持在市场应有水平之上——很多人就是这样对待农产品的,则必然会出现过剩。欧盟为粮食所花费的资金超出市场所需，于是，投入农业生产的人也就超出了市场所需，其结果就是，生产过剩，资源浪费。

资本主义也要求允许人们保有自己所赚取和创造的资源。假如你努力工作，并进行了一笔长期投资，但有人却侵吞了你的大部分利润，那你就很可能选择放弃进行投资。保护所有权是资本主义经济的核心所在。所有权不仅意味着人们有权获得其劳动果实，也意味着他们可以自由地使用他们的资源而毋须先去征求政府的同意。资本主义允许人们为了自己的利益在经济领域冒险探索。

这并不是说，在市场中，任何人都一定比官僚聪明。然而，市场参与者与其所参与之市场有直接联系，并通过对价格浮动作出回应，而对供需直接作出反馈。集中计划者则永远不可能收集到这种信息，他们也几乎不可能有动力按照这些信息行事。即使市场中的任何人确实不如官僚聪明，成百上千万的人合起来当然要比官僚聪明。

在决定资源的最佳利用的时候，成百上千个不同的设想总是比单一的、集中的解放方案更聪明。假如政府决定将所有资源投入到某类集体农场，要是这一农场不幸破产，整个社会都会从经济上受到它的影响，甚至有可能遭受饥荒。相反，假如只是一群人准备经营这类农场，那么，即使该企业破产了，也只是他们自己遭受负面影响，而市场中其他地方的剩余则能使这种影响不至于演变成饥荒。一个社会需要进行这样的试验和创新，但与此同时，试验的风险必须予以限制，以使整个社会不会因为少数人的错误而受到危害。个人决策和个人承担责任的好处正在于此。

对于资本主义来说，个人承担责任之关键意义不亚于个人自由。政客或官僚在动用大笔资金进行基础设施投资或争办下届奥运会时，不会像企业家和投资者那样面临巨大压力因而必须做出理性决策。因为，即使出了错，入不敷出，政客也不用自己买单。

那些拥有财产的人知道，他们未来将会获得报酬（并承担代价），因而会追求长远目标。这是资本主义经济的核心——人们储

蓄他们的部分收入为的是在未来创造出更大的价值。当我们今天投入时间、精力获得良好教育的时候，我们也在做类似的事情，即创造"人力资本"，它能使我们在未来获得潜在收益。在经济中，这意味着，我们不是吃光花光，而是将我们的部分收入节省下来，让那些能够比我们更有效地利用这笔钱的人使用它，从而获得利息或利润。储蓄和投资把经济逐渐提升到较高水平，可以购买新机器，建立新的组织架构，从而提高劳动效率。

组织是重要的，因为通过自愿合作，人们可以比自己只手空拳做每件事情要有效率得多。一位匠人一周可以生产一把椅子，但假如他接受专门训练仅仅制造木框架，假如他与油漆工和擅长缝制椅垫的人合作，他们就可以每天生产一把椅子。借助于现代机器——这也是专业分工与合作的产物，他们可以每天生产一百把椅子，他们的劳动价值由此也就大幅度提高。

技术进步能够使新机器以更低廉的成本生产出原来的东西，让人们享受新发明和新产品。正是由于劳动分工和技术进步而导致生产率持续提高，结果，现在每一小时劳动的价值就是19世纪中期的25倍。因此，雇员现在所获得的收入就是当时的25倍，最终就体现为，他们现在可以得到更高的收入，工作条件更好，而工作时间更短。随着人的劳动变得越来越有价值，企业也就更愿意购买它。而为了得到它，企业就得提高工资，改进劳动环境。相反，假如通过立法或工会合同，使工资的增长速度超过生产率增长速度，就会消灭一些工作岗位，因为劳动力的投入抵不上雇主被迫为其支付的价格。在这种情况下，给工资设定价格下限所导致的"过剩"就会以失业的形式表现出来。政客可以通过加速通货膨胀而创造出提高工资的假象——很长时间中，瑞典的政客就是这样做的。但是，因为每块钱的价值贬低了，因而，这种工资增长完全是虚幻的。从长远来看，只有经济增长和生产率能够提高实际工资。

一切政治和经济体系都需要规则，最为自由放任的资本主义也不例外，它以有关合法所有权、合同制定、争议解决等方面的规则为前提。这些规则是市场平稳运转所不可或缺的框架。但也有一些规则妨碍市场经济的正常运转，比如有些繁琐的规章具体规定人们应当怎样使用他们的财产，有的规则规定了牌照和许可制度，或限制定价与商业交易，使人们难以进行某些创新活动。这些规章的主要目的其实是将控制经济的更多权力赋予政府，而它们却并不从事这些活动，也不会拿自己的钱去冒风险。这些规则为创造我们的繁荣的人士增加了沉重的负担。仅在联邦一级，美国企业家就必须了解13.4万页规章，仅在2002年，各个管制机构就发布了4167条新规则。因此，毫不奇怪，越来越多的人不再将他们的新点子转化成企业家活动。①

此类规则还会以另一种途径带来危害。由于管制提高了从事必要活动的壁垒，因此，企业将大量时间花费在顺从或规避规则上，而这些时间本来是可以用于生产的。如果这种负担过于沉重，人们就会进入非正式经济中，从而使他们的商业交易丧失法律的保护。很多企业会利用其资源游说政客采纳合乎他们需要的规则，而这些资源本来是可以用于投资的。很多人受到诱惑想抄捷径，作为报酬，官僚则可以获得丰厚的贿赂，尤其是在穷国，工资本来较低，管制体系又非常混乱。使一个民族彻底腐烂的最便捷的方法，就是要求公民在从事生产、进口、出口、投资时必须获得官僚的批准。诚如中国哲学家老子在2500多年前所说："法令滋彰，而盗贼多有。"

假如我们的目标是拥有公正的规则和不易腐败的官员，那么，除了大幅度放松管制外，别无他法。阿玛蒂亚·森论证说，消除腐败乃是发展中国家放松对经济管制的一个非常充分的理由，即使这样做没有什么经济上的好处。②

---

① Clyde Wayne Crews, *Ten Thousand Commandments: An Annual Snapshot of the Federal Regulatory State* (Washington: Cato Institute, 2003).

② Sen, 1999, p. 276.

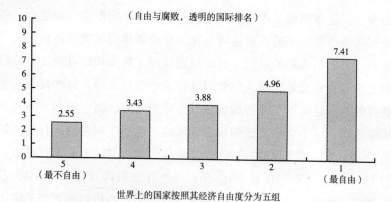

世界上的国家按照其经济自由度分为五组

经济自由减少腐败

注：1，最腐败；10，腐败最少。

资料来源：James Gwartney and Robert Lawson, eds. , *Economic Freedom of the World 2001* （Vancouver：Fraser Institute, 2001）。

经济增长是幸事

人类全部经验证明，正是在自由政体下，人们才创造出了财富，发展才是持续的。政治学和经济学不是严格意义上的科学，我们不可能进行实验室的试验来搞清楚哪种体制能够运转，哪种不能。但资本主义与中央计划之间的冲突能让我们得出一些结论。历史也向我们提供了一些例证，同一个民族、同样的条件，具有同样的语言和伦理规范，但处于不同制度下，一个是市场经济，另一个是集中控制的命令经济。德国就曾分割为资本主义的西部和共产主义的东部，人们谈论着西部的"经济奇迹"，而东部则越来越落后。同样的现象也在资本主义的韩国和共产主义的朝鲜出现。前者成为亚洲之虎，让全世界相信，"发展中"国家确实能够发达起来。在20世纪60年代，韩国比安哥拉还穷，今天，它是世界第十三大经济体，几乎跟西欧国家一样富足。与此相反，朝鲜的经济则正在走向彻底崩溃，该国现在正面临严重饥荒。人们也可以看到中国台湾与中国内地之间的差别，前者是市场经济，曾出现过人类历史上最快速的经济发展，后者则曾经历过饥荒和灾难，只是到后来才开始放开市场。①

在全世界都可以做类似的比较。一个国家的经济自由化程度越

---

① 例如可参考 Jonathan Kwitny, *Endless Enemies: The Making of an Unfriendly World* (New York: Congdon and Weed, 1984), pp. 286 – 300, 380 – 81.

高，该国实现繁荣的可能性就越大，经济增长越快，生活水平越高，平均预期寿命越长。经济最自由国家的富裕程度是最不自由国家的 10 倍，其寿命长出将近 20 年！

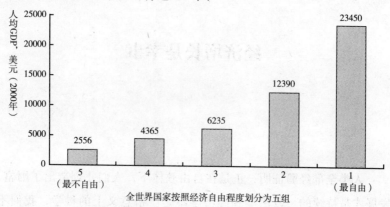

经济自由带来的繁荣

资料来源：James Gwartney and Robert Lawson, eds. , *Economic Freedom of the World 2001*（Vancouver：Fraser Institute, 2001）*。

* 这些表格并未区分孰是原因孰是结果，而只是将其表现了出来。

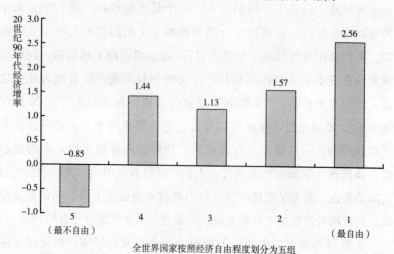

经济自由带来经济增长

资料来源：James Gwartney and Robert Lawson, eds. , *Economic Freedom of the World 2001*（Vancouver：Fraser Institute, 2001）。

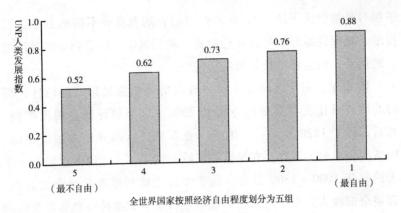

经济自由提高生活水平

资料来源：James Gwartney and Robert Lawson, eds., *Economic Freedom of the World 2001* (Vancouver: Fraser Institute, 2001)。

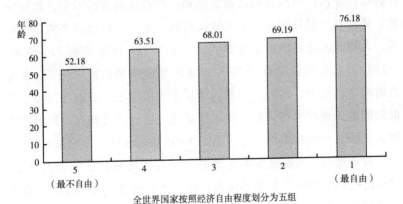

经济自由提高平均预期寿命

资料来源：James Gwartney and Robert Lawson, eds., *Economic Freedom of the World 2001* (Vancouver: Fraser Institute, 2001)。

　　市场经济在 19 世纪实现了突破，此前的经济发展与过去两个世纪的经济发展，是无法相提并论的。历史上，人类的状态就是贫穷，必须为了生存而奋斗。中世纪大多数欧洲人长期营养不良，只有一身衣服，在自己家中工作，而家中也很肮脏，寄生虫滋生。用一位历史学家的话说，"从健康的角度看，他们唯一的好处是，房子很容易被烧成平地"。① 16 世纪以后，随着世界不同地方非常缓慢地、试探性地开始彼此进行贸易，我们确实可以看到一些经济增长的例子，但这种增长是极端缓慢的。

18 世纪，每个大陆几乎都一样贫穷。根据最乐观的估计，当时的欧洲只比世界其他地方富裕 20%，这个估计还是很没准的。然后，到了 1820 年前后，由于工业革命，欧洲开始大幅度超前，但贫困仍然骇人听闻。在最富裕的欧洲国家，人均收入仅相当于今天的每年 1000～1500 美元，低于今日之玻利维亚和哈萨克斯坦。即使全部收入完全平均分配，这么点钱也只够维持一种非常悲惨的状态，不可能有清洁的用水，也不可能每天都吃上面包，无法做到每人都有一件上衣。全世界的人几乎都生活在这种状态下，而这样的状态在今天任何地方都已很难见到：只有最贫穷的国家，比如马里、赞比亚、尼日利亚，才大体接近这一水平。自那以来的 200 年间，人均收入已经增长了好多倍，而从 1500～1820 年那 320 年间，全球经济增长仅仅是自 1820 年以来世界经济增长的 30%。② 在过去的两个世纪中，欧洲人的收入增长了十倍以上。亚洲在过去半个世纪的增长速度也在加速，而通往繁荣之路已经被找到，因而增长将会更快。今天日本的生活水平是 1950 年的 8 倍，中国是 6 倍。

投资增长，人们也发明了更好、更有效的解决老问题的办法，这些使我们能够生产出更多东西，经济增长速度也加快了。这种加速度带来了新点子、新机器，从而使劳动力能够提高产量。GDP（国内生产总值）是衡量一个国家所生产的全部商品和服务价值的指标。用一个国家的居民数量除该值，可以得到人均 GDP 值，它可以大体反映该国的财富状况。不过，经济增长——即生产出更多商品和服务——也许不是地球上最令人兴奋的事情，能够打动每个人；某

① Mabel C. Buer, *Health, Wealth, and Population in the Early Days of the Industrial Revolution, 1760–1815* (London: Routledge and Sons, 1926), p. 88.
② Angus Maddison, *Monitoring the World Economy 1820–1992* (Paris: Development Center of the Organization for Economic Cooperation and Development, 1995).

些激进人士甚至对此相当蔑视，将那些关心此事的人称为"经济狂"（economistic）或"经济增长狂"。对于那些过分关注 GDP，将其本身视为终极目标的人，上述批评态度当然在一定程度上是一种健康的批评；不过，经济增长其实很简单，只是意味着，产量增长了，而财富和机会也在随之而增长。在富裕国家，经济增长可以使社会进行储蓄，从而可以消费更多，可以投资于社会福利，或者可以享受到更多休闲时间。在发展中国家，它则意味着生死之别，发展与停滞之别，因为，正是经济增长能使更多人获得卫生的食品和洁净的饮用水。①

对于印度的普通人来说，20 世纪 80 年代以来的经济增长意味着，砖结构房屋取代土坯房，原来泥泞的小路也铺上了路面；人人都能够用上电器，黑暗的小胡同现在装上了路灯，胡同里不再是废物堆积，完整的下水道消除了传染病的温床；穷人也能买得起衣服和鞋子。经济增长给普通人带来好处的最清楚不过的例子是，印度妇女不用每次花一个半小时洗她们的莎丽了。以前她们却必须花这么多时间，因为大多数妇女只有一套莎丽，不得不洗完了接着再穿。

经济增长也给人们带来机会和能力。它意味着，普通印度人不用再去找本地的放高利贷者，从而一辈子都背上债务；相反，他们现在可以到银行借到钱。人们可以到别的地方找工作，为别的企业家干活，这能把穷人从生死由命的状态下解放出来，而村庄里的地主曾经也确实可以支配他们的生死。尽管印度一直进行民主选举，但只要穷人完全被地方精英控制，这些选举就不会有太大意义，因为他们只能按照别人的旨意投票。穷国的父母之所以把自己的孩子送出去工作，不是因为他们喜欢这样做，而是因为他们需要孩子的

---

① 经济增长本身就是目的的观点当然是荒唐的。假如这种观点是正确的，那么，重要的事情就仅仅是尽可能地提高产量。由国家拿走每个人的钱、生产大量人们不需要的东西，也可以实现这种增长，前苏联的钢铁和军需品就是这样生产出来的。经济增长必须服务于人民，即生产人们需求的东西。也正是因为这一原因，从根本上说，只有在市场经济中，经济增长才能够真正地服务于人民，因为在这种制度下，需求决定着价格和产量。

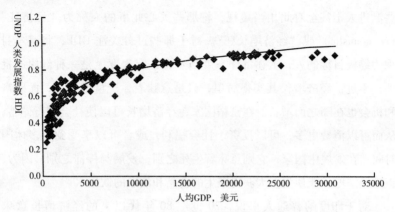

收入与生活水平同步增长

资料来源：Arne Melchior, Kjetil Telle, and Henrik Wiig, *Globalisering och ulikhet：Verdens inntektsfordeling og levestandard 1960 - 1998*（Oslo：Royal Norwegian Ministry of Foreign Affairs，2000）.

收入养活家庭。经济增长则给了他们更高收入，并提高了教育的回报，这意味着，他们能够送自己的孩子上学。这也给了家中的个人以更多机会。如果妇女在经济上只能靠她的丈夫才能维持生存，那么，禁止殴打妻子的法律就不会有什么效果，因为，在那种情况下，她既不敢告发他，也不敢离开他。随着经济增长和产品丰富，妇女也有机会在家庭之外找到工作。她不再那么需要看丈夫的脸色了。

> "在我母亲那个时代，妇女不得不强装笑脸忍受它。我则不会这样了。我可以说出我自己的想法。生活并不仅仅意味着牺牲；你也能够享受它。我想，日本正在发生的就是这样的巨变。人们不再想没完没了地工作。今天，他们也希望有时间过上美好生活，有那么一点享受。"
>
> 29 岁的埃里科（Eriko）没有跟父母那样到田里劳动，而是成了一位广告艺术家。①

---

① Berg and Karlsson, p. 245.

有时有人会争辩说，经济增长仅仅有益于富人，而穷人则被甩在后面。这是一种古怪的看法。为什么穷人从整个社会致富的过程中得到的益处少于他人？世界银行的两位经济学家戴维·道勒和阿特·克拉伊（David Dollar and Aart Kraay）研究过 80 个国家 40 年间的收入统计数据，考察这一看法是否正确。他们的研究显示，经济增长带给穷人的好处与带给富人的一样多。经济每增长 1%，穷人的收入也平均增长 1%；经济增长 10%，他们的收入平均增长 10%；当然，并不是所有地方的每次经济增长都会有这样的结果，总是有例外和差异的，但平均结果确实如此。这一发现与大量其他调查的结论相吻合，而这些研究表明，很难发现相反的结论。[①]

因此，经济增长是治疗贫困的良药。有些经济学家曾谈到"滴漏"效应（"trickle-down" effect），也即，有些人首先变富，但随着富人的消费和投资，其中一部分会滴漏到穷人那里。这样的描述可能会给人一种印象，仿佛穷人只能捡到富人撒下的面包渣。其实，这是一种对经济增长之真正效应完全错误的描述。相反，真相是，穷人从经济增长中得到好处的幅度与速度，大体与富人相当。他们可以直接从他们的劳动价值的提高和购买力增加中受益。如果没有长期的经济增长，任何国家都不可能成功地减少贫困。相反的情形也不可能存在，也即，一个国家经济出现了长期而可持续的增长而没有造福于穷人。更有趣的是，没有一个国家能够在没有开放其经济的情况下，维持较高的经济增长水平。世界银

---

① David Dollar and Aart Kraay, *Growth Is Good for the Poor* (Washington: World Bank, April 2001) http://econ.worldbank.org/files/1696wps2587.pdf. 围绕这一报告的辩论中比较持平的评论，可参考 Jonas Vlachos, Är ekonomisk tillväxt bra för de fattiga?: en översikt över debatten (Stockholm: Globkom, 2000), http://www.globkom.net/rapporter/vlachos.pdf. 证实这些发现的报告包括 John Luke Gallup, Steven Radelet, and Andrew Warner, "Economic Growth and the Income of the Poor," CAER II Discussion Paper no. 36 (Cambridge, Mass.: Harvard Institute for International Development, 1998), http://www.hiid.harvard.edu/caer2/htm/content/papers/confpubs/paper36/paper36.htm. 作者指出，从比例上说，穷人从经济增长中得到的益处实际上大于富人。

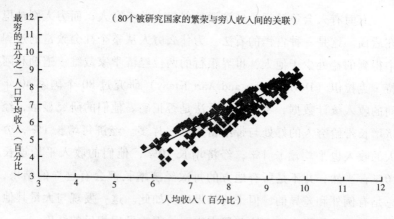

（80个被研究国家的繁荣与穷人收入间的关联）

经济增长造福于穷人

资料来源：David Dollar and Aart Kraay, *Growth Is Good for the Poor*（Washington：World Bank，April 2001）.

行的《2000/2001年世界发展报告》对于经济增长说了很多话，比如，经济增长不是一切，对发展来说，仅有经济增长是不够的等等。这些话语显然受到反全球化运动的发展影响。不过，这份报告自己的图表也证明了，在过去20多年间，一个国家的经济增长率越高，其降低贫困率、婴儿死亡率和文盲率的速度就越快；而增长速度最慢的国家，文盲率实际上是回升了。经济增长本身或许确实不能给每个人带来良好的发展环境，但经济增长也是绝对必要的。

假定每年经济增长3%，则意味着，经济，即我们的资本、我们的收入每23年翻一番。假定经济增长速度在此基础上再增加一倍，则每12年就可以翻一番。这种增长体现的是社会财富的一种史无前例的增加。相比之下，哪怕是最彻底的政府收入分配政策，其效果也是微不足道的。不仅如此，这种分配政策也是十分危险的，因为，对支撑上述指标的资源征收重税会妨碍经济增长。假如实行那种政策，则就会为了少数人的眼前小利益，而牺牲人人都可享有的巨大长远收益。不管怎样，一个社会的经济要靠人民储蓄、

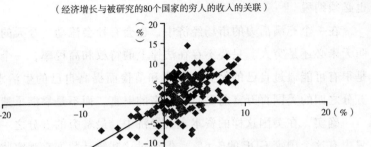

（经济增长与被研究的80个国家的穷人的收入的关联）

经济增长造福于穷人

资料来源：David Dollar and Aart Kraay, *Growth Is Good for the Poor*（Washington：World Bank, April 2001）。

投资和工作才能得到发展。对工作、储蓄和资本征收重税，用约翰·斯图亚特·密尔的话说，等于"惩罚那些比其邻居更勤奋工作、储蓄更多的人"。[①] 这就等于惩罚那些最有益于社会的人。或者像一条贴在汽车保险杠上的小标语所说的："罚金是对做了错事的人征税；而税收是对做了好事的人罚款。"我们征收酒税，为的是减少酒的消费，征收烟草税为的是减少吸烟，征收环保税为的是减少污染。那么，我们针对勤劳、工作、储蓄征税，想得到什么呢？征收这些税的结果是，人们不再勤劳工作、投资、琢磨新点子，因为其收益大多数会被政府拿走。它导致企业将越来越多的时间花在避税上，而这些时间本来是可以用于建设性工作的。它导致人们花越来越多的时间做那些他们并不擅长的事情。外科医生待在家里装饰自己家的起居室，而不是干自己最拿手的事情——拯救生命，因为如果那样的话，他必须为自己的劳动纳税，装饰工的工资

_____

① John Stuart Mill, *Principles of Political Economy：Books IV and V*（London：Penguin, 1985）, Book V, chap. 2.

也必须纳税。①

在一个充满活力的市场经济中，也会有社会流动。今天的穷人明天未必还是穷人。只要不存在法律上的特权和高税率，一个人总是很有可能通过自己的努力、教育和节俭而提高自己的生活水平。五分之四的美国百万富翁是自己挣来的财富，而不是靠继承遗产。

确实，在美国这样的资本主义经济中，最贫穷的五分之一人口只占有这个国家 GDP 的 3.6%。但通过这些统计数据来观察收入差距很容易使人们忘记，在不同群体间始终存在着流动，大部分是向上流动。因为，随着教育程度提高、工作经历增加，工资会有增加。1975 年属于最穷五分之一群体的人中，只有 5.1% 到了 1991年仍属于最穷群体。与此同时，其中 30% 流动到最富裕的五分之一人口中，60% 则进入最富裕的五分之二人口中。

因此，对于贫困的最佳救济是偶然过一下贫困生活。平均而言，美国处于贫困线以下的人口只在那里停留 4.2 个月。只有 4% 的美国人属于长期贫困，也即处于贫困状态下达两年以上。与此同时，最贫困的五分之一人口中又会补充进新人：学生和贫穷的移民，但他们都有机会很快沿着财富的阶梯向上爬。②

---

① 比如，参考 Eric Engen and Jonathan Skinner, "Taxation and Economic Growth," *National Tax Journal* 49, no. 4 (1996): 617 – 642. Martin Feldstein, "Tax Incidence in a Growing Economy with Variable Factor Supply," *Quarterly Journal of Economics*, no. 88 (November 1974): 551 – 73; "The Welfare Cost of Capital Income Taxation," *Journal of Political Economy* 86, no. 10, pt. 2 (1978): 29 – 51. Sofia Leufstedt and Fredrik Voltaire, Vad säger empirin om skatter och sysselsättning? (Stockholm: Svensk Handel, September 1998), http://www.svenskhandel.se/Filer/empiri.pdf 的研究摘要则提出，公共部门规模增长 10%，会使经济增长率降低 1.5 个百分点。

② Cox and Alm, chap. 4. 有人主张，这种社会流动在较为平均的国家中更大，比如瑞典，尽管这些国家税负较重。但这种看法可能缘于概念的混淆。在瑞典，由于收入差距较小，因而，让一个人进入一个收入阶层比较容易。但要提高一个人收入的绝对数量则要难得多。

自由与平等，
为什么要非此即彼？

　　很多人相信，自由化和经济增长必然意味着社会中不平等的加剧。我想再说一遍，这并不是最重要的事情。假如较好的生活水平是值得追求的，那么，要紧的就是怎样改善你自己的处境，就是这么回事，而不是和别人比来比去。重要的是让尽可能多的人的境遇得到改善，全面的改进不会仅仅因为有些人比其他人更快地改善自己的境遇，就变成一件不好的事情。不过，基于几个理由，平等也是值得追求的。首先，我们中大多数人可能相信，人们不应当因为出身不同而使生活起点处于严重的不平等状态。每个人应当拥有同样的机会，这一点是重要的——虽然还不至于重要到为使人们尽可能地平等而宁可减少每个人的运气；但它仍然是非常重要的，足以使人们把巨大的社会不平等看成一个问题。因而，这是我们要考察的主要理由。

　　另一个理由是，平等实际上能够促进经济增长，这一点与人们常说的看法相反。确实，在一个非常贫穷的社会中，为了使得有些人能够储蓄和投资，某种程度的不平等可能是必要的。但很多研究已经证明，平等程度较高的社会一般会比不平等的社会取得更大经济增长成就，尤其是假如不平等体现为极不平等的土地所有权形式的话。得到这一关联的一个理由是，平等程度较高的社会相对稳定一些，因而较少社会动荡；不平等会导致冲突或使人们要求更高的

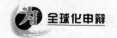

税率、更多的再分配，而这会危害经济增长。不过，一个更重要的理由是，人们必须有一些基本资产——在不发达国家中，包括土地，在现代国家中，包括教育，只有这样，他们才能有效地劳动。因此，要紧的是这些资产方面的平等程度，而不是政治辩论中通常所说的那些东西，即收入与利润的平等程度。在那些具有古老的、不公平的封建结构和一小群拥有土地的精英的发展中国家，至关重要的改革是土地改革，由此，更多的人将会拥有一份土地，从而能够参与到经济活动中。重要的是整个人口都能接受教育，当他们有一个新的创业点子的时候有机会借到钱。不能有任何人遭到歧视或被边缘化，或由于牌照、禁令、法律特权所限而不能与对手竞争并获得自己的地位和收入。这种类型的平等能够刺激经济增长，而收入的再分配则会妨碍经济增长，因为，教育、工作和利用新点子的收益将会减少。

简单来说，要紧的是机会平等，而不是结果平等。目标是所有人都拥有某些基本机会，从而可以自由地自己向前探索，追求各自的结果。这是一枚硬币的两面：人们有机会工作并尝试新事物，也有权利从冒险中获得收益，如果做得好的话。这会使社会鼓励社会流动，让创造性和辛勤工作获得报酬，从而实现更大的社会繁荣。危及发展的不是收入差距本身，而是歧视和特权，正是这些导致了非民主国家的收入差距。下面的事实可以证明这一点：不平等与经济增长之间的关联在非民主国家是显而易见的，但在现代自由国家则不明显。①

但是，是否存在着相反的效应？经济增长是否真的会导致更大的不平等，就像很多人所说的那样？经济学家有时会提到"库兹涅茨倒 U 型曲线"（Kuznets's inverted U-curve），它以经济学家西蒙·库兹涅茨 1955 年的一篇文章为基础。该篇论文提出，一个社

---

① 关于资产的平等与收入的平等，参看 Klaus Deininger and P. Olinto， "Asset Distribution, Inequality, and Growth"，World Bank Policy Research Paper no. 2375 （Washington：World Bank，2000）. 关于它们与民主制度的关系，参看 Klaus Deininger and Lyn Squire， "New Ways of Looking at the Old Issues：Asset Inequality and Growth," *Journal of Development Economics* 57 （1998）：259–87.

会的经济增长最初会导致不平等扩大，过一段时间后，不平等将会
缩小。很多人将这一命题作为真理接受下来，有时用它来贬低经济
增长理念，或者至少是用它来要求实施再分配政策。然而，库兹涅
茨本人却并没有得出这样激烈的结论。相反，他宣布，他的文章
"也许只有5%基于经验信息，而95%是猜测"。他又补充说，"只要承
认，它是一组直觉想法的集合，需要进一步证实，而不是一组得到完
整验证的结论，那么，就不会有多大危害，而会带来很多好处"。①

假如我们遵循这个建议，考察一下自20世纪50年代以来的历
史，我们就可以发现，他的预备性结论并不是普遍有效的。经济增
长确实偶然会在最初导致不平等的增大，但两者之间并不存在一种
普遍的关联。有些国家和地区在其经济高速增长之时收入差距却在
缩小，比如印尼、马来西亚、中国台湾、韩国和毛里求斯，而在中
国内地、泰国、巴基斯坦和巴西，经济增长则导致收入差距的扩
大。同样，经济增长速度较低或负增长的国家，收入差距的变化也
同时呈现两种方向。在古巴、哥伦比亚和摩洛哥，不平等扩大了，
而在肯尼亚、埃塞俄比亚和20世纪80年代的墨西哥、90年代的
俄罗斯，差距则缩小了。分配是以其他因素为转移的，比如一个国
家最初的状况和国内政策。世界银行曾经概括说：

> "现有数据不能证明经济增长与不平等间存在稳定关系。
> 大体而言，在过去30年间，各国收入不平等既没有缩小，也
> 没有扩大。"②

① Simon Kuznets, "Economic Growth and Income Inequality," *American Economic Review 45* (March 1955): 26.

② World Bank, *Income Poverty: Trends in Inequality* (Washington: World Bank, 2000), http://www.worldbank.org/poverty/data/trends/inequal.htm. 可以反驳库兹涅茨倒U型曲线的数据，见 Deininger and Squire, pp. 259-287. 关于该研究的评论，见 Arne Bigsten and Jörgen Levin, Tillvä xt, inkomstfördelning och fattigdom i u-lä nderna (Stockholm: Globkom, September 2000), http://www.globkom.net/rapporter.phtml。

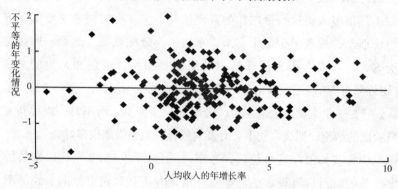

（80个国家的经济增长率与不平等间的关联）

不平等的年变化情况

人均收入的年增长率

经济增长并未扩大不平等

资料来源：David Dollar and Aart Kraay, *Growth Is Good for the Poor*（Washington：World Bank，April 2001）.

在研究了 70 个国家的平等现状后，经济学家斯卡利（G. W. Scully）发现，在具有自由经济、开放市场和财产权的国家，收入的分配要更为平均。最重要的原因在于，比起不自由的经济体，自由经济体中的中等阶层更多，而上等阶层更少。在最自由的经济体中，国民收入中流入最富裕五分之一人口的比例，比最不自由的经济体低 25％。流入到社会中最贫穷的五分之一人口的比例，则不受经济是否自由的影响，但他们的实际收入在自由经济体中高得多。①

因此，与流行的看法相反，高水平的经济自由化似乎意味着更高程度的经济平等。不过，向自由经济转轨的结果会如何呢？激进的自由化将对平等产生负面影响吗？在这里，答案似乎仍然并非如此。瑞典经济学家尼克拉斯·贝格仁（Niclas Berggren）曾经考察过经济自由的提高如何影响经济平等。在那些自 1985 年以来使其经济自由化的国家，平等状况有所改进，而那些拒绝自由化的国家

---

① G. W. Scully, *Constitutional Environments and Economic Growth*（Princeton, N. J.：Princeton University Press, 1992）.

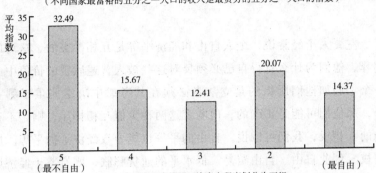

（不同国家最富裕的五分之一人口的收入是最贫穷的五分之一人口的倍数）

全世界国家按照经济自由程度划分为五组

经济自由增进平等

资料来源：James Gwartney, Robert Lawson, and Dexter Samida, eds., *Economic Freedom of the World 2000* (Vancouver: Fraser Institute, 2000).

则出现了停滞甚至退步。那些经济改革进行得比较迅速的国家原来越贫穷，其平等程度提高得也越快。贝格仁的发现显示，一个社会中的平等程度由两大因素决定：国际贸易的自由程度，国际资本流动的自由程度——这两者是最明显地"指向全球化"的改革。①

按另一个标准对各国进行分类，也可证实上面的结论，该分类标准衡量的是国家的全球化水平。《外交政策》杂志和咨询企业A. T. 克尔尼（Kearny）曾发明了一个"全球化指数"（globalization index），衡量一个国家的居民跨国购物、投资、交流和旅行的水平。他们发现，已经全球化的国家不管怎样，并没有变得更不平等。相反：

　　一般的模式是，在大多数国家，较高程度的全球化和较高程度的收入平等同时存在；同时，不管是成熟经济体，还是新

---

① Niclas Berggren, "Economic Freedom and Equality: Friends or Foes?" *Public Choice*, vol. 100 (September 1999): 203 – 23.

兴市场国家。①

左翼人士经常说，个人自由和经济平等是互相冲突的，这可以解释，他们为什么觉得自己必须反对这些被人普遍欣赏的价值中的一个。假如他们所指的是立法者必须在其考虑中决定侧重于哪一个，那他们可能是正确的；但断言这两种价值互相排斥，则是不正确的。相反，我们可以说，自由的平等也能导致经济上的平等。所有权、创业自由、自由贸易、低水平的通货膨胀，既有益于经济增长，也有益于平等。

---

① "Measuring Globalization," *Foreign Policy*, January/February 2001. 根据该指数的第三版，全球化程度最高的国家是爱尔兰和瑞士。美国排在第十一位，但这多少是误导性的，因为美国很庞大，因而，在其境内的旅行、贸易和交流要比一些小国的距离还要遥远。

财产权——合乎穷人利益

经济自由并不是平等的敌人，这可能令每个人惊讶，因为别人告诉他们，资本主义是富人和特权者的意识形态。实际上，这恰恰说反了。自由市场是特权阶层的死敌。在市场经济中，获得并占有较好经济地位的唯一办法是改进你的生产，向人们提供更好的产品和服务。恰恰是在受到管制的经济中，特权和垄断权被分配给受到照顾的群体，特权才会变得根深蒂固。只有那些有门路的人能够贿赂官员，只有那些有时间和知识应付连篇累牍的规章的人才能开办企业、进行贸易，而穷人则永远没有机会，甚至不可能开办面包房或杂货铺之类的小企业。而在资本主义社会中，那些有点子，也有毅力的人都可以自由地试试自己的运气，即使他们并不是统治者的亲信。

全球化会推动这一趋势，因为它会搅乱权力关系，把人们从当地权贵的控制中解放出来。自由贸易能够使消费者从一大群国际性竞争者那里购买商品和服务，而不再受限于当地垄断者。资本的自由流动能够使有好点子的穷人找到资金搞自己的项目。移民自由则意味着，村庄中唯一的雇主为了留住劳动力必须提高农民工资，提供更好的工作条件，否则的话，工人可以到别的地方干活。

左派常常将经济自由化形容为富人的意识形态，因为，它要求保护财产权。然而，捍卫私人产权并不等于将既有的财产状态固定

下来。经验事实告诉我们，从保护财产权中获益的，其实主要不是
富人。相反，恰恰是那些最脆弱的公民，在一个缺乏稳定的财产权
的社会中最容易遭受损害，因为，那些具有政治权力和门路的人完
全能够获得对资源的控制权。在保护私有产权的国家，资源和收入
主要会流向那些有效率的、那些在市场和工作场所中能够提供服务
的人手中，因而，没有特权的群体将有更好的机会主张自己的权
利；而在一个由权力和贪污贿赂主宰的制度中，他们则无法坚持自
己的权利。此外，恰恰是穷人从商品相对于收入变得价格低廉中受
益，而在私人产权背景下所展开的竞争，则有助于实现这样的结
果。财产权能够为远见和个人主动性提供激励，从而刺激经济增
长，并使经济增长的果实在富人和穷人之间大体平等地分配。因
而，社会保护私人财产权会产生一种有利于穷人的分配效应，这一
点类似于普遍的教育。研究表明，保护私人财产权是最有益于经济
增长的经济改革措施。①

　　秘鲁经济学家费尔南多·德·索托（Hernando de Soto）比任
何人更有力地揭示了，如果没有财产权，穷人将遭受多大的损失。
在其革命性著作《资本的秘密》中，他颠覆了整个世界看待穷人
的正统观点。问题不在于他们困苦无助，甚至也不在于他们缺乏
"财产"，因为他们其实拥有物理意义上的资产。问题在于，他们
没有正规的所有权。穷人通常是那些具有很高主动性的人，他们将
其收入的很大部分节省下来，用于改进他们的土地和住房。经过多
年的实地考察和研究，德·索托估计，第三世界和前共产主义国家
穷人所拥有的房地产（建筑物及其土地）的价值，要比官方正式

① 参见 David Dollar and Aart Kraay, *Property Rights, Political Rights, and the Development of Poor Countries in the Post-Colonial Period* (Washington: World Bank, 2000), http://www.worldbank.org/research/growth/pdfiles/dollarkraay2.pdf 和 *Growth Is Good for the Poor.* 关于财产权对经济发展的重要意义，参见 Nathan Rosenberg and L. E. Birdzell, *How the West Grew Rich: The Economic Transformation of the Industrial World* (New York: Basic Books, 1986)。

登记的多出 9.3 万亿美元。这是一笔巨大的资产，超过 20 个最富裕国家股票市场——纽约股票交易所、纳斯达克、多伦多、东京、伦敦、法兰克福、巴黎、米兰等地的交易所——挂牌公司市值的总和。然而，问题在于，第三世界政府因为这些不动产没有经过复杂的官僚程序，而普遍不承认这种所有权。第三世界国家的人们占有公共土地，在简陋的小镇上建造简单的房屋，并经常进行修缮；他们也开办小杂货铺，就像两百多年前的西方人一样。麻烦在于，今天的发展中国家实际上不大可能将这些登记为不动产。德·索托通过一个雄心勃勃的试验说明这些问题。他与大量同伴一起到整个世界旅行，试图登记不动产。这些努力的结果使人惊骇。

在秘鲁，要使一栋建筑在公共土地上的房屋获得法律上的权利，需要在 52 个政府部门办理 207 道手续。谁要想合法地驾驶一辆出租车或开办一家私人公共汽车公司，先得奔波 26 个月办手续。在海地，人们要想在一块公共土地上居住，必须先租赁五年，然后再买下它；但要想租到该地，需要办理 65 道手续，花费两年以上时间；然后购买不动产的终身保有权，则要花费更长时间。在菲律宾，类似的程序可能要花费 13 年时间。对埃及沙漠中的一块土地进行合法登记需要经过 31 个部门，花费 5~14 年时间；至于登记一块农业用地，则需要 6~11 年时间。

在利马简陋的小镇上要给拥有两台缝纫机的小工厂申请合法牌照，需要花费 289 个半天跑各个行政部门；要托人走后门，填写各种表格，等候答复。除了时间外，整个程序的成本达到 1231 美元，这是该国最低月工资的 30 倍。

对于没有很多资源或没有后门的人来说，这些是无法逾越的门槛。穷人唯一的选择就是在非正规部门、在法律之外经营小生意。因此，他们得不到法律的保护，不敢进行长期投资，即使他们有闲钱。他们的财产不被包括进记录历次交易，并说明谁拥有它的统一的所有权系统中。而如果这一至关重要的问题不够明晰，人们就搞不清楚怎样进行交易，或者谁负责为这处房屋付款、修缮。这些不动产就仍然是"死资本"。它们不能被抵押，从而使其事实上的所有者不能将这些变成资本，用来投入到教育中或用来投资、扩大生意。富裕国家的小企业家获得资本的常见方法，在发展中国家却无法加以利用。假如没有得到正式登记的地址，假如不能对一个人的信用进行调查，通常就不大可能开办电话，通水通电，这些房产甚至无法出售。企业家无法通过出售其企业股份扩大生意。

小企业主由于不得不在非正规部门运转，因而通常不得不提防官僚和警察，要不然就得贿赂他们。这意味着，他们只能使自己的企业小而隐蔽，因而妨碍了其利用规模经济优势。他们也不敢做广告或过分地扩大其消费者群。他们可以冒险将产品出售到非常狭窄的范围，但却不能再扩大。重大交易只能与家族成员或自己信得过的人进行。

德·索托认为，发展中国家50%～75%的居民是在法律保障之外活动的，大约80%的住房和土地都没有以其目前所有者的名字登记。在他访问过的一个国家，城市当局自己在公共土地上建立了一个不合法的住宅区，让其雇员有地方住。因而，在缺乏有效的产权制度的国家，大多数人拥有资产，但其所有者却不能充分地利用它。由于缺乏所有权制度，他们不能将其不动产作为扩展生意的基础，而这正是西方世界通往繁荣之路。在发展中国家，只有精英有门路，因而只有他们能够参与现代经济活动。没有财产权的资本主义，变成了仅仅有益于精英的资本主义。而数以百万计能干的人们，本来完全能够成为未来之企业家的人们，则陷入贫困之中。①

这正是俄罗斯经济在共产主义崩溃十年时间后才有一些增长的原因之一。俄罗斯政府花了太长时间才开始引入统一的私人土地所有权制度。俄罗斯的土地一直被视为政府的财产，只租赁给农民耕种，这就使农民不愿进行投资，也使出售和抵押土地成为不可能。

---

① Hernando de Soto, *The Mystery of Capital: Why Capitalism Triumphs in the West and Fails Everywhere Else* (London: Bantam Press, 2000).

到了 21 世纪，1000 万俄罗斯农民中只有不到 30 万拥有类似于土地所有权之类的权利。政府对人们可以用他们事实上所有的土地干什么施加了严厉的限制。土地社会主义当然抑制了投资机会，而由于土地通常是借贷的基础，因而，土地社会主义也妨碍了现代信贷体系的发展。于是，交易只能在非正规市场中进行。今天的俄罗斯有时也被描述为狂暴的、不受约束的资本主义国家。不管根据哪种相对合理的资本主义的定义，这种说法都没有意义。俄罗斯的土地社会主义，再加上令人望而生畏的企业管制和贸易控制措施，导致传统基金会在其全球经济自由排名中将俄罗斯排在 161 个国家中的第 135 位，属于经济最不自由的国家之列。在全球经济自由排名中，则在 123 个国家中排在第 116 位，仅次于叙利亚、卢旺达等国家。①

对农业的管制是不平等的另一重要根源。通过价格控制、购销管制等措施，很多发展中国家试图以牺牲农民为代价照顾城市人口。这是通过对农业征税和管制、将农业收入转移到工业中来实现工业化的计划中的一部分。问题是，由此导致的结果是破坏农业，剥夺了本来可以用于农业的资源，这些资源本来可以提高粮食产量，真正产生剩余。在很多非洲和拉美国家，这导致一种恶性循环：大量人口从日益贫困化的农村移民到城镇，但农民仍然很穷，对于工业品没有强大的需求；因而，在城镇，失业率和贫困率上升，随之而来的就是无家可归者、犯罪和卖淫；穷人自己挣来并节省下来的财产得不到承认，也无法登记；其结果是，对农产品的需求赶不上趟，于是又是城镇化。国外的需求并不能填补内需的缺

---

① James Gwartney, Robert Lawson, Chris Edwards, Walter Park, Veronique de Rugy, and Smita Wagh, *Economic Freedom of the World 2002* （Vancouver: Fraser Institute, 2002）, http: //freetheworld. com; Gerald P. O'Driscoll, Edwin J. Feulner, and Mary Anastasia O'Grady, *The 2003 Index of Economic Freedom* （Washington: Heritage Foundation and Wall Street Journal, 2002）, http: //www. heritage. org/index/2003.

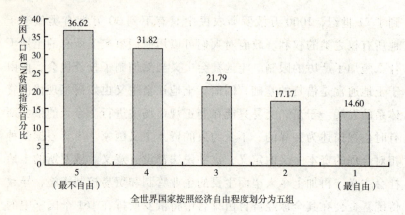

全世界国家按照经济自由程度划分为五组

经济自由减少贫困

资料来源：James Gwartney and Robert Lawson, eds., *Economic Freedom of the World 2001*（Vancouver：Fraser Institute, 2001）。

口，因为，富裕国家建起了很高的关税壁垒，组织农产品进口。①

有几类反自由主义的政策对穷人打击尤其严重。一个通货膨胀，它会毁灭货币的价值。通过快速增加货币供应，政府会侵蚀穷人本来就不多的货币资产，而那些拥有登记过的土地、不动产和企业的富人，其损失要轻得多。根据道勒和克拉伊的研究，控制通货膨胀——最重要的是避免那种困扰第三世界的恶性通货膨胀——是帮助穷人时可以做的最重要的事情。恶性通货膨胀的一个典型例子是 20 世纪 20 年代的德国通货膨胀，它摧毁了中产阶级，使人接受了希特勒的花言巧语。与此相反的一个极端例子发生在 1989 年，当时，阿根廷迅速降低了通货膨胀率，于是，在一年多一点时间中，大布宜诺斯艾利斯的穷人比例从 35% 下降到 23%。

道勒和克拉伊的另一个发现是，公共开支不仅会损害经济增长，也会损害一个国家中最穷的那部分人口。对于某些人来说，这

---

① Christer Gunnarsson and Mauricio Rojas, *Tillväxt, stagnation, kaos: en institutionell studie av underutvecklingens orsaker och utvecklingens mäjligheter*（Stockholm：Studieförbundet Nä ringsliv Samhälle, 1997），pp. 50ff.

简直难以置信，他们一直相信，公共开支是从富人那里拿钱，转手再给穷人。实际上，事实经常恰恰相反。尤其是在贫穷的、非民主的国家，精英们——领导人、他们的亲戚、朋友和有实力的公司——可以拿公共资金来帮助他们自己，而账单却要由那些在首都的宫殿中没有任何影响的人来支付。臃肿庞大的军事机器占用了资源中的很大一部分。统治者更喜欢投入建立讲排场的国际机场、大学和城市医院，而不愿建设能够真正帮助人民的道路、中小学校和乡村医院。而且，在非民主国家，公共卫生和教育通常是服务于政权的坚定支持者的。这些现象表明，左翼知识分子在20世纪60和70年代所犯的错误是多么巨大，他们当时竟然声称，在发展中国家，民主权利和自由根本无关紧要，因为，他们迫切需要搞的是福利政策。然而，如果没有民主制度，则不管什么样的福利政策，都不要指望它能够造福于大多数民众。

低效率的政府体系不可能把钱用到刀刃上——甚至用没用都是问题。"我一直听人说政府在援助穷人，"印尼一位穷人这样评论本国的福利政策，"但谁都不知道那些援助到哪儿去了。"推测起来，这些钱可能进了地方权贵的腰包。印度也存在同样的问题，在那里，官僚主义和政府腐败把救济穷人变成了财政黑洞。在实施食品补贴计划时，政府必须花4.30美元，才能将1美元真正转移到穷人手中。当然，这也直接是穷人的损失，因为他们承担了沉重的税务负担，然后政府才能如此"慷慨地"以援助的形式将其中很小一部分再返还到他们手中。①

资本主义不是一种完美的体制，也不是任何时候都对任何人有好处。全球化的批评者总是愿意指出个人遭受的伤害，诸如某家工厂又关闭了，工资又降低了。确实有这样的事情，但如果只看到个别人的损害，就可能看不见更广泛的现实，即一种政治或经济体制

---

① Berg and Karlsson, p. 93f. 引自 World Bank, *World Development Report 2000/2001*, p. 85。

在宏观上是怎样运转的，与别的政治或经济体制相比，它能给大多数人带来什么样的价值。在每一种政治和经济体制中都可以找到问题，但我们并不能因此而拒绝一切体制。在市场经济中确实可以非常容易地找到负面的例子。但这种方法就相当于，因为有些人溺水而死，有些人被火烧死，所以就证明了水和火是坏东西；这样的方法是很片面的。

一个人如果只强调资本主义的缺陷，就会忽视它带给那些始终遭受压迫的人们的自由与独立性。用那种心态也就看不到在市场经济的社会中，平稳的进步是基本的规律。假如人们抱着一种建设性的心态，那么，在一个取得巨大成功的体制中找出问题和不幸就没有什么错，只要矫正或缓解它们就可以了。而那些谴责这种体制的人有责任回答下面的问题：什么样的政治和经济体制可以更有效地处理问题？在人类历史上，还从来没有过哪个时代比资本主义时代发展更迅速、贫困率减少最快。在历史上，或者在目前的世界上，有没有证据能证明，别的体制可以做到这一步？

东亚"奇迹"

要衡量政治对发展的影响，最有启发性的做法是比较一下两个大陆在"二战"后截然不同的发展历程，也即东亚的经济增长奇迹和非洲悲惨的历史轨迹。1960 年，赞比亚的富裕程度跟韩国相当。今天，韩国的生活水平相当于葡萄牙，几乎是赞比亚的 20 倍。台湾人曾经比刚果人还穷。今天，他们跟西班牙人一样富裕，而刚果则在原地踏步。到底是什么东西让亚洲如此富裕而非洲如此悲惨？

第二次世界大战结束的时候，日本经济变成一片废墟，而其他国家和地区在此之前同样处于贫穷、饥荒和肮脏状态。整个世界都以为这些国家和地区将会被腐败、犯罪和游击战毁灭。然而，20 世纪 60 年代以来，这些东亚"奇迹般的经济体"年平均经济增长率达到 5% ~7%，其收入每十年翻一番。储蓄、投资和出口都给人留下深刻印象，这些国家和地区很快实现了工业化。新加坡、中国香港这样的前殖民地现在跟其前宗主国一样繁荣。

在有时被称为"亚洲虎"的几乎所有国家和地区，在实现这一发展的过程中保持了甚至提高了经济平等程度，而它们并没有搞过什么再分配政策。贫困率急剧下降。在印尼，生活在绝对贫困状态的人口之比例从 58% 下降到 15%；在马来西亚，则从 37% 下降到 5%。1960 ~1990 年间，东亚的平均预期寿命从 56 岁提高到 71 岁。同时，经济增长最终给中国台湾地区、韩国、泰国和现在的印

尼带来了民主化。

这些国家证明了，发展中国家完全有可能实现工业化和发展。它们也证明了，只有在开放的、资本主义的经济中，才有可能做到这一点，在命令式经济中则不能做到这一点。很多经济学家最近指出，这些奇迹般的经济体中也存在大量政府控制，并暗示说，它们实际上对只有自由化能够带来发展的说法提供了反例。第一点是正确的。本地区最先发展的那些国家和地区——日本、韩国和中国台湾，确实存在大量政府干预，尽管后来的奇迹创造者——印尼、马来西亚和泰国减少了对其经济的干预。在前一类国家，国家主宰投资并管制银行投资于政府选择的行业，并对其予以保护，对这些领域中始终进行广泛的政府干预。但是，这却并不是独一无二的：每个大陆的发展中国家都干了同样的事情。世界银行在评估这些创造奇迹的国家时说：

> 其他经济体也试图进行同样的干预措施而没有成功，而且，总的说来，运用这些措施的范围更广泛。①

亚洲虎们不同于其他发展中国家的地方在于，它们致力于建立和保护所有权，制定法典保护企业和竞争，并保持稳定的货币政策和低通货膨胀率。它们实施了普遍教育，从而形成了一个能够使其国家发展的能干的人口。由于政府集中发展基础教育，把高等教育留给私人投资的市场，因而，高等教育机构力求满足经济的需求。

东亚国家进行了改革，剥夺了原有精英的土地和他们过去所拥有的特权。这些改革使得所有人都能参与经济活动。现在，农民能够相对自由地利用他们的剩余、储蓄、投资于他们自己认为合适的

---

① World Bank, *The East Asian Miracle: Economic Growth and Public Policy* (New York: Oxford University Press/World Bank, 1993), p. 6. 也可参见 Gunnarsson and Rojas。

地方，这使他们乐意提高农业的生产效率。收成增加使这些国家能够满足本国粮食需求，同时也为工业释放出劳动力；而随着农村收入提高，对工业品的需求又会增加。亚洲虎们更热衷于创造工作机会而不是设定最低工资标准、管制劳工市场。这为大多数人提供了工作岗位，于是，工资也就随着生产率的提高而提高。由于工资也可以在衰退期间调低（因为这些工作所能购买的商品也变得廉价），因此，很多国家比其他国家更为平稳地，且以较低的失业率应对了危机。

　　在别的发展中国家，企业因为开办生意所必需的管制、牌照和许可证而寸步难行。相反，东亚国家则拥有引人注目的创业自由。有点子的公民能够开办企业，只用办理很少的手续，并且可以不受繁琐的控制和价格管制措施的影响而经营生意。香港在这方面走得最远。在那里，个人可以随便开办一家企业，要想获得许可，只需事后报告当局即可。这一点极其重要，它不仅为个人创造性打开了大门，也提供了预防腐败的良方：腐败通常是在许可程序的背后滋生。

　　尽管东亚很多国家也对私人企业提供税收减免和补贴，但比起别的发展中国家来，那里更少裙带关系（cronyism and nepotism）和既得利益，也较少去搞排场很大但没有用处的面子工程。相反，它们集中追求真正有用的成就，开发市场急需的东西。比起别的发展中国家来，价格也基本上是由市场驱动的。这些国家没有搞过价格控制，没有扰乱过世界市场价格，因而，人们的投资总是投向最有可能成功的地方。正是由于没有这些扰乱因素，所以，投资流向了这些国家最有效率的行业，发挥了其相对于其他国家的优势。

　　在这场辩论中，很多人要求政府进行干预、管制投资以减缓经济增长的步伐，保护现有企业。亚洲各国和地区的政府没有这样做，它们认为，培育抵挡国际竞争的能力，对于企业的成败至关重要。日本政府让大公司破产，因为它们确实不具备足够的利润潜力，韩国毫不留情地关闭那些在开放的市场中不能存活的企业。这种无情也表现在政府自己对待自己时。只要补贴和开支威胁到经济稳定，政府就很快缩减其开支项目，从而避免了预算危机和通货膨胀。

最重要的是，这些国家一直坚定地致力于与国际经济的一体化。它们是世界上最突出的出口导向经济体，它们中的大多数都欢迎外国企业来本国投资。贸易在这些国家 GDP 中的比例越大，其经济增长就越快。这里的大多数国家和地区都曾经出台过针对进口的关税壁垒，和亚洲别的地区、非洲和南美的情形一样。但东亚国家的不同之处在于，它们采用这一政策的程度没有别的发展中国家那样强，而且较早就放弃了它。当其他国家还在忙于追求自给自足而废止贸易的时候，东亚国家就已经致力于国际化。它们在 20 世纪 60 年代就开始鼓励出口，其政策包括取消许可证、豁免进口商和供应商的进口关税，资本货物税很低。根据哈佛大学经济学家杰弗里·萨克斯和安德鲁·沃尔纳（Jeffrey Sachs and Andrew Warner）所编制的开放指数，东亚国家和地区属于最早对外开放的国家之列，其措施有降低关税，取消配额制，放开出口，减少对外汇的管制。中国内地、中国台湾、泰国和马来西亚的经济至迟到 1963 年就是"开放"的，日本是 1964 年，韩国是 1968 年，印尼是 1970年。中国香港所实行的自由主义贸易政策则超出世界上任何别的国家。① 同样的革命，直到 20 世纪 90 年代才在拉美出现，而一直到今天，非洲大多数国家还没有动静。

比较一下这些发生了奇迹的经济体与它们的邻国，是很有启发性的。这些邻国尽管在文化上和人口结构上与前者相近，但却实行了相反的政策。朝鲜和缅甸都拒绝了市场，而选择了超级保护主义

---

① Jeffrey Sachs and Andrew Warner, "Economic Reform and the Process of Global Integration," Brookings Papers on Economic Activity, no. 1, 1995, pp. 26 – 32, 72 – 95. 297.

政策（ultra-protectionist policy），其经济受到严密控制。它们完全与本地区的发展无缘。东亚奇迹绝对不是证明了管制和国家控制的积极作用，相反，它证明了，由自由企业组成的开放经济是发展的必要条件。

非洲的困境

　　非洲，尤其是撒哈拉以南非洲，则与东亚奇迹形成鲜明对比。在南部非洲，我们发现，自 20 世纪 60 年代以来，大多数国家的人均 GDP 实际上是在下降，在这里，也集中了世界上最严重的贫困、疾病、营养不良、文盲和童工现象。在过去的 30 多年中，世界上大多数地区都出现了经济增长和社会繁荣，而非洲大陆出现的却是生活水平下降，灾难增加。其中有自然因素的原因。热带气候容易引发寄生虫病泛滥，土壤不够肥沃，自然灾害比欧洲更加频繁。非洲人口的三分之一生活在内陆国家，因而他们很难卷入国际市场，参与贸易活动。古怪的边界划分和原殖民强国的歧视性政策也导致非洲国家面临严重的种族和语言冲突。非洲大陆大部分国家遭到战争和冲突的蹂躏。

　　但自然和文化条件同样不利的其他地区也比非洲过得好得多。即使像战争和饥荒这样的因素，也有其政治原因——缺乏民主必然会遭受饥荒折磨，而在通常情况下，民主不会使双方开战。这些都证明了，在很大程度上，正是国家的制度和政治决定着其发展前景。很不幸，非洲出名的恰恰就是它比别的大陆有更高程度的政治镇压、腐败、经济统制和贸易保护。非洲国家从殖民地宗主国那里继承了等级森严的高压政治结构，并以其镇压其他种族和农村，限制企业，侵犯人的基本权利。

大体上说，非洲国家领导人刻意地要避免旧殖民宗主国的政策，也不希望在商业上倚赖曾统治过他们的欧洲国家的政策。于是，他们试图通过沉重的关税、国有化和对产业的严密控制来建立自给自足的经济。非洲国家一直对价格和外汇进行控制，公共支出则经常乱七八糟。城市精英系统地剥削农村。国家不是去创造市场，而是建立了垄断的收购企业，以很低价格收购粮食，再由政府分配。因而，政府强占了整个农业剩余，使农民贫困化，并完全摧毁了农村贸易。一旦产量下降，农民就被迫进入非正规市场。当经济在 20 世纪 70 年代衰退时，这妨碍了工业化计划，并威胁到社会稳定。到 80 年代中期，很多非洲国家无计可施，经济直线下降；政治结构崩溃，人民陷入饥荒，缺医少药，就好比零配件和电池耗尽却又不能更换，机器只好停止运转。自那以后，经济不再衰退，但也没有出现回升。1990～1998 年间，南部非洲的 GDP 总值下降了 0.6%。

非洲出现饥荒和灾难的根源，并不是沙漠和干旱，而是政治压迫者，他们系统地破坏了国家的增长潜力。这些国家确实不再依赖贸易，而是依赖上了发展援助。撒哈拉以南非洲所获得的人均发展援助数额多于世界上任何别的地区。有些国家得到的发展援助两倍于本国的收入。但是，这些资金往往没有落到陷入困境的人民手中，而是被用于维持那些剥削人民的邪恶的政权。很多西方捐助国宣称，这些国家还不适合引进民主制度、保护个人权利；他们又说，这些国家必须对经济进行计划，必须减少对贸易的依赖。遵循这些药方，结果可想而知。潜在的企业家精神被窒息，20 世纪 60 年代非洲的贸易额还占全球的 5%，今天却只有 1%。

不管是谁，假如他相信，等级制就等于效率，他就该研究一下这些国家。公共部门一片混乱，官僚机构总是忽视本该由他们负责的日常事务，官员们则从上面扰乱秩序。更不要说，他们总是与自己的职责背道而驰。法院几乎很少有公平的时候，根本就不能保障契约和财产权。腐败到处蔓延，使整个国家陷于瘫痪。人们哪怕只

> 　　非洲有很多长命的领导人，比如津巴布韦的穆加贝、肯尼亚的莫伊、扎伊尔的蒙博托，他们都是靠着西方发展援助的支持继续维持权力的。非洲经济学家乔治·阿伊泰（George Ayittey）曾将这些政府形容为"吸血鬼国家"，其标志是，公共部门感兴趣的不是刺激人的创造性和经济增长，而是用社会的生产性资源满足自己的利益，他们更像一支占领军。这些领导人及他们的亲信经常通过直接没收和大量侵吞公款的方式强占财产。人们推测，蒙博托聚敛了40亿美元的财富，而他的国家却在痛苦中呻吟。

是为了干活和做生意，也必须贿赂官员，因此，生意很难做，对于穷人来说，简直就是不可能的。政治决策经常是根据裙带关系而不是根据公共利益做出的。任意变动的规则和腐败窒息了企业家精神，很多国家根本就得不到外商投资。非洲被边缘化了。就这一点而言，反全球化分子是完全正确的。但原因却恰恰在于，非洲国家回避全球化，而去搞社会主义、强盗统治和贸易保护。对于非洲人民来说，全球化仅仅意味着他们的领导人坐着飞机周游世界参加各种会议。①

　　近几年，有些非洲国家成功地实现了国家预算的平衡，但这样

---

① Jeffrey Sachs and Andrew Warner, "Sources of Slow Growth in African Economies," *Journal of African Economies* 6, no. 3 (1997): 335 – 76; Arthur Goldsmith, "Institutions and Economic Growth in Africa," African Economic Policy Papers, Discussion paper no. 7, (Cambridge, Mass.: Harvard Institute for International Development, July 1998), http://www.eagerproject.com/discussion7.shtml. 有一种混乱的解释认为，非洲与世界经济的一体化程度其实高于别的大陆，因为非洲国家的出口占其 GDP 的比例通常较大。然而，这却并不是由于其出口总额很大，而是因为本国经济太弱小了。也可参考 George B. N. Ayittey, *Africa in Chaos* (New York: St. Martin's, 1999)。

的变化远远不够。挑战强大的既得利益集团，采取严厉措施打击腐败，精简政府机构，经济对外开放，所有这些，难度要大得多。撒哈拉以南非洲国家没有几个相对民主的政权，这些国家的经济体制也是世界上最不自由的。加拿大的弗雷泽（Fraser）研究所在评估了该地区的经济自由度后发现，忽略那些遭受战争蹂躏的国家不计，世界上最不自由的 20 个经济体中，有 14 个在非洲。非洲国家中除了 4 个之外，其余都名列参加排名的 123 个国家中的下游。①

　　津巴布韦一直得到西方的发展援助，它以全世界最快的速度、最坚定地摆脱了所谓的全球化和自由化的恶魔。在穆加贝的独裁统治下，这个国家与国外的贸易少得可怜，政府的开支则直线上升，并实行了严厉的价格控制措施。最近，政治镇压措施也升级了，同时伴随着大规模霸占土地，压制表达自由，对反对派采取恐吓行动。仅仅五年时间，这个国家丧失了其总财富的三分之一，绝对贫困率则上升了 10 个百分点。津巴布韦一度是重要的粮食出口国，但只用了几年时间，它的谷物出口就下跌到原来水平的三分之一，有 600 万人现在面临饥荒。②

　　尼日利亚是另一个例证。这个大国尽管拥有丰富的自然资源和农用地，但却由于极为严厉的管制和腐败而处于极度贫困状态。根据国际货币基金组织（IMF）等机构的建议，20 世纪 80 年代末该国进行了一些结构改革，但由于这些改革不受欢迎，政府于 90 年代初放弃了改革努力，重新实行管制。信贷和外汇市场被取消，利率受到控制，由此导致通货膨胀和失业。1992～1996 年间，绝对贫困人口的比例从全国人口的 43% 上升到令人难以置信的 66%。今天，尼日利亚占了撒哈拉以南非洲绝对贫困人口的四分之一。尽管出现了一个民主的新政府，但改革却进展

①　Gwartney et al.

②　"The Zimbabwean Model," *The Economist*, November 30, 2002.

缓慢。现在该国的人均收入比 30 年前还低，健康和教育水平也下降了。

经济学家萨克斯和沃尔纳曾对非洲各国不同的政治改革所带来的增长率进行过研究。他们试图通过对各国的研究来估算，这个大陆假如采取了东亚的开放市场、创业自由、保障产权、维持高储蓄的政策，经济增长率有可能是多少。两位学者认为，尽管资源比较贫乏，但非洲如果采取东亚的政策，在 1965 ~ 1990 年间，其人均GDP 也能保持每年增长 4.3% 的速度。这几乎可以使非洲人的收入增长三倍。当然，对这样的估计，我们只能半信半疑。但即使对这个数字狠狠地打一下折扣，与非洲这段时间实际的经济增长率——仅为年均 0.8% ——相比，也足以令人震惊。①

但如果我们考察一下那些选择了自由贸易和开放经济的非洲国家的记录，我们完全可以大胆地说，自由主义政策是能够取得那样巨大的成功的。博茨瓦纳的养牛农民较早认识到了，争取更开放的市场是合乎他们利益的，这使该国经济的大部分部门到 20 世纪 70年代末就面向国际竞争。该国也保护产权，没有对企业实行国有化。通过与欧盟交涉，该国对欧洲的出口获得免税待遇，也不受配额限制。自 1966 年独立以来，博茨瓦纳是这块大陆上的一个例外，它没有遭受独裁统治，这也使它成为非洲腐败最少的国家之一，其腐败程度与欧洲国家相当。博茨瓦纳的经济增长率实际上超过了东亚，1970 ~ 1990 年间，年均经济增长率达到 10%。另一个实行自由贸易政策的国家是岛国毛里求斯。通过削减军事开支，保护产权，降低税率，建立自由的资本市场，增加竞争，该国实现了年均增长 5% 的成就。现在，该国几乎每个人都可以获得洁净的水，教育和医疗卫生也正在发展。如果毛里求斯和博茨瓦纳这样的国家能够获得如此高水平的增长，为什么其他非洲国家就不能呢？非洲其他国家的人并不比毛里求斯和博茨瓦纳人更没有创新精神或更缺乏

---

① Sachs and Warner, "Sources of Slow Growth in African Economies."

企业家精神，但是，他们只能利用自己的创造力去规避腐败和管制，在非正规部门中艰难谋生。

另一个有趣的国家是加纳，它于 1983 年开始放开经济，并逐渐繁荣起来，而其邻国却日趋贫困。尤其是，加纳放松了对农业的管制，取消了关税、价格管制和补贴，产量迅速提高；最重要的是，可可种植业者得到了收益。随着农民现在有能力进行投资，也可以买得起更多的商品和服务，很多人也就从农业繁荣中获得益处。20 世纪 90 年代，加纳的绝对贫困人口比例从 36% 下跌到 29%。2000 年，该国领导层第一次和平地、民主地实现了交接。

乌干达的发展轨迹与此类似，它在 20 世纪 90 年代是自由化速度最快的国家。贸易迅速地实现了自由化，价格管制措施被取消，税率降低，通货膨胀率降低，并朝着保护产权和放松对金融市场的管制迈出了第一步。这些因素，再加上大量发展援助，使其年经济增长率达到 5%，而不平等则在缩小。整个 20 世纪 90 年代，乌干达的绝对贫困率从 56% 下降到 35%。较高的开放度和独立机构的教育工作也已经使乌干达成为第一个城镇艾滋病发病率下降的非洲国家。

这些"非洲狮"（对应于亚洲虎和四小龙）的例子证明了，尽管遭受过挫折，但贫困并不是什么自然规律。撒哈拉以南的一些国家已经逐渐开始更为有效地利用它们的资源，给予它们的公民以更多经济上的自由。民主国家的数量逐渐增多，城镇化打破了原有的部落忠诚，而这种忠诚一直阻碍着人们在法律之下的平等。竞争减少了腐败，因为统治者已不再拥有发放和收回许可证和特权的权力。吸引外商投资也是另一股推动力量，因为外商不愿投资于腐败的经济体。这些受到控制的经济体，已经感受到了冲击。20 世纪 90 年代，各国国家预算中用于健康和医疗的比例在上升，尽管上升幅度不大。

非洲还有漫长的路要走，但与有些人的看法相反，非洲是能够取得发展的。很多非洲国家已经不再是直线下跌，而是大体稳定下

来，尽管只是稳定在极低的水平上。只有决心进行民主和自由主义改革，才能推动发展，而要实施这些改革措施，就要求领导者勇敢地将人民的利益放在他们的亲信或官僚机构的利益之上。基于这样的起点，21世纪成为非洲世纪，看起来不大可能，但也不是全无可能。

第三章

自由贸易就是公平贸易

互利互惠

1999 年底世界贸易组织西雅图会议期间，成千上万人上街抗议自由贸易，在这之后，在公共辩论中，人们对自由贸易的好处又产生了怀疑。有人大声疾呼各国应当实现自给自足；或者，发展中国家应当用关税"保护"自己，直到自己的产业成熟时为止；或者，我们需要国际贸易的"新规则"。这些批评意见经常被人概括为下面的一个口号：我们应当追求"公平的贸易，而非自由的贸易"。但在我看来，自由的贸易从本质上说就是公平的贸易，因为，自由贸易的基础就是自愿的合作与交换。自由贸易意味着，由你而不是由政府来决定你在何处购买你需要的商品，你不会仅仅因为跨越了边界线就必须支付额外的成本。关税就是仅仅因为一件商品跨越了边界线而对其征税，配额则限制那些可以进入一个国家的某种商品的数量，它们都是对公民就自己的消费自己做出决策的自由的直接限制。免于关税与配额的自由，也即自由贸易，将赋予我们选择的自由，给予所有人提高其生活水平的机会。

仅仅通过人们彼此交换其物品，就可以增加这个世界的财富，这一点，听起来似乎难以理解，但只要你去商店买东西，你就会认识到（即使只是潜意识），交换何以能够增加财富。你之所以为一盒奶掏了一美元，是因为，你宁愿要这盒奶而不是一美元。店主之所以以那个价钱出售奶，是因为，他想要你的美元而不是守着这些

奶。这笔交易让双方都得到了满足，要不然的话，交易就不会发生。对于这笔交易，你们双方都有一种感觉，你做了一笔好买卖，你的需要得到了更好的满足。

贸易的结果是，那些懂得诀窍的人去制造自行车，那些剪头发剪得最好的人去做理发师，最擅长制造电视机的人到电视机厂工作。然后，这些劳动者进行交换，借以获得各自所需的东西。通过自由的贸易，我们可以消费到我们自己永远不可能生产出来的物品和服务。自由选择的可能性意味着，我们可以尽可能选择最优、最廉价的商品。自由选择使我们能够得到我们自己不可能制造的东西。在明尼苏达的杂货店中，我们可以买到香蕉和菠萝，尽管明尼苏达的任何一个农场都不出产这些东西。即使是在北半球，整个冬季都可以买到新鲜的绿色蔬菜，而生活在内陆国家的人也能够买到挪威出产的大马哈鱼。自由贸易的结果是，商品和服务将由那些最擅长于生产它们的人来生产，然后将其出售给任何需要它们的人。这确实都是自由贸易所赐。

不过，支持自由贸易的论证其实比这更为有力。也许，大多数人已经意识到了，只要你比别人能够更好地生产某种东西，你就可以从贸易中挣钱，而批评自由贸易的言论通常会担心，有些国家在所有事情上都会做得较好。有些国家和企业比别的国家和企业都要先进，但它们也可能在任何领域都落后于它们的另一个贸易伙伴。然而，事实却是，即使你生产东西不如别人好，你仍然可以通过贸易挣钱。重要的是，你相对地做得好，而不是你比任何人都做得好。

让我们设想一个两人贸易的简单情形。朱利亚受过较好的培训，是一个出色的外科医生，也是一个好厨师。另一个人约翰没有受过任何职业培训，而且，在厨艺上也不如朱利亚。约翰更愿意在家里做一些他能够轻松学会的简单的事情，并用它来交换那些他更难生产出来的东西，比如外科手术或医疗护理。然而，朱利亚既然也有一把好厨艺，为什么还会同意做交换呢？理由很简单，集中做自己最拿手的事情，她可获得更大收益。她在厨艺上可能比约翰好两倍，但她在外科手术方面比约翰好一千倍。因而，她将自己有限的时间用于外科手术，可以创造出最大价值，然后可以从由此挣到的收入中拿出来一部分来购买别人做的晚餐。集中于做自己最拿手的事情，最后她可以得到更多收入，因而也就可以买到她所需要的其他商品和服务。

有些人因为贸易是"根据不平等条件"进行的，依据的是"不平等的环境"，而拒绝自由贸易，他们会要求约翰切断自己与外部的联系，不要跟朱利亚做生意。但事实是，通过自由贸易，他同样获得了可观的收益。通过贸易，他可以集中于做自己相对而言最拿手的事，以此交换自己所需要，但生产起来更困难的东西，比如自行车或医疗护理。这个例子说明了经济学家所说的"比较优势"。约翰不必在他的生产活动中绝对最优，他只要相对最优即可，即只要能够比生产他自己所需要的其他东西更好一些即可。集中于生产某类东西而不是试图生产他所需要的一切东西，他的时间就仍然是有价值的。他应当集中于他自己具有某种相对优势的领域。

甚至不必管培训或教育的差异，只要产生水平不同或运气不同就可以了。设想我们上面所举例子中的两个人被困在一片荒岛上，每个人要维持生存，每天需要吃一条鱼和一块面包。为此，朱利亚必须每天用两小时烤面包，用一个小时钓鱼。约翰烤面包需要两个半小时，而钓鱼则需要五个小时。朱利亚同样是样样做得最好。但他通过与约翰交换仍然能够获益，因为，她可以将自己的时间集中于她绝对地做得最好的事上，即钓鱼。她可以在同样的三小时内钓上三条鱼，而约翰如果一直干一件事情可以在七个半小时里烤出三块面包。然后，他们交换各自的剩余，两样东西每人都能得到一个半。这样，不用付出更多辛苦，也不用多花一分钟，两个人都将其日产量从两条鱼、两块面包，提高到三条鱼、三块面包。他们可以选择像这样提高产量，从而吃得更丰盛一些；也可以选择减少工作时间，而仍然可以得到原来的产量。他们当然可以用富余出来的时间去建造房屋或小船。假如他们能够与附近另一个岛上的人进行交

换，他们就能够用他们的剩余换到别的具有相对优势的人生产出来的衣服或工具。

当然，这是一个过分简单化的例子，但它能够说明，在更为复杂的条件下专业化如何发挥作用。比较优势在国家之间的重要性，跟个人之间是一样的。在上面的例子中，约翰和朱利亚可以被替换成美国和加拿大，鱼和面包可以替换成计算机、衣服、拖拉机或医药。原则是一致的：让那些相对来说最擅长的人来干，是个好主意。一个人的比较优势不必是自然禀赋的结果，就像美国拥有大量农田，委内瑞拉和中东拥有石油储藏。一个国家可以通过运气而获得比较优势。计算机公司之所以聚集在硅谷而时装巨头之所以拥到米兰开商店，不是因为大自然青睐那里，而是因为，它们可以利用专业化的联系、知识和人力，而由于这样那样的原因，这些因素聚集到了那个地方。

上述简单的例子证明了，国家应当自给自足、生产其人口所需要一切的论点，是站不住脚的。在自由贸易制度下，为他人生产就等于为自己生产。通过生产和出口我们最拿手的东西，我们就能够进口我们需要的东西。第二次世界大战后，南美、非洲等地很多发展中国家相信，自给自足是一种正确的政策。在西方人的欢呼下，

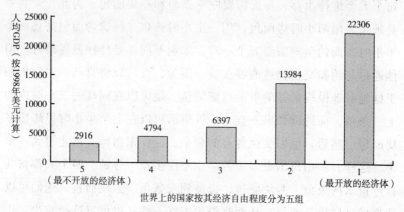

世界上的国家按其经济自由程度分为五组

自由贸易带来繁荣

资料来源：James Gwartmey and Robert Lawson, eds., *Economic Freedom of the World 2001* (*Vancouver：Fraser Institute*, 2001).

他们坚持生产是"为了使用而不是为了利润"。而到了现实中，这意味着企图自己生产一切东西，而不管代价有多大。东亚国家则反其道而行之。它们制造它们最拿手的东西并将其出口，这样，就能够以相对较低的成本，购买它们自己所需要的东西。韩国的第一批出口商品包括假发和刨花板；香港是靠塑料花和廉价玩具起家的。如果由中央计划委员会来决定人民需要什么，这些肯定不是人民最需要的，但通过出口这些东西，他们得到了购买自己所需要东西的经济能力。[1]

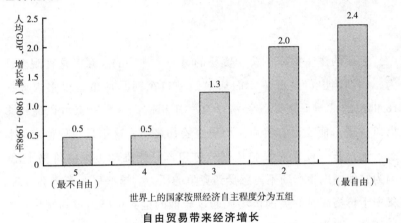

世界上的国家按照经济自主程度分为五组

自由贸易带来经济增长

资料来源：James Gwartney and Robert Lawson, eds., *Economic Freedom of the World 2001* (Vancouver: Fraser Institute, 2001).

---

[1]　对自由贸易最常见的批评是，为了保护特定产业，需要征收某种关税或实行配额制。今天，已经没有太多人相信自给自足的政策了，但上述信念却存在于较多批评现代文明的团体，比如绿党那里。其鼓吹者还包括法国反全球化的 ATTAC 运动。其主席贝尔纳德·卡森（Bernard Cassen）把自给自足作为反对削减针对发展中国家的关税的论据："我对下面的论点很惊讶，穷国、不发达国家必须更多地进入发达国家的市场。这实际上意味着什么呢？这意味着，你希望不发达国家出口产品。出口什么？出口那些为了满足他们自己国内市场需求而必须出口的东西……我们必须回到自我中心的经济状态，而不能成为出口导向的经济体，它已被证明确实失败了。"见 Bernard Cassen, "Who Are the Winners, and Who Are the Losers of Globalization?" 这是他在 2000 年 6 月 17 日在伦敦康威大厅（Conway Hall）举行的 The Amis UK Conference "Globalization in Whose Interest?" 大会上的发言。

重要的进口

上面的逻辑揭露了关于贸易的另一个神话的荒谬，这种观念认为，向别国出口是好事，而从他国进口东西是坏事。很多人就跟18世纪的"重商主义"经济学家一样相信，一个国家可以通过多出口少进口而变得有实力。历史经验却表明，这不是一种稳定的状态。通过进口配额来限制从国外进口，只能推动美国的价格上涨，因为它使国内生产商不再感受到竞争的压力。这些生产商将会发现，集中于价格高企的美国市场比起以较低的世界价格出口和销售他们的商品，更为有利可图。于是，进口壁垒实际上也减少了出口。

事实的真相是，我们通过出口我们做得最好的东西，我们可以变得富裕起来，从而将有能力进口我们（相对来说）做得不是太好的东西。要不然，我们就得自己做一切东西，从而丧失专业化的优势。只是卖东西，我们确实可以积累大笔货币，但我们的生活水平并不会提高，除非我们用这些钱购买我们所没有的东西。一位第一流的贸易理论家詹姆斯·穆勒在1821年就十分正确地指出："在任何情况下，用一件商品交换另一件商品的好处，都来自所得到的商品，而不是所出售的商品。"① 换句话说，出口的唯一作用就在

---

① James Mill, *Elements of Political Economy*, 3d ed. （London：Baldwin, Cradock and Joy, 1826），chap. V, sec. 3.

于，它使我们能够反过来得到进口品。

只要我们把必须躲避廉价进口品的想法运用于国内的贸易中，其荒唐之处将变得一清二楚。举例来说，洛杉矶人试图阻止从旧金山进口商品，理由是，它必须保护自己的市场。如果进口确实有经济上的危害，那么，一个城市或国家阻止其居民购买别的地方的东西就是有意义的。按照这种逻辑，加利福尼亚人如果购买得克萨斯州生产的东西，就蒙受了损失，布鲁克林人将从拒绝购买曼哈顿人生产的东西的行为中获益，那么，一个家庭也最好自己生产一切东西而不是与邻居做生意。很显然，这样的想法将导致福利的巨大损失：自给自足的家庭仅仅为了有东西吃就要苦苦奋斗。你到商店买东西，实际上就是在"进口"食品，如果能够廉价地买到，那应当是收益，而不是损失。你去上班，生产商品或服务，就是在出口。我们中的绝大多数人都喜欢"进口品"价格低廉，这样我们只需"出口"一点东西就能买得起那些"进口品"。

贸易并不是一种零和游戏，似乎一方之所得就是另一方之所失。相反，假如双方都觉得没有得利，那就不会有交换。真正具有利害关系的标尺不是"贸易盈余"（在这里，"盈余"意味着，出口大于进口），而是贸易数量，因为，出口和进口双方都在获益。人们经常担心出口可能是失业的根源。假如我们从中国进口廉价的玩具和衣服，那么，本地的玩具和衣服产量就会缩减。假如我们用一种更为国际化的视野来观察，那我们就可以问，为什么玩具和投资在美国比在较穷的国家更重要？难道不是因为这些国家比我们更需要工作岗位，跟我们一样不能提供足够的工作岗位？然而，这也是一种错误的看问题方式。从国外得到廉价商品，我们就可以节约美国的资源，从而能够投资于新产业和工作岗位，其结果是，中国人挣到更多钱，能够从我们这里购买更多软件或布兰妮的唱片。此外，大多数企业和生产商都依赖于其他国家的供应商和分包商供应的原材料。比如，要生产移动电话，瑞典的爱立信公司需要亚洲生产的电子零配件。因而，如果欧盟提高对亚洲的关税壁垒，借口是保护欧洲的工作岗位，那么，像爱立信这样的欧洲公司的成本就会提高，销售额会减少，而这就意味着，它们不能创造出本来可以创造出的新工作岗位。

> 然而没有什么比这一整套贸易平衡学说更荒谬的了，而不仅是这些限制措施，还有几乎全部管制商业的措施，都是以这种学说为基础的。当两个地方彼此进行贸易的时候，这种学说认为，假如实现了平衡，则双方都既无所失，也无所得；但假如一方有所盈余，则一方就会有所失，另一方则相应地有所得。这两种看法都是错误的。借助于国界和垄断对贸易予以强制，可能，并且通常不利于主动建立这些措施的国家，对此，我后面将要论述。相反，不予强制或限制的贸易，由两地自然地、正常地进行的贸易，总是同时有利于双方，尽管这种益处并不完全相同。
>
> 亚当·斯密，1776年①

因而，当这个世界的政客聚集在西雅图或卡塔尔围绕在世界贸易组织的框架内削减关税进行谈判之时，从某种意义上说，他们是在干一件愚蠢的事情。政客们说，只有别的国家同意削减关税，他们才会做同样的事情。然而，这根本就是没有道理的，因为，每个国家都可以通过削减本国的关税、从而更廉价地进口商品而得到好处，不管别的国家是否跟进。最佳政策是单边奉行自由贸易，也就是说，即使其他国家仍保留甚至提高其关税，美国也取消自己的关税和配额。为什么仅仅因为别国让他们的人民面临沉重的关税和禁

---

① Adam Smith, *An Inquiry Into the Nature and Causes of The Wealth of Nations* (Indianapolis: Liberty Classics, 1981), p. 488f.

令，我们也一定要对自己的人民这样做？借用英国经济学家琼·罗宾逊（Joan Robinson）的一个比喻，由于你的邻居的海岸线礁石很多，不好靠近，你的船很难停泊，于是，你就在你自己的港湾也填上石头，这恐怕算不得聪明。宣布"我不准自己从范围广泛的廉价商品中进行选择，除非你也这样做"，这是自己害自己，而不是聪明地报复别人。

尽管如此，还是有很充分的理由支持多个国家在 WTO 的监督下进行多边贸易谈判。首先，这种谈判能使既得利益集团较易接受自由贸易改革。假如只是美国单方面削减关税，此举可能招致那些不愿意面对竞争的美国企业和工会的激烈反对。尽管这样的竞争当然是有益于消费者的，但消费者却是一个分散的、无组织的群体，不大可能对具体某一项关税发出强有力的声音。而对于产业界来说，贸易壁垒就是一种垄断保护，因而，他们会拼命地要求保留这些有助于他们垄断市场的关税。多边协定则能够打破政治利益的平衡。如果很多国家同时削减关税，出口部门的企业和工会就会支持这一改革，因为他们相信能够打开新市场。谈判能够使得削减关税变得更容易，能够使其他国家也削减关税，不过，也有可能使之变得更为困难。假如政客们在谈判的时候，给人留下一种印象，似乎关税是某种有利的东西，而只有当我们能够获得回报的时候才取消关税，则选民最终也就会相信，这是真的。选民将得到一种印象，关税是好东西，政客们则正在出卖它，尽管实际上，关税是有害的。假如在进行贸易谈判时，不同时动员起反对关税和配额的舆论，则很可能导致贸易保护主义的激烈反应。1999 年 12 月份 WTO 西雅图会议后谈判的破裂就是一个例证。①

WTO 的第二个，也是更为广泛的好处是，它给出了下面的承诺：将建立一个不偏不倚的规则体系以确保所有国家遵守他们签署

① Tomas Larsson 在其 *The Race to the Top: The Real Story of Globalization*（Washington: Cato Institute, 2001）中精准地预测了西雅图会议破裂的原因。

的协议。人类历史上常见的现象是，实力强大的国家可以对实力弱小的国家为所欲为。世界上很多国家都希望有一个贸易组织执行统一的规则，最主要的目的就是防止美国对其贸易伙伴采取单边行动。另一方面，美国开始时则只想要一个约束力较弱的协定，而不是一个解决争议的组织。通过 WTO，成员国承诺不歧视外国企业，不实施随意性很大的贸易壁垒——无论如何，它们已经搞了太多这类东西了。正是为了从这些保障措施中获益，穷国很快就批准了1995 年的 WTO 协定，而欧盟、美国和日本则跟往常一样拖了后腿。自那以后，像美国这样实力强大的国家在 WTO 的争议中不断被裁决违规，这样的事情在联合国中不可能发生，因为在那里，它们拥有否决权。

WTO 的另一个优势是，所有成员国都承诺给予其他成员国以"最惠国待遇"，这将使其可以自动地享受到对任何其他国家的关税减免优惠。美国和欧盟过去一直只是彼此减免关税，而没有想到增进与世界其他地方的贸易自由。现在，关税减免也不得不适用于穷国，只有在欧盟国家之间及北美自由贸易协定（NAFTA）签署国之间已有的区域性贸易协定中所包含的优惠待遇是例外。

不过，WTO 对不公平关税的防范作用并不是很大。WTO 没有可以禁止任何人开征关税的具体权力，它只能授权被损害的当事人也实行补偿性的贸易壁垒。这不是一个理想的局面，因为，各国应当不顾别的国家怎样做而自行逐渐取消关税。假如带来损害的一方必须支付货币补偿或降低其他关税作为补偿，可能会好一些。不过，相对一件小纠纷可能发展成为全面贸易战的局面，这种相对稳定的程序相比于过去至少已经有所改进。现在，成员国至少考虑到自己的信誉而不会撕毁它们签署的协定。但是，在几个非常引人注目的案例中，欧盟却试图保留 WTO 已经予以判定不合法的贸易壁垒。其中一个是，多年来，欧盟一直想对拉美的香蕉和使用了激素的肉类采取歧视性措施。欧盟各国政府的做法让人觉得，它们对工业化国家适用一个标准，对发展中国家适用另一个标准。长此以往，将会严重损害 WTO 的信誉。

一旦认识到进口的好处，人们也就会认识到，反倾销措施是有害的。政客们经常说，他们必须保护本国人民不受其他国家"价格倾销"的伤害，也就是说，如果马来西亚以非常低廉的价格向我们出售鞋子，要是价格低于生产成本或比马来西亚国内市场的价格更低，这就构成了"不公平竞争"。马来西亚制造商就是在进行"倾销"，而我们必须保护自己不受其伤害。然而，经济学家穆雷·罗斯巴德（Murray Rothbard）早就讽刺过，如果有人说，他们想"公平竞争"的时候，你可得看好你的钱包，因为，这些人说"公平竞争"就是指要来翻你的口袋了。对于反倾销关税，同样应作如是观。他们不想让我们得到的，乃是廉价的鞋、电视机和食品。问题是，我们为什么应当拒绝这些东西呢？外国制造商搞"倾销"，没有什么不公平可言。举例来说，他们为了打入一个小市场，不得不这样做，而打入一个市场乃是一个正当的目标。我们允许国内新开办的企业这样做，那么，为什么不让外国企业这样做？对国内企业和国外企业实行不同规则，所带来的损害就已经要大于倾销了。马来西亚鞋子之所以在国内市场的售价更高，可能是他们在那里享有这里所不能享有的优势——就像保护性关税壁垒之类的优势。

美国声称支持自由贸易，但当其实施反倾销关税的时候，实际上就成了最大的自由贸易破坏者。这些关税不仅伤害其他国家的企业部门，美国经济每年也由于高价低效而蒙受数以十亿美元计的损失。而过去十年间，这种关税被越来越频繁地使用。WTO 和别的国际协定使得通过前门实行贸易保护主义政策更为困难，于是，美国和欧盟就在后门大搞反倾销来进行贸易保护。①

尽管有了 WTO 规则，但各国仍然能够，并且也确实一直在以

---

① Brink Lindsey and Daniel Ikenson, "Antidumping 101: The Devilish Details of 'Unfair Trade' Law," *Cato Trade Policy Analysis* no. 20, 2002, http://www.freetrade.org/ubs/pas/tpa-020es.html.

国内补贴的形式建立事实上的贸易壁垒。比如，美国钢铁行业就从花样繁多的政府养老金担保、贷款担保、特别税和环保豁免、研发拨款等渠道获得好处。根据保守的估计，自 1975 年以来，这些补贴的价值高达 230 亿美元，另有研究发现，仅在 20 世纪 80 年代，总额就达到 300 亿美元。美国纳税人有很充分的理由对于把这么多钱用于公司福利表示不满，这种做法不仅浪费税款，还鼓励了没有竞争力的企业，因而使资源不能得到有效配置。而外国的消费者，不会要求保护自己免受这种"不公平"做法的伤害，反而会很高兴（尽管多少有点困惑）：美国人自己乐意向他们出售廉价钢铁，美国纳税人实际上补贴了瑞典的钢铁和其他产品的消费。基于同样的理由，我们不应将外国政府补贴其出口产业的政策视为一种威胁，而应视为一笔意外的礼物。[1]

---

① Daniel Ikenson，"Steel Trap: How Subsidies and Protectionism Weaken the U. S. Steel Industry," *Cato Trade Briefing Paper* no. 14，2002，http：//www. freetrade. org/ pubs/briefs/tbp-014es. html.

自由贸易带来经济增长

自由贸易大体上是一桩好事，因为它能带来自由：喜欢谁就可以到谁那儿去买，喜欢谁就可以卖给谁。这种自由也能带来资源和资本的有效使用，这也是一个附带的经济上的好处。一家公司、一个地区或一个国家可以专业从事于其具有比较优势的产业，从而可能创造出最大价值。资本和劳动将会从陈旧的、没有竞争力的部门转移到更有活力的新部门。这意味着，一个转而奉行自由贸易政策的国家会实现高水平的产量和经济繁荣，从而可以在最初几年实现经济增长的大幅度加速。不过，经济的开放也能对提高产量带来持续的效果，因为，外国的竞争会迫使企业尽可能地做到物美价廉，这将使消费者可以自由地从开出最好价码的销售商那里选择商品和服务。随着既有产业的生产越来越具有效率，资源将被释放出来，投入到新的生产方式、新发明和新产品中。这样的论证同样可以支持一般意义上的竞争，它只是将竞争扩展到更广泛的领域，从而使之更为激烈。

自由贸易的一个非常重要的好处——尽管这种好处很难具体衡量——是：一个与世界其他地方进行贸易的国家，能够在这些交易中进口新观念和新技术。如果美国实行自由贸易政策，那么，我们的公司就在其各自领域中接触到世界上最好的观念。这将迫使他们更具有活力，他们能够借鉴其他公司的观念，购买他们的技术，雇

佣外国的人力。对其他民族和做生意的其他方式保持开放，一向是
实现发展的路径，而孤立则意味着停滞。历史上最有活力的地区通
常位于沿海，靠近城镇，而落后的地区总是交通不便，通常位于山
区：这一点，并不是偶然的。

今天全世界的产出是 50 年前的 6 倍，世界的贸易量则是那时
的 16 倍。我们有理由相信，生产是由贸易引导和驱动的。开放的
市场到底导致了何种不同，很难讲清楚，但没有一个经济学家会否
认这种效果是积极的。大量经验事实证明，自由贸易创造了经济的
发展。

在研究贸易的这种效果的学术成果中，比较全面而经常被人引
用的是哈佛大学经济学家杰弗里·萨克斯和安德鲁·沃纳（Jeffrey
Sachs and Andrew Warner）进行的研究。[①] 他们详尽研究了 1970 ~
1989 年间 117 个国家的贸易政策。在控制了其他因素后，该研
究揭示了自由贸易与经济增长之间统计上的强相关性，这种相
关程度是两位作者在比如教育与经济增长之间所看不到的。实
行自由贸易政策的国家的经济增长率是实行贸易保护主义政策
国家的 3 ~ 6 倍。在那 20 年间，开放的发展中国家平均年经济
增长率为 4.495%，而封闭的发展中国家的增长率仅为 0.69%。
开放的工业化国家年均增长 2.29%，而封闭国家则仅为
0.74%。

必须强调一下，这不是各国获益多少的问题，因为其他国家
也开放了其出口，而是他们通过保持其市场的开放获益多少的问
题。结果显示，1970 ~ 1989 年间，开放经济体的经济增长率要比
封闭经济体快。在他们所研究的国家中，未实行自由贸易的国家
的平均增长率不到 1.2%，而不开放的发展中国家的增长率则不
到 2.3%。

在所有地区，自由贸易政策在短期内都导致了经济增长率

---

① Sachs and Warner, "Economic Reform and the Process of Global Integration."

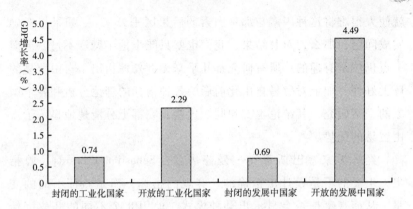

20 世纪 70 年代和 80 年代的自由贸易与经济增长

资料来源：Jeffrey Sachs and Andrew Warner, "Economic Reform and the Process of Global Integration," Brookings Papers on Economic Activity, 1995。

的加速，甚至在非洲也是如此。即使自由化只是临时性措施，自由贸易的正面效果也是很显著的。那些短暂实行经济开放政策随后又封闭起来的国家，开放时期的经济增长率也快于此前或此后。

经济增长放慢、投资减少并不能使实行贸易保护的经济体获得更大稳定。萨克斯和沃纳证明，封闭的经济体要比实行自由贸易的经济体更容易遭受金融危机和严重通货膨胀的冲击。自 20 世纪 70 年代以来，被认为属于开放状态的发展中国家，只有 8% 在 80 年代经历过这类危机，而超过 80% 的封闭经济体都发生过这种危机。

对于这种回归分析，有人提出批评。因为，这种分析依据的是来自很多经济体的数据，并试图控制其他可能影响经济后果的因素，因而，批评者认为，这种分析所涉及的指标存在很多问题。处理大量数据难免会有问题。开放与封闭经济的分界线到底在哪儿？我们如何区分相关性与因果关系？因果关系的方向是如何确定的？还有最重要的一点，实行自由贸易政策的国家通常也会采取其他的自由主义改革措施，比如保护产权，抑制通货膨胀，平衡预算。这

就使人很难将这种因素与那种因素的后果区别开来。① 如果指标确实成问题，那么，对其结果，我们也就只能半信半疑。不过，下面一点仍然是有趣的：所有研究都几乎毫无例外地指出了自由贸易的巨大好处。加上对贸易自由化前后的各种指标的理论分析和各个国家的个案研究，其结论也都相同。这些研究都十分清楚地显示了自由贸易的优势。

经济学家塞巴斯蒂安·爱德华兹（Sebastian Edwards）曾指出，重要的不是设计出精确的、客观的指标，而是验证不同的变量，从而观察是否会显示出某种模式。他用 8 个不同的开放度标准，依据几组不同的数据，运用不同的计算方法，进行了 18 种计算。除了一个之外，其余计算全都表明，自由贸易与经济增长之间呈正相关。爱德华兹估计，实行自由贸易的发展中国家的经济增长率是贸易保护国家的两倍。在提交给瑞典议会全球化委员会的报告中，经济学家哈肯·诺尔德斯特罗姆（Håkan Nordström）评估了

---

① 批评者包括赞成自由贸易的 T. N. Srinivasan and Jagdish Bhagwati, "Outward-Orientation and Development: Are Revisionists Right?"（paper written for the Professor Anne Krueger Festschrift, September 1999）, http://www.columbia.edu/jb38/Krueger.pdf. Francisco Rodriguez and Dani Rodrik, "Trade Policy and Economic Growth: A Skeptic's Guide to The Cross-National Evidence," Working Paper Series no. 7081（Cambridge, Mass.: National Bureau of Economic Research, 1999）是贸易怀疑论的领军人物，但即使是他们，也指出了如下观点（p. 62）："我们不想给读者留下这样一种印象，以为我们认为贸易保护有利于经济增长。我们只是想说，至少在 1945 年以后的这段时期，没有可信的证据证明，贸易限制措施与较高的经济增长率之间存在系统的关系……总的看来，根据标准的比较优势理论，贸易自由化的效果是有益的；有证据证明，对此提出怀疑是没有有力依据的。"达尼·罗得里克（Dani Rodrik）反对自由贸易的一个论点是，有较高关税的国家，比如中国和印度，其经济增长速度高于实行较低关税的欧盟和美国。但他忘了，中国和印度正是通过放开其经济才获得这些成就。当这两个国家开始削减其高关税之初，经济增长率最高，因为，劳动者那个时候可以转移到他们具有最大优势的行业。美国和欧盟实行贸易自由化之初也具有同样的效果。除此之外，中国和印度拥有巨大人口，因而，这些国家搞贸易自由化就意味着，其自由贸易的规模，要比世界其他国家根据正常的自由贸易协定搞自由贸易的范围广得多。

20 项有关自由贸易的研究，所有这些研究都清楚地表明，开放时常能够带来较好的经济发展。[①]

经济学家杰弗里·弗兰克尔和戴维·罗默（Jeffrey Frankel and David Romer）也曾对贸易的好处进行过量化研究。他们根据自己的研究提出，如果一个国家将其贸易占 GDP 的比例提高 1%，其人均收入有望增长 0.5% ~2%。这意味着，如果一个国家使其贸易总额增长 10%，则穷人的收入将增长 5% ~20%。这当然只是就平均而言的，而不是普遍的真理。但如果我们计算一下这对世界穷人实际上意味着什么，则我们会发现，在像尼日利亚这样的国家，如果贸易对 GDP 的比例提高 10%，就能使 2500 万人摆脱贫困。在像印度这样的国家，它则意味着，10 倍于该国绝对贫困人口数量的人口可以摆脱这种状态。这只是一个假设，而不是一个绝对的保证，但它揭示了自由的商业交换中所蕴涵的巨大潜力。[②]

较高程度的自由贸易和经济增长率之间及其与削减贫困之间，存在着显著关联。我们可以看到，处境相同的国家，实行还是拒绝自由化措施、开放市场，结果大相径庭。我们在自由化的越南与不搞自由化的缅甸之间，在孟加拉国与巴基斯坦之间，在哥斯达黎加和洪都拉斯之间，在乌干达与肯尼亚之间，在智利与其拉美邻国之间，也都能看到这种差异。

那么，贸易与不平等的关系又如何呢？贸易增长与平等状况的变化之间，除了存在可能的、微弱的正相关之外，似乎并不存在任何强烈的、明确的关联。某些群体会因为自由贸易而蒙受损失，但

---

① Sebastian Edwards, "Openness, Productivity and Growth," National Bureau of Economic Research Working Paper 5978 (Cambridge, Mass.: National Bureau of Economic Research, 1997); Haâkan Nordström, "The Trade and Development Debate: An Introductory Note with Emphasis on WTO Issues" (Stockholm: Kommittén om Sveriges politik för global utveckling, Globkom, March 2000), http://www.globkom.net/rapporter/nordstrom.pdf.

② Jeffrey Frankel and David Romer, "Does Trade Growth Cause Growth?" *American Economic Review* 89, no.3 (June 1999): 379-399.

他们既可能是受到保护的富人，也可能是受到保护的穷人。社会平等状况是否发生变化，主要取决于一般政策。20 世纪 90 年代，不同国家实行自由化的结果各异：在中国，不平等扩大了，在哥斯达黎加和越南保持不变，在加纳和泰国这样的国家，则缩小了。在实行了多年计划经济、经历了最严重的贫困之后，自 20 世纪 80 年代末以来，越南进行了自由贸易改革，采取了开放国内市场的措施。这些变革使得鞋、大米这类劳动密集型产品的出口大幅度增加，而这些产品都是由贫穷的农民生产的。由此导致经济迅速增长，贫困率则急剧下降。1988 年，有 75% 的人口生活在绝对贫困状态，到 1993 年，这个比例下降到 58%，1910 年后则降低了一半，为 37%；20 世纪 90 年代，98% 最贫困的越南家庭收入都增加了。①

人们很少注意萨克斯和沃纳的发现的另一个方面：他们证明，开放的穷国的经济增长要快于开放的富国。穷国的增长速度高于富国似乎是很自然的。它们有更多潜在的资源可以利用，它们可以从富国的存在中受益，因为它们可以向富国出口产品，又能从富国进口资本和先进技术，而富国也将从这些收益中获得很多。不过，以前的经济学家并没有发现这种一般性关联，原因很简单：实行贸易保护的发展中国家的经济无法利用这些国际性机会，因而，它们的增长速度并不比富国快。而当萨克斯和沃纳研究那些放开贸易和投资的发展中国家时，这些国家已经有能力从工业化国家提供的机会中获得收益，于是它们就发现，它们的经济增长得比开放的富裕国家更快。开始越穷，一旦开放，则其经济增长得越快。封闭国家则不存在这样的关联，这表明，自由贸易不仅是推进经济增长的最好办法，也是发展中国家赶上工业化国家的最佳途径。简而言之，只要贸易与资本同时流动起来，则穷国经济的增长率就会高于

---

① David Dollar and Aart Kraay, "Trade, Growth and Poverty," *World Bank Working Paper* 2615 (Washington: World Bank, 2001), pp. 5, 35.

富国。

到 20 世纪 90 年代，这一点表现得更明显。这十年间，封闭的发展中国家的人均 GDP 平均下降了 1.1%。在工业化国家，增长了 1.9%，而最快的增长——年均 5%，则发生在放开其市场和边界的发展中国家。恰恰是实行自由贸易政策的发展中国家实现了其经济的最快发展，速度比富国还快。有两位经济学家将其观察结果概括如下：

因而，实行全球化政策的国家（globalizers）正在赶上富国，而没有实行全球化政策的国家则一步一步被落下。[①]

历史证明，利用他国的经济繁荣和技术，可以加快本国经济的发展。从 1780 年开始，英国用了 58 年使其财富翻了一番。100 年后，日本做到这一点只用了 34 年。又过了 100 年，韩国仅用了 11

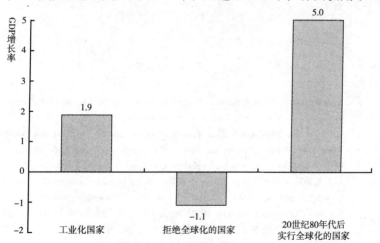

20 世纪 90 年代的全球化与经济增长率

资料来源：David Dollar and Aart Kraay, *Trade, Growth and Poverty* (Washington: World Bank, 2001).

---

① Dollar and Kraay, "Trade, Growth and Poverty," p. 26.

年。① 别的时代和别的国家的历史也能证明，用财富来衡量，彼此关系密切的国家会逐渐趋同。在 19 世纪后半期的全球化过程中，爱尔兰、斯堪的纳维亚诸国等穷国的经济接近了富国。"二战"后，经合组织国家中的穷国也接近了富国。在欧洲自由贸易联盟（EFTA）和欧盟自由贸易区内，国家间的差距也缩小了。同样的结果也可以在美国、日本这样较大的经济体内部的不同地区间看到。因此，自由贸易和流动能使穷者变富，使富者更富，但富者发财的速度赶不上穷者。②

---

① Percy Barnevik, "Global Forces of Change", lecture presented at the 1997 International Industrial Conference, San Francisco, September 29, 1997, p. 4.

② 见 Daniel Ben-David and L. Alan Winters. "Trade, Income Disparity and Poverty," World Trade Organization Special Study No. 5 (Geneva: World Trade Organization, 1999), http://www.wto.org/english/res_e/booksp_e/disparity_e.pdf, 该文基本上确认了这一发现。Alberto F. Ades, and Edward L. Glaeser, "Evidence on Growth, Increasing Returns, and the Extent of the Market," *Quarterly Journal of Economics* 114, no. 3 (August 1999) 也支持这一观察结论。反对自由贸易带来经济增长的一个论据是，"二战"后最初几十年间的经济增长率高于今天这个全球化时代。但这一反驳理由忽视了下面的事实：如果很高的关税开始下调，经济增长会加快。如果最初比较贫困，比如资本严重短缺，经济增长一般也增长得最快，此时，有大量机会，投资可获得较高回报，因为以前资本严重短缺，或出现过灾难性的政治事件，如战争。随着国家逐渐发达，投资趋向于饱和，经济则恢复较为正常的增长曲线。而且，这一论据不能解释，在这种情况下，为什么正是那些选择了自由贸易的往往今天的经济增长最快，而实行贸易保护的国家则越来越落后。

无穷的工作岗位

　　如果自由贸易通常能使生产更有效率，难道不会导致工作机会的丧失？当亚洲人开始制造我们开的汽车、南美人生产我们吃的肉类之时，美国的汽车工人和农民就将丧失其工作岗位，失业率将会上升——人们经常提出这样的观点。外国人、发展中国家、机器将在生产我们需要的东西上与我们展开竞争，到最后，不给我们留下任何工作岗位。假如在未来 20 年时间中，我们今天所消费的东西只需要现在的劳动力的一半，岂不意味着另一半人将会失业？这是我们这个时代很多反全球化的人士告诉大家的可怕前景。在《全球化的陷阱》（*The Global Trap*）一书中，两位德国记者认为，对于未来的生产活动来说，现在 80% 的人口都是多余的。美国读者可能更熟悉《世界是否准备好了：全球性资本主义的狂热逻辑》（*One World，Ready or Not：The Magic Logic of Global Capitalism*）一书，一本令人窒息的书。当时还是《滚石》杂志记者的威廉·格雷德（William Greider）在这本书中焦灼地预测，全球供给将会超过需求，从而将使整个世界濒于大规模失业的边缘。这些担心的依据是对人性的某种悲观认识，根据这样的看法，没有几个人具有使社会"需要"他们的素质。我则想告诉大家，这样的看法完全是误导性的。

　　严重的失业危机即将降临的看法，在 20 世纪 70 年代中期开始流行。自那以后，生产比以前更先进，也更加国际化，但全世界所创造的就业岗位远远超过消失的岗位。过去几年，全世界有固定收入的就业人口增加了大约 8 亿。我们的生产活动比任何时代更有效率，但也有更多的人投入到工作中。1975～1998 年间，美国、加拿大和澳大利亚这样的国家的受雇人数增加了 50%，日本增加了 25%。在欧盟内部，尽管失业现象比很多别的地方更严重，但在这一时期内，在几乎所有国家，有工作的人也比以前多。瑞典、芬兰和西班牙是唯一的例外，但即使在这些国家，自 1998 年以来，就业参与率也提高了。

下面一点也很有趣：正是在最为国际化的经济体，即那些最为集中地使用现代技术的经济体，受雇人数增长得最快。美国是最明显的例子。1983～1995 年间，美国创造出的工作机会比消失的多出 2400 万个。而且，这些工作机会不像辩论过程中有人老说的那样，是报酬低下、不需要技能的工作岗位。相反，70% 的新工作岗位的工资要高于美国的中等水平。将近一半新增工作岗位属于技能要求最高的岗位，自 1995 年以后，这一比例增长得更快。①

因而，生产活动越来越不需要人的说法是没有经验依据的。对此无须惊讶，因为它们在理论上也是错误的。事情并不是有些人所想象的那样：只存在一定量的工作，如果这些工作所需要的人减少，则失业的人就会增多。设想一个未实现工业化的经济体，大多数人的收入都用于购买食品。新技术改进了食品生产，机器开始做很多农民的活儿，外国的竞争使农业生产更有效率。这将使大量人口不得不离开农业部门，但这就意味着他们将无事可做，而消费仍保持恒定吗？不是的。因为，这也意味着有了更多消费的空间。原来被用作农业劳动成本的货币，现在可以被用于购买别的商品，比如更好的衣服、书籍和工业品。农业部门不再需要的人，现在可以

---

① Mauricio Rojas, *Millennium Doom*: *Fallacies about the End of Work* (London: Social Market Foundation, 1999).

转到这些产业中。

这并不仅仅是个猜测。它描述的正是自 19 世纪初以来，瑞典农业效率提高以后发生的历史过程。在这之前，大约 80% 的瑞典人从事农业生产。今天，这个比例不到 3%。但这意味着 77% 的瑞典人现在就失业了吗？当然没有，因为，人们开始需求其他商品和更好的服务，劳动力就流入满足这些需求的工业和服务业中了。通过更高效地从事一项工作，我们将能得到更多的资源总量，用来满足我们的需求。过去为了填饱肚子而必需的劳动力，现在可以用来替我们生产衣服，向我们提供更好的住房、娱乐、旅行、报纸、电话和计算机，因而，也就提高了我们的生活水平。

以为我们要做的工作的数量是固定的，以为一个人得到的工作是从另一个人手里抢来的，这样的想法引来各种各样的反应。有些人因此而鼓吹应当分享工作，有些人则鼓吹砸碎机器，还有很多人鼓吹提高关税、排斥移民。但这整个想法就是错误的。格雷德那本书论证繁琐，看起来逻辑严密，在反全球化积极分子中有巨大影响。但它的可怕预测是以一个简单的错误为依据的，普林斯顿大学经济学家保罗·克鲁格曼（Paul Krugman）在其措辞严厉的书评中曾将这一错误形容为一个"显而易见的谬误"。① 然而，并非只是格雷德一个人犯了这样的错误。法国反全球化组织 ATTAC 的副主席苏珊·乔治（Susan George）也宣称，全球化和国际投资几乎不能提供新工作岗位。

> 人们称之为投资的东西，不能带来新工作机会。过去五年中，全世界 80% 的投资是兼并收购，而这样的活动只能带来工作岗位的丧失。②

---

① Paul Krugman, "The Accidental Theorist: All Work and No Play Makes William Greider a Dull Boy," *Slate*, January 24, 1997, http://slate.msn.com/id/1916.

② Susan George in an interview by Bim Clinell, "Dom kallar oss huliganer," *Ordfront* 12 (2000).

　　然而，正是这样的过程——可以更有效地完成一项任务从而能够减少工作量——能够使新产业发展起来，向人们提供更好的新工作岗位。

　　在这里，有些人可能蛮有道理地问："这难道就没个终结？如果我们的全社会需求都只用很小比例的劳动力就能满足，将会怎样？"对此，我要问的是，我们的全部需求何时能得到满足呢？我相信，人们将会永远需要更多的安全、便利和娱乐。我不相信，我们有一天会觉得我们给孩子的教育已经足够了，我们知道的已经足够多了，我们的研究已经够好了，或我们已经足以救治身体的全部病痛了。我们想拥有的房屋的质量、我们想吃的食物的质量、我们想旅行的范围或我们想享受的娱乐的质量，不大可能有个尽头。当我们的生产能力提高后，我们总会选择去满足新的需求，或者更好地满足原来的需求。如果我们觉得我们拥有了想要的一切，我们也会要求享有更多休闲时光。扪心自问，你难道真的不能设想由两个人全日制为你提供服务和产品？我怀疑，搞到雇佣他们的钱，要比想象出让他们替你干的事情要难得多。假如你、我及每个人都能够想象得到需要两个人来干的事情，那么，我们就将始终面临劳动力短缺，因为60亿人需求至少120亿位雇员。因此，永远不会出现劳动力太多的事情，不管我们多繁荣，我们的生产活动多有效率。

　　当然，效率确实也有其另一面。经济学家熊彼特（Joseph Schumpeter）曾将动态的市场形容为一个"创造性破坏"（creative destruction）的过程，因为它会"毁灭"旧方法和旧产业，但这是为了某种创造性目的，也即，将劳动力和资本转移到更有效率的地方。这会给我们带来更高生活水平，但诚如"破坏"一词所说的，并不是每个人都能从每次市场转换中获得短期收益。对于那些已经投资于旧方法和那些身处低效率产业的人来说，这个过程当然是痛苦的。汽车的普及让马车夫受到了伤害，电灯的发明损害了石蜡灯生产商的利益。在现代，计算机的出现让打字机制造商没有生意可做，密纹唱片也被激光唱片替代。

随着新发明和新型生产方式的出现，总会出现这类痛苦的变革。有些支持自由贸易的人试图撇清自己，他们说，工作岗位的丧失主要是由于技术进步，而不是由于外国的竞争。这种说法固然有一定道理，但作为一种辩解，它却是无力的，因为，由自由贸易所促进的竞争将会加速这些新技术的引进。毫无疑问，这样的变革会给那些受其影响者带来巨大的麻烦和损害，尤其是假如新工作职位难以找到的时候。而对由此带来的风险之担心本身，就会使某些保守的理论家完全拒绝资本主义制度。以市场经济为基础的现代社会确实会呈现新的风险和问题。当然，面对丢失工作的危险，也令人焦虑，因为这会降低一个人的生活水平，由此又会打击一个人的自尊。但这种风险，与过去人们没有办法挣到买面包的钱或担心完全有可能毁灭自己生计的干旱、水灾等压力相比，却算不了什么。它也与当代埃塞俄比亚农民的焦虑不可同日而语，他们能否维持生命，可能得看天是否下雨，以及他的家畜是否健康。

解决这种经济调整所带来的种种问题的最愚蠢办法，就是试图阻止这种调整。如果没有"创造性的破坏"，我们的生活就将始终处于很低的水平。贸易和发展的关键就是使资源流到能被最有效利用的地方。一句中国谚语说得好，"当变革之风吹来的时候，有的人建造防风林，有的人则建造风车"。我们应当停止变革的想法，跟我们应当在两百年前阻止农业进步以保护那时占人口 80% 的农业生产者的就业岗位一样，是走错了方向。变革是不可能被阻止的，因为，经济活动的不同部门发生结构性变革的最常见原因，是消费者的趣味发生了变化。需要有更好的点子，利用变革所带来的经济收益来缓解那些受到负面影响的人的不幸。

我们确实可以做很多事情，使得变革的过程尽可能地平稳。我们不应试图通过补贴或关税壁垒的方式维持过时的产业。企业和金融市场应当尽可能地自由，使人们能够投资于新产业。工资应当灵

活，税率应当降低，这样，人们将会被吸引到更有效率的新部门中。劳动力市场也应当放开。学校等教育机会应当足够优良，使人们可以学到新工作岗位所需要的技能。社会保障网络应当提供转型保障，同时又不至于妨碍人们进入新岗位。

但这些问题绝不会像我们从报纸大字标题所看到的那样普遍。报纸总是喜欢报道说，又有 300 人因为日本人的竞争而失去在一家汽车厂的工作。媒体不那么喜欢没有多少戏剧性的新闻，比如由于能够更有效地利用原来的资源，我们又创造出了上千个工作岗位。报纸也不喜欢报道下面的消息，比如消费者从竞争所带来的选择范围拓宽、质量提高、价格下跌中得到了多少好处之类。世界上的消费者大概都不会意识到，乌拉圭回合贸易谈判之后所采取的自由化措施，每年给消费者带来了 1000 亿～2000 亿美元的好处，但看看我们家里的电冰箱、家用电器和钱包，我们就能看到这种变化。一小群人所遭受的损害是比较容易被人注意到、观察到的，而逐渐惠及每个人的好处，则在我们想不到的时候悄然来到我们中间。

有人曾对各国实行开放改革后发生的 50 多次调整进行过评估，结果清楚地显示，这些变革要比在辩论中人们所想象的温和得多。每支付 1 美元调整成本，大约可以得到 20 美元的福利收益。对不同国家 13 项贸易自由化个案的研究表明，除了一个国家之外的所有国家，自由化之后一年内，工业受雇人数都增加了。穷国的变革之所以痛苦较少，一个原因是，旧的工作岗位大多数只能开出很低工资，工作条件也很恶劣。而那些通常最容易受到变革冲击的人——即那些没有受过专业训练的人，比那些拥有特定技能的人更容易找到新工作。穷国在劳动密集型部门拥有比较优势，这通常能使相关工人的工资迅速提高。广泛的自由化措施也会使工人所需要的商品价格下跌。

在放开贸易的富裕国家，成本相对于收益来说也很小。受到竞争和技术新突破负面影响的部门所经受的冲击，类似于普通的经济衰退。其他部门中，已经退休或自愿放弃工作的人的数量很大，他们能够消化经济适应改革所蒙受的工作岗位的损失。假如变革能够带来高水平的经济增长，则这种增长甚至能够缓和产业结构重组带来的令人痛苦的问题，而这个问题在经济低迷时期总是最严重的。失业通常只持续很短时间，而其对经济的正面效应则会不断显现。换句话说，这个过程将被证明更多地是创造性的，而非破坏性的。①

　　美国在这方面的问题应当是最严重的，因为其经济一直处于转变过程中，但我们的工作岗位市场却跟赫拉克勒斯神话中的九头怪蛇一样层出不穷。在这个神话中，赫拉克勒斯每次砍掉那头怪兽的一个头，就又会长出两个新头。20 世纪 90 年代，美国每消失两个工作岗位，就又会创造出三个新岗位。这种模式极大地增加了个人的机会：找到新工作的希望，乃是对付失业的最好保障。一个人在一生中不断变换工作的风险，被人夸大了，尤其是，现在，企业为了让雇员承担新任务，投入越来越多的资金培训雇员。1983 ~ 1995 年间，美国人在一个岗位上待的平均时间，其实是延长了，从 3.5 年增加到 3.8 年。有些人相信，美国之所以创造出更多就业岗位，是因为自 20 世纪 70 年代以来，实际工资停滞不前甚至有所下降，这种说法是不正确的。越来越多的工资是以非货币的形态支付的，比如医疗保险、股票、401k 保险交费、日托等等，企业以此来避税。假如把这些新收益加进工资中，美国人的工资是一直随着生产率提高而增加的。贫穷的美国人用于食品、衣服和住房的消费比例自 20 世纪 70 年代以来，从 52% 下降到 37%。这清楚地表明了，这些人有更多的钱花在生活必需品以外的东西上。②

----

① Steven J. Matusz and David Tarr, "Adjusting to Trade Policy Reform," World Bank Working Paper 2142 (Washington: World Bank, 2000), http://www.worldbank.org/html/dec/Publications/Workpapers/wps2000series/wps2142/wps2142.pdf.

② Cox and Alm, p. 65ff and chap. 1.

现代史上最为激烈的贸易自由化措施，是由波罗的海国家爱沙尼亚出台的。1992 年从苏联独立出来之后，爱沙尼亚政府决定一步取消全部关税。平均关税水平一下子成为 0。这一改革措施取得了无与伦比的成功。爱沙尼亚经济迅速实现调整，具备了竞争力。1990 年，西欧仅占爱沙尼亚贸易总额的 1%，今天则占到了 2/3。这个国家吸引了大量外商直接投资，从而促进其年经济增长率达到 5% 左右。与那些改革缓慢的前共产党国家相比，该国人口的平均预期寿命延长了，婴儿死亡率下降了。向着自由体制迈进的这种变革，使爱沙尼亚成为最有可能加入欧盟的候选国。不幸的是，加入欧盟却意味着，爱沙尼亚必须调整自己适应欧盟的贸易保护主义政策。这个国家将不再能够不征任何关税，它不得不又开征 10794 项关税，其后果是，食品价格将会提高。除此之外，爱沙尼亚还不得不实行配额制、补贴、反倾销措施等等。①

① Anders Åslund, "Därför har Estland lyckats," *Svenska Dagbladet*, August 2, 2000; Razeen Sally, "Free Trade in Practice: Estonia in the 1990s," *Central Europe Review* 27 (2000), http://www.ce-review.org/00/27/sally27.html.

流动自由——还有人呢

　　尽管一个可以让我们自由地跨越边界买卖商品和服务的世界，似乎还那么遥远，但这样的世界正是很多人所追求的。尽管进展非常缓慢，但世界上的政客们还是定期开会试图扩展自由贸易。而一涉及人的流动，很不幸，政客们的定期聚会，则变成竭尽全力运用他们的权力抑制人员流动。自20世纪70年代以来，减少人员流动就已经成了富裕欧洲国家的一项明确的政策目标。《申根协定》让欧洲人在欧洲内部可以自由流动，但欧盟政府一直试图阻止外人穿越欧洲的边界。其结果是，欧洲树起了阻止外人的高墙，对于人员的内部流动也施加了严厉控制。

　　当然，自2001年9月11日的恐怖袭击后，新的壁垒又树立了，新的控制措施实行了，其目标是防止再次发生那种恐怖事件。有些控制措施无疑是正当的：每个地方的公民都可以正当地要求知道，新到他们国家的人，是作为工人、旅游者、学生、邻居，而不是作为群体杀人犯入境的。政府的根本职能就是保护其公民，而要达到这一目标，就要确保恐怖分子和暴力犯罪分子不能进入本国。美国为实现这一目的而采取的主要措施，2002年的《强化边界安全与签证入境改革法案》（*the Enhanced Border Security and Visa Entry Reform Act*），就是一个做出合情合理反应的很好例证。该法案所采取的措施能够将潜在的恐怖分子排斥在外，而又不至于抑制合法移民入境，或打击没有正式身份（但没有危害）的工人。不幸的是，有些人长期以来就想出台更为严厉的移民规则，对和平的工人和移民封闭边界，他们立刻抓住了"9·11"悲剧这个机会，进一步要求实施严厉得多的入境限制。这样的策略不仅是刻薄的，会滥用资源的，其效果也会适得其反。假如阻止移民的法律迫使执法官员将其精力和资源浪费在打击那些寻求改善生活的数以百万计的移民身上，反而会使阻止恐怖分子这一关键性使命更难完成。将目标对准那些意图伤害美国人的很小一群人身上，其实会更有效率。因而，重要的是区分那些旨在拦截危险人物的措施，与那些毫无意义的牺牲自由与开放性的措施，而恐怖分子及其盟友正是要毁灭这种自由与开放。不幸的是，后一类措施已经太常见了。

尽管美国的移民政策已经很幸运地变得越来越开明，越来越具有包容性，但是，自国会颁布旨在排斥"劣等"民族的种族主义立法——比如《1882年的排华法案》——以来，美国依然实行严密的管制措施。控制很紧的配额限制了多少本来可以进入美国的人，想来美国打工的人首先得找一个资助者，愿意帮他办理复杂的手续。有一些人则是作为难民进入美国的，为的是躲避战争、自然灾难或迫害，但每年获准入境的难民人数近年来在下降。在老布什执政时期，每年平均只有121000人；在克林顿时期，下降到每年平均82000人；到小布什时期，则进一步下降到70000人以下。由于难民审查本来就非常全面，因而，很难说这种急剧下降是出于安全考虑。①

全世界实行过于严格的移民政策的代价已经悲剧性地显现出来。一位英格兰港口官员打开一只集装箱，发现了58具中国难民的尸体，他们想在集装箱内躲避移民官，却被闷死了。在西班牙海岸，则发现了非洲人溺毙的尸体，他们试图横渡地中海或乘坐很不

---

① Cato Handbook for Congress: 108th Congress (Washington: Cato Institute, 2002), pp. 631 – 641.

结实的木船偷渡。在爱荷华州，一节火车厢中发现了 11 具墨西哥人的尸体。这些大悲剧能够吸引人们的注意，然而，影响不那么大的悲剧其实天天在发生。丹麦慈善联合会估计，每天都有一人死于试图穿越欧盟边界的路上。有很多妇女，摆脱她们家乡的悲惨状况的唯一机会，就是找犯罪团伙，他们则迫使她们卖淫。妇女们如果试图摆脱这种堕落状态，犯罪团伙则威胁向当局告发她们。假如签证和人境壁垒使得人们无法合法入境，他们就只能选择这种危险而非法的渠道。他们经常会落入无法无天的蛇头手中，后者会索要高额的报酬，但却从来不考虑这些绝望的客户们所冒的生命风险。

欧盟或美国试图用控制越来越严的配额和严格的执法来阻止外人入境，面对这种情形，难民们只能被迫冒更大的风险。假如人们竟然愿意冒这么大的风险进入相对自由一些的国家，那么，政客们就该思考一下，他们是否正确地估计到了难民们渴望保护的需要？终极的目标应当是：和平的人们能够通过移出或移入一个国家而改进自己的利益。

这也适用于所谓的经济难民，这些人希望摆脱经济上被剥夺的状态，进入一个他们有机会过上更好生活的国家。只要人们还不能为了就业而穿越边界，那就没有真正的全球化。当代美国人的祖先其实就是这样做的。自 1820 年以来，共有 6600 万人合法地进入美国。西方世界曾经严厉地谴责苏联东欧国家不让其公民移民。但现在，他们可以移民了，我们却禁止他们进入我们的国家。

富国对难民和移民开放国界，并不是让步，也不是慷慨，这跟放开进口产品没有什么区别。增加移民可能是确保我们在一代人之后继续保持经济活力、享有福利保障的前提，尤其是在瑞典这类人口稀少的国家。欧盟国家由于出生率下降和人口老龄化而面临重大问题。联合国人口基金（UNFPA）估计，到 2050 年，要使欧盟人口维持在现有水平，每年需要 160 万移民。而为了维持工作人口与退休人口之间稳定的比例，欧盟则需要每年接纳 1350 万移民。在美国，同样的人口变化趋势也将有可能使社会福利体系破产，因为，越来越少的工作人口要养活越来越多的退休人口。光靠移民当然不可能解决这个体系深层次的结构问题，但移民工人的流入能够缓解负担，从而使该体系有可能向着改革者所鼓吹的制度转型。未来所面临的挑战将是如何吸引新移民，而不是将其拒之门外。

将移民看做一个国家的负担，这实在错得离谱。他们实际上是劳动力，是消费动力，能够带来市场的扩展。移民增加意味着有更多的人工作、消费、想新点子。把移民看成问题，就跟把国内出生率上升看做问题一样大错特错。只要工资反映生产率（工人能够生产的数量），就没有理由担心这会带来失业。在一代人的时间内，即使那些一穷二白进入一个新国家的移民，回报给社会——和国库——的，多于他们所消耗的。经济学家朱利亚·西蒙通过大量研究发现，合法移民从政府那里所得到的，要少于本国出生的公民，而贡献给社会的，则大于土生公民。尽管要计算非法移民的贡献和消耗比较困难，但西蒙也同样发现，他们给社会能带来净收益。西蒙概括了他的发现，甚至估计出了每个新移民为新到的国家带来的收益的具体数量。

> 估计未来的差分流（the future stream of differences），类似于估计即将投入使用的大坝或港口的差分流。用1975年的美元计算，以3%贴现（经过调整的通货膨胀率），新到移民家庭的贴现值是20600美元，几乎是土生土长美国家庭两年的平均收入；按6%贴现，则为15800美元，按9%贴现，则为12400美元。①

假如有些移民确实永久地依赖施舍，那也只能给认真地改革我

---

① Julian Simon, *The Economic Consequences of Immigration*, 2nd ed. (Ann Arbor: University of Michigan Press, 1999), p.368, see also chaps. 5 - 6, 17.

们的福利政策和劳动力市场管制提供又一个理由。因为，那些来到美国的人，尤其是那些没有技能、语言也不利落的人，如果无法进行竞争去干报酬较低的工作，自然就会缩小他们的机会。这将迫使他们不得不依赖施舍，也许是为了求生，而他们的自尊也会因此而遭到伤害。因而，较好的选择是先进入报酬较低的工作岗位，然后，随着经验增加，逐渐向上爬。在一个健全的经济中，较低的起点工资未必意味着其实际收入普遍下降，因为，低工资能够压低我们所有人所消费的商品和服务的价格。

　　放开移民出入境对于维持一个有活力的社会来说也很重要。多样化的人口，人们具有不同的起点和价值，有利于整个社会对长期存在的社会问题形成不同的看法，也许也能让整个社会有更好的机会找到解决它们的办法。移民能够感受到美国文化中最有活力的东西，并将其与自己的传统相结合，而土生土长的美国人也可以将移民文化与本土文化相结合。文化上的创新几乎总是源于不同文化的接触或融合。美国，这个历史上最有活力的社会，是由移民建立的，这并不是偶然的。富兰克林·德拉诺·罗斯福总统曾在一篇讲话中这样开头："我的移民同胞们。"今天，尽管有各种各样的限制，美国接纳的移民数量仍远远多于其他国家。美国就这样不断地更新着她自己，并为继续处于全球领导地位——在经济、文化和科技领域——奠定了基础。

第四章

发展中国家的发展

资本主义的一种不平等分配

20%的世界人口（我们经常这样跟人说）消费着地球上80%的资源，而另外的80%人口则消费不足20%的资源。全球化的批评者不厌其烦地提醒我们注意这种不公正，但我们却从来没有听见有人对这一状况形成的原因进行过准确的分析。批评者们说那句话的意思好像是，穷者之所以穷，乃是因为富者变富了，仿佛最富裕的20%的人口是从80%的人口那里偷窃了这些资源。这是错误的。在帝国主义时代，自然资源当然是偷来的，但那些窃贼对于西方世界的繁荣和穷国的贫穷，只起了相当小的作用。即使殖民主义确实造成了巨大的损害，在各地进行了残酷的压迫，它本身也不能为南北差距承担责任。自从丧失其殖民地以来，富裕世界发展得更快了。帝国主义国家征服的地区在成为殖民地之后比其从前发展得更快。世界上最富裕的国家中，有几个，比如瑞士和斯堪的纳维亚国家，从来没有占有过比较重要的殖民地。其他国家和地区，比如美国、加拿大、澳大利亚、新西兰、中国香港、新加坡，本身就曾是殖民地。另一方面，世界上最不发达的国家中有几个，比如阿富汗、利比亚、尼泊尔，却从来没有成为过殖民地。

也许有点让人惊讶，拥有丰富原材料的国家并没有发展得最快。事实上，这些国家之所以经常落后，正是由于丰富的自然资源抑制了他们实行优良政策、建立优良制度的动力。中东和非洲的几

大石油生产国，除了科威特之外，都被自由之家列入"不自由"国家的行列，这并不是偶然的。国有的油井为这些地区的专制政权提供了他们从别的渠道搞不到的资金，因而他们也就无须放开他们的经济。

20%的人口消费80%的资源的主要原因是，他们生产了80%的资源。80%的人口之所以只消费20%的资源，因为他们只生产了20%的资源。我们所要解决的，正是后一个问题——即穷国的生产能力不够，而不是对富裕国家生产了这么多东西表示愤慨。问题在于很多人处境贫困，而不在于有些人比较富裕。

批评资本主义的人士指出，世界上最富裕的20个国家的人均GDP是最贫穷的20个国家的30倍。这些批评家说，这种不平等要归咎于资本主义。这种说法是正确的，但却不是他们所想象的那种原因。差距要归因于，有的国家走上了资本主义的道路，给其居民带来了想也想不到的繁荣，而有的国家则选择了阻碍产权、贸易，于是，他们的生产落后了。气候、自然灾害等自然因素并非不重要，但差距主要还是要归因于，有的国家选择了自由化，而别的国家则选择了控制。世界上20个经济最自由的国家的人均GDP大约是20个经济最不自由国家的29倍。因而，假如我们确实真心想缩小南北差距，那我们就应当全心全意地希望南方国家也实行自由经济和开放市场。在最近几十年实行开放政策的发展中国家不仅经济增长快于其他发展中国家，他们的经济增长也快于富裕国家。

这个世界的不平等确实要归因于资本主义；但不是归因于资本主义使某些国家变穷了，而应归因于资本主义使它的实践者变富了。财富在世界上之所以未能平均分配，原因在于，资本主义制度未能在全世界平均地分配。

资本主义要对世界上的贫困承担责任的不同说法，是自相矛盾的。有人说，资本和大公司只愿意待在富裕国家，结果让穷国陷入困境。另有一些人则认为，资本和大公司聚集到具有较低生产成本的穷国，从而对发达国家的工人带来了损害。事实的真相似乎是，资本和大公司会同时进入发达国家和穷国。在过去 20 年间，贸易和投资流已经越来越平均地在基本上对外开放的经济体中进行分配。没有得到投资和贸易的，则是那些真正封闭的经济体，原因是显而易见的。而且，这两组国家间的差距正在扩大。显然，并不是全球化把某些地区边缘化，而是这些地区自外于全球化进程因而才走向边缘化了。[①]

1988～1998 年间的外商直接投资中，有 1/4 流入发展中国家。自 20 世纪 80 年代初以来，工业化国家流入发展中国家的投资从每年 100 亿美元增加到 200 亿美元。如果只观察流入发展中国家的资本，我们会发现，直接投资中的 85% 流入了 10 个国家，通常是最为开放的国家。但由于直接投资在过去 30 年间每年增长 12%，因而，不包括在前十个国家中的国家的外商投资也大幅度增加了。

1990～2000 年，私人投资者以直接投资的方式将上万亿美元从富裕世界带进穷国。这大约是前几十年的十倍，也要多于富裕国家在过去 50 年间提供给穷国的援助资金的总和。当然，与发展援助不同，这些投资主要不是用于救济贫困。但长远来看，投资可以对实现这一目标作出大得多的贡献，因为，它会开发这些国家的生产力，而不是流入政府手中，而资金一旦流入政府手中，政府很可能明智地，也很有可能不明智地使用它。

1975 年，富裕的 OECD 国家占了全世界 GDP 的 80%，今天，这一比例下降到 70%。如前所说，在过去几十年间，选择了经济自由化和自由贸易的穷国比富裕国家的经济增长得还快。自由贸易和经济自由化似乎不仅是发展中国家变富的一条道路，也可能

---

① Patrick Low, Marcelo Olarrega, and Javier Suarez, "Does Globalization Cause a Higher Concentration of International Trade and Investment Flows?" World Trade Organization Staff Working Paper: Economic Research and Analysis Division (Geneva: World Trade Organization, 1998). 很多国家在一定程度上是封闭的。在被调查的 161 个发展中国家中，有 131 个仍然实施限制外商直接投资的规章。

是它们赶上富国的道路。联合国秘书长安南在 2000 年 2 月、反
WTO 抗议示威活动不久举行的联合国贸易与发展大会的一次会议
上说：

> 在今天这个非常不平等的世界上，主要的失败者不是那些
> 过多卷入全球化的国家，而是那些自外于全球化进程的国家。

非洲就是最突出的例子。孤立和管制使得穷国依旧是穷国。

白人的耻辱

　　尽管西方世界嘴上说着自由贸易，但却并没有做多少实事来推动这一进程。相反，它对发展中国家树起了最高的壁垒，这样的政策今天仍在持续。经过几大回合的自由贸易谈判，西方世界的出口产品所面临的关税和配额已经逐渐削减。然而，在对发展中国家来说最重要的领域，比如纺织品和农产品领域，自由化措施却没有得到落实。WTO 乌拉圭回合谈判所同意的对最不发达国家的关税削减幅度是最小的。亚洲和拉美得益不大，非洲则根本没有收获。

　　今天，西方对发展中国家的出口商品征收的关税高于全球平均水平的 30%。东、西方之间的铁幕已经倒塌，取而代之的是南北方之间的海关之幕。这并不只是出于疏忽，而是一种深思熟虑之举：西方试图让穷国永远落伍。我们可以允许他们向我们出售少数我们自己无法生产的东西，但假如他们生产的东西比我们的又便宜又好，从而有可能挤垮我们的企业，那就让上帝帮他们吧。西方世界坚持对服装征收的关税高于棉花，对烘烤过的咖啡征收的关税高于咖啡豆，对果酱征收的关税高于制作它们的水果。贸易保护主义是一种惩罚穷国的劳动投入和经济发展的办法，也是一种确保穷国只能向我们出售原材料的办法。这样，我们就可以将其加工为成品，回头再卖给它们。对发展中国家加工品征收的关税，不下于对

工业化国家相应商品关税的四倍。

第三世界能够生产的商品，即劳动密集型的工业品和服务，遭到贸易保护主义最严厉的打击，比如玩具、电器、交通服务、纺织品和服装。进入我们市场的这些商品的关税是商品价值的 10% 还是 30%，其质量和价格当然就会有极大的差异。西方国家曾承诺，到 2005 年将取消纺织品配额，但即使这一承诺兑现——这还不能肯定，纺织品关税仍将保留，平均税率约为 12%。

发展中国家是全球制成品贸易日趋自由的主要受益者。一项研究估计，关税削减 40%，世界经济每年将获益 700 亿美元，而发展中国家将得到其中 75% 的好处。[①] 这等于给发展中国家的国际发展援助的总和，几乎是世界上绝对贫困人口月收入总额的 3倍。因此，WTO 不能实现真正的突破，这是那些国家人民的悲剧。

富裕国家最令人吃惊的贸易保护主义涉及农产品。世界农业贸易的增长要远远落后于其他商品的贸易，这也主要是由富裕国家的政策造成的。他们大多数决心不惜一切代价维持本国规模庞大的农业，即使他们在这个产业已经没有任何比较优势。于是，他们就补贴自己的农民，借助贸易壁垒排斥别国的农民。

再也没有什么比发达国家的农业政策更浪费金钱的了。富裕国家通过贸易保护、补贴和出口担保向农民遍洒金钱。29 个富裕的OECD 国家的农业政策加之于纳税人和消费者头上的总成本，是令人惊愕的 3600 亿美元。用这笔钱，你可以让这些国家的 5600 万头牛每年坐飞机绕地球兜一圈，而且可以坐上公务舱，还可以有很多零花钱。假如它们愿意坐长途汽车，这些牛则每头还可以得到 2800 美

---

① Thomas W. Hertel and Will Martin, "Would Developing Countries Gain from Inclusion of Manufactures in the WTO Negotiations?" presented at the World Trade Organization/ World Bank Conference on "Developing Countries in a Millennium Round," September 20 – 21, 1999 in Geneva at the WTO's Center William Rappard, p. 12, http://www.itd.org/wb/hertel.doc.

元，供它们在美国、欧盟和亚洲中途停留时在免税商店购物。①

欧盟的共同农业政策包括对粮食实行配额制，对糖和奶制品这样的东西征收 100% 的关税。欧盟仍然希望排斥那些可能与欧洲产品竞争的制成品。对粗加工粮的关税只是对细加工粮食的关税的一半。咖啡和可可是欧洲国家自己不能生产的，因而，不用交纳多少关税就可以入境。与此同时，欧盟对肉的关税是百分之几百。法国的 ATTAC 自命为团结运动，然而他们却为针对第三世界的这些关税进行辩护，这暴露了它的虚伪。②

欧盟不仅排斥外国产品，对欧洲农民在生产和运输方面的补贴也到了可笑的程度，这些补贴占了欧盟预算的将近一半。平均每头牛每天能得到 2.50 美元的补贴，而世界上有 30 亿人每天只有不到 2 美元来过日子。由于这些补贴是按面积和牲畜数量分配的，因而，主要补贴了最富裕的大规模经营者。有人谣传，最大的受益者是英国王室。OECD 的数据显示，最富裕的 20% 农民得到了 80% 的补贴。换句话说，整个欧盟预算的将近 40% 给了欧盟不到 1% 的人口。

这些补贴导致粮食的大量剩余，这又是一个需要解决的问题。欧盟的一个解决办法是，补贴农民，让他们不种任何东西。更糟糕的是，欧盟将其过剩产品倾销到世界市场，因而，穷国根本无法与其竞争。这意味着，共同农业政策不仅妨碍第三世界农民向欧洲人

---

① Ronnie Horesh, "Trade and Agriculture: The Unimportance of Being Rational," *New Zealand Orchardist* (April 2000), also available at http://www.geocities.com/socialpbonds/orchard2.html.

② 在与拉斯·摩根森（Lars Mogensen）对话中，ATTAC 主席贝尔纳德·卡森主张，"每个国家或国家团体都有保护其农业的绝对权利"，见 "ATTAC lider af børnesygdomme," *Danish Information*, February 23, 2001。在界定其根本性事务的国际论坛上，ATTAC 宣布，其宗旨是反击欧盟内部正在进行"自由贸易讨伐"的力量，这些力量试图"废除共同农业政策"。这一事实，显然让瑞典的 ATTAC 追随者感到尴尬，以至于他们竭力地想掩饰这一点。在比姆·克林尼尔（Bim Clinell）奉承性的著作 ATTAC: gräsrötternas revolt mot marknaden, trans. By Margareta Kruse (Stockholm: Agora, 2000), pp. 75-78 中，这一部分的瑞典译文被删节为仅仅对那些"试图将发展推向其他领域放松管制"的人士的抱怨，而没有提到共同农业政策。

出售产品，也使他们在本国的经营受到冲击。

如前所述，对于发达国家的消费者来说，其他国家的出口补贴是一种礼物：商品价格被人为压低，其成本由外国纳税人买单，节约下来的资金可用于别的部门。但对于发展中国家来说，北方国家的农业政策则是另一回事。它是一种深思熟虑的、系统地损害发展中国家具有比较优势的产业的办法。穷国无法得到那种产品的稳定供应。相反，这一年，欧盟会倾销当时生产过剩的某种产品，但第二年，它又会倾销另一种完全不同的产品，因而，这将损害穷国生产商追求专业化的努力。一种东西的进口会刺激农民提高生产的竞争力，但农民却无法与发达国家的农民所得到的补贴进行竞争，即使他们更有效率。这些国家太穷了，没有别的部门可以投资：首先得发展农业部门，然后，才谈得上发展其他部门。据估计，共同农业政策导致的发展中国家的福利损失为每年 200 亿美元，这是肯尼亚 GDP 的两倍。[①]

欧盟的贸易政策是非理性的，可耻的。它保护了一小撮院外活动分子和农民。这些人根本就不管下面的事实：他们树起的壁垒正在将其他大陆的人民逼向贫穷和死亡。这是一个道德灾难。如果我们认识到，欧盟作为一个整体从这种政策中没有得到什么益处，则这种政策之有欠深思熟虑就更为明显。瑞典政府的计算表明，如果欧盟不对进口服装征收关税，有两个孩子的瑞典家庭每年将可以得到 250 美元，假如取消所有的农业政策，每年可以得到不少于 1200 美元。[②] 欧洲纳税人每年交纳了数以百万计的税款，结果却是，在他们的商店里，食品的数量减少，价格攀高。欧盟各国政府用于补贴农业的资金每年大约为 900 亿美元，与用于补贴基本工业

---

① Kym Anderson, Bernard Hoekman, and Anna Strut, "Agriculture and the WTO: Next Steps," (Washington: World Bank/Centre for Economic Policy Research, 1999), http://wbweb4.worldbank.org/wbiep/trade/papers_2000/ag-rie-sept.pdf.

② Joseph Franc, ois, Hans H. Glismann, and Dean Spinange, *The Cost of EU Trade Protection in Textiles and Clothing* (Stockholm: The Ministry for Foreign Affairs, March 2000); Leif Pagrotsky, "Varför en ny WTO-runda?" speech at the EU committee's WTO hearing, November 25, 1999.

产品制造的费用大体相当。发展中国家的商品能够悄悄进入的一切通道，被反倾销关税和技术壁垒，比如包装和卫生标准给迅速挡住，而这些标准总是只有欧盟企业才能够达到。

法国经济学家帕特里克·梅塞林（Patrick Messerlin）根据欧盟委员会的统计资料，曾对欧盟全部贸易壁垒的成本进行过估计，包括关税、配额、出口补贴、反倾销措施等等。他发现，由此带来的损失占到每年欧盟 GDP 的 5% ~ 7%。换句话说，如果实行完全的自由贸易，欧盟每年可以增加的产值将是瑞典总产值的三倍。梅塞林认为，在他所考察的那些部门，通过贸易保护主义政策，共保住了 3% 的就业岗位。而每个工作岗位的成本大约是每年 20 万美元，大约是那些行业平均工资的 10 倍。用这些钱，每个获得关税保护的工人每年能够买到一辆劳斯莱斯汽车。这还不算消费者所付出的代价，也没有算世界上的穷国所付出的代价。[1] 经济学家艾利·赫克舍尔（Eli F. Heckscher）曾经指出，"要么一个行业是有利可图的，在这种情况下，它就不需要关税保护；要么它是无利可图的，在这种情况下，它也不值得进行关税保护"。[2] 由于有关税保护和补贴，那些本来可用于开发欧盟的竞争力的人力和资本，就会被滞留在已经没有比较优势的行业中。据此，欧盟也把发展中国家与贫穷捆到一起，而这并不合乎欧洲人的利益，仅仅保护了一少部分喊得最凶的人的既得利益。

美国曾经在 1996 年奇迹般地抵制了特殊利益集团的压力而削减了补贴，但最近，美国在这方面又有所放弃。2002 年通过的一份法案的内容包括，在未来的十年内，发放 1800 亿美元补贴。这些补贴也是不成比例地有益于富人。1999 年，7% 的大农场将得到 45% 的补贴资金。

---

[1]　Patrick Messerlin, *Measuring the Costs of Protection in Europe*（Washington：Institute for International Economics, 2001）.

[2]　Eli Heckscher, "Vaårt tullsystems framtid III. Industri-och agrartullar," *Svensk Handelstidning*, August 25, 1918.

近几年来，美国和欧盟都针对最穷的国家出台了一些象征性的自由贸易改革措施。唯一的问题在于，这些改革措施却将那些有可能对北方国家的国内生产商构成真正威胁的商品排斥在外。美国的《非洲增长与机会法案》所说的都是在非洲并不擅长生产的领域实行自由贸易，而将烟草和花生之类的商品排除在外。欧盟提出的"军火之外一切均可"的倡议，尽管提出废除针对世界上最不发达国家的关税，但在漫长的过渡期内，仍对香蕉、糖和大米征收关税。由于对相关商品的成分也实行严格的原产地规则，因而，上述措施经常会归于无效。海地可以向欧盟出口咖啡而不能出口 T 恤衫，假如其材料是从其他国家比如中国进口的，其他商品则可能会被任意的环保、国家安全或人身安全的规则拒之门外，而这些规则通常只具有贸易保护主义效果，而无助于人身安全、国家安全或环保质量。

当然，将贸易保护主义给发展中国家带来的损失予以量化难度很大，但很多人曾试图这样做。英国工党政府关于全球化问题的白皮书断言，工业化和发展中国家的进口税削减 50%，将使发展中国家的财富每年多增 1500 亿美元，这等于全球发展援助资金总额的 3 倍。联合国贸易与发展大会曾说，如果富裕国家的市场更为开放，发展中国家的出口每年将可以增加 7000 亿美元。这是他们所获得的发展援助的 14 倍。①

---

① "White Man's Shame," *The Economist*, September 25, 1999; Clare Short, *Eliminating World Poverty: Making Globalisation Work for the Poor*, White Paper on International Development (London: Her Majesty's Stationery Office, December 2000), http://www.globalisation.gov.uk.

拉美的个案

关于北方与南方间开展贸易的一个常见的担心是，它将使第三世界依赖于向北方的富裕世界出售原材料。按照这种观点，如果发展中国家搞自由贸易，它们就不可能成功地实现工业化，并出售其他产品。很多人因而信奉下面的立场：发展中国家应当奉行"进口替代"战略，政府应当通过构筑较高关税壁垒扶持本国工业，并通过制造本来需要进口的商品，来发展本国工业。这样的目标属于自给自足的一类，即一个国家应当具有自我满足的能力，而不是追求专业化，使自己依附世界贸易。这种"依附理论"在第二次世界大战后传遍全球，在西方有大量信徒。也因为此，西方的观察家们曾在20世纪60年代普遍以为，封闭的朝鲜能够超越出口导向的韩国，毛泽东的大陆将比开放的中国台湾前景更好。印度和非洲也实行了进口替代战略，不过，"二战"后的拉美则最为典型地实践了这一整套观念。①

智利、巴西和阿根廷的政客们青睐这种依附理论，并不令人惊讶。自19世纪中期以来，这个地区就通过出口少数几种核心的原材料，比如咖啡、香蕉、糖和铜，实现了经济的增长。但这并没有带来基础广泛的国家发展，因为，这些国家是典型的特权社会。一

---

① 拉丁美洲状况的描述基于 Gunnarsson and Rojas 的作品。

小群受到保护的土地所有者阶层拥有大片土地，并由贫穷的、没有技能的工人来耕作，后者得到的收入通常就是农产品。这一小群精英获得了巨大利润，但却不进行投资。他们不需要能够节约劳动力的机器，因为那里的劳动力供应极端丰富；他们也不需要改进作物品种，因为他们拥有大片土地。如果需要新土地，他们可以从土著居民那里抢夺。农业没有得到发展，没有创造出对工业制成品的需求，因为人们的收入没有增长。在精英中，显著地缺乏技术和组织能力，低下的教育、歧视和商业管制也使劳动大众中的精英无法开办新企业。拉美经济仍然依赖于出口少数几种原材料。到了 20 世纪 30 年代，国际经济崩溃，富裕国家重新实行贸易保护主义，拉美国家遭到致命打击。突然之间，支撑其经济的一切都不见了。

这个例证表明，光靠贸易，在一个压迫性社会中，未必能够创造出充满活力的发展。如果一个国家是静态的，充满了特权和歧视，那么，光靠少数贸易机会解决不了所有这些问题。要解决这些问题，人们必须获得参与经济活动的自由和机会，需要进行土地改革，结束几个世纪的封建制度，需要人们致力于教育和自由贸易。拉美统治者和马克思主义学者们得出的却不是这样的结论，他们发展出了依附理论。他们争辩说，历史已经证明，贸易是有害的，各国必须争取自给自足和国家的工业化。他们指出的是一条错误的道路。拉美国家保留了特权和国家干预，而又试图消灭贸易。

拉美国家那时所运用的政策，已经成为教科书中贸易保护主义的典型例证，也可以说是经济自杀的典型例证。政府对本国受到极高关税壁垒保护的工业发放巨额补贴。20 世纪 50 年代期间，各国制定了严厉的进口禁令和配额制度，关税则平均在 100% ~ 200% 之间。由于消费者无法从别国购买商品，本国工业得以迅速地提高产量，经济得以高速增长。然而，由于他们没有受到竞争压力，因而，也就没有获得技术或组织上的发展。相反，已经过时和缺乏效率的产业却大幅度扩张。由于国内市场价格高于世界市场价格，所以企业对出口了无兴趣。政府为了促进工业化而试图指挥人力、价格和生产活动，经济也因此而越来越政治化了。政府对经济的权力不断扩张，在阿根廷，连马戏团都国有化了。于是，企业开始投入越来越多的资源和精力去讨好掌权的人，而不是用于改进生产。由此形成了强大的利益集团，他们竭力游说政府给自己争取好处，或者在他人获得补贴后给自己争取补偿。分配越来越多地受制于政治斗争的支配，而越来越与市场交易无关。

那些没有占据强有力位置、也不是权势联盟成员的人，那些印第安人、农民工、小企业主和城市棚屋住户，处境则日益艰难。关税从他们的口里夺走面包，而当政府为了填补政府开支的窟窿而制造通货膨胀的时候，他们发现，由于货币贬值，他们的小额储蓄也化为乌有了。拉美国家仍然是一个特权社会，已经存在的严重不平等扩大到了令人震惊的程度。一边是贫民窟，另一边则是奢华的宫殿。有些人生下来嘴里就衔着银勺子，有些人则生来就是将会饿死的流浪儿。里约热内卢被人形容为被埃塞俄比亚包围着的巴黎。巴西最富裕的 10% 的人口占有这国家一半以上的 GDP（相比之下，在美国，这个比例是四分之一，而瑞典是五分之一）。与此同时，统治阶级却将民众的不满转移至外部的敌人。他们坚持认为，他们的政策是为了保护自己，并没有什么错，错误完全要归咎于外国人和美国。

贫穷的消费者在商店里不得不支付昂贵的价格，而在关税壁垒的后面，大企业家却越来越富裕。20 世纪 60 年代，智利汽车的价格是国际市场价格的三倍，其结果是，只有富人才买得起。价格高企也损害了工业，因为工业也需要运输卡车之类的东西。由于在关税壁垒的另一侧所生产的商品不能在受到保护的市场上出售，因此，政府竭力吸引一些外国企业。但西方企业并没有带去新技术，相反，他们迅速地适应了新的国家政策。他们不是致力于专业化和提高效率，而是热衷于钻空子，专门制造那些人们不可能从国外买到的种种东西。公司各个部门都围着官僚机构转，以求

获得开办许可、廉价信贷、特别价格和政府合同。把权势人物哄舒服，成为企业获得利润的捷径，这使企业也成了一种让人讨厌的政治权力因素。这种一心钻营的策略使企业不是通过扩张市场实现规模经济，而缺乏竞争则意味着，他们不可能开发技术、发展组织。

　　拉美的工业与整个世界相比越来越陈旧，经过多年保护后，已没有能力面对国际竞争。因此，拉美越来越依赖于特权和关税，这反过来又使其更为落后。悖谬的是，由于要为工业所需要的机器和半成品进口提供资金，原来的原材料出口变得越来越重要了。然而，由于政府把资源转出了农业和出口产业，这些出口部门也受到越来越严重的妨碍。发展那种有能力抵御国际竞争的产业的可能性丧失殆尽。成千上万的人口离开农村涌入城市贫民窟。最终，受到剥削的经济无法承受过时的工业部门。20世纪70年代的大量贷款不过是延缓了不可避免的危机而已，1982年，墨西哥暂停偿还贷款，引发的是更为猛烈的冲击，从而爆发了一场史无前例的债务危机。三年中间，拉美的人均收入下滑了15%。整个20世纪80年代，拉美接连经历了金融危机和严重通货膨胀。只是到20世纪80年代末开始自由化和自由贸易改革后，一些国家才摆脱困境，有能力提高其经济增长率。问题是，沉重的债务负担和外贸不够活跃，仍然使得这些国家很容易爆发危机。从2001年的阿根廷经济危机中，我们就可以看出这一点。如果一个国家出口额很小，却要支付沉重的利息和偿还债务，那么，其预算中哪怕只要有一点小小的不平衡，也足以撼动整个经济。拉美人民仍然要为特权社会和贸易保护主义买单。

　　智利的例子则证明了，即使在这个地区，也是有可能实现发展的。如果独裁者皮诺切特继续实行通货膨胀和集中控制的老政策，就无法提升走下坡路的经济，因此，他开始听取市场经济学家的意见。跟这个地区别国的威权主义政权不同，智利在1975年左右用自由化和自由贸易取代了其独裁的经济政策，于是经济出现了强劲的增长。到 1995 年，智利人的实际收入翻了一番，婴儿死亡率从 6% 下降到只有 1%，平均预期寿命从 64 岁提高到 73 岁。智利人今天几乎达到南欧人的生活水平，这与其邻国形成了鲜明的对比。最为重要的是，血腥的独裁统治已经和平地被一个稳定的民主政权取代，而自由主义顾问当初就曾鼓吹并预言到了这一点。①

---

① . Milton Friedman and Rose Friedman, *Two Lucky People*: *Memoirs* (Chicago: University of Chicago Press, 1998), chap. 24.

在贸易之路上

　　打破对原材料的依赖、获得自由的出路在于自由贸易，而不在贸易保护主义。关税壁垒不可能提供使工业发展壮大的盾牌，相反，它会成为使之免于竞争的保护伞，从而使它们丧失效率和创新精神。发展中国家中最为迅速地从出口原料转向出口加工品的国家，正是那些本身经济最为开放的国家，其中主要是亚洲国家。萨克斯和沃纳两位经济学家对贸易效果的深入研究表明，实行贸易保护的国家之经济结构转型最为缓慢，而自由贸易国家则更有效地推动了工业生产。[①] 这与依附理论的鼓吹者所主张的恰好相反。其中有些人已经从其错误中汲取了教训。社会学家费尔南多·亨利克·卡多索（Fernando Henrique Cardoso）曾对依附理论作出过重要贡献，但他于1994年当选巴西总统后，却努力推行贸易自由化措施！现在，发展中国家已经在贸易谈判中要求富裕国家的市场对它们的出口品开放。

　　自由贸易比别的因素更有助于使发展中国家实现充满活力的经济增长。一百年前的全球化主要意味着西方人从发展中国家取得原材料，将其带回国进行加工。这一过程无助于传播新技术、创造新

---

① Sachs and Warner, "Economic Reform and the Process of Global Integration," pp. 52 – 55.

机会。那时，不大可能在发展中国家建立生产和加工基地，因为，将备件和重要人员送到那些地方需要花费几个月时间。而今天，世界任何一个地方的工厂都可以在一周半时间内收到寄自任一地方的邮件或将其寄至任何目的地，更可以通过电话、传真或电子邮件随时保持联系。这意味着，现在有可能将生产基地建在以前处于世界经济边缘的地方，而同时仍能始终与整个世界保持联系。即使是最核心的生产活动，也可以搬到穷国，只要他们具有在该行业的比较优势。这意味着，没有运气降生在富裕国家的人，现在也有了不错的机会。

这一点，不仅适用于制造业，也适用于服务业。借助卫星通信和互联网，很多外国企业可以将其部分行政管理业务放到诸如印度这样的国家，欧洲或美国企业可以雇佣当地员工对诸如工资单、发货单、订票、客户服务之类的事情进行远程管理。这对于美国企业来说尤其方便，因为美国人上床的时间，正是印度人起床的时间。借助卫星成像技术，即使是监督办公室这样的事情，也可以在世界的任何一个地方远程进行。在这些劳动密集型服务业中，发展中国家具有明显的比较优势。这些第三世界雇员可以得到就业机会和较高的工资，而他们在工业化国家的客户则可以得到较低的价格。

过去 30 年间，拜交通工具不断发展及全球性自由贸易改革之赐，发展中国家的工业品出口急剧增加。依附理论已被历史证明是错误的。今天，制成品大约占到发展中国家出口的 3/4，而 1965 年仅为 1/4。原材料出口在经济中的核心地位一直在下降。20 世纪 70 年代初，发展中国家只占到全球制成品出口总额的 7%，现在则占到了 1/4。

墨西哥是一个很好的例子。长期以来，它被认为依赖于向美国出口初级产品，但随着它转而实行自由贸易政策，形势已经发生急剧变化。一直到 1980 年，墨西哥的出口中只有 0.7% 是制成品，到 1990 年，这一比例上升到 3.7%。1995 年，《北美自由贸易协定》取消了墨西哥与美国间的关税，该比例更上升到 19.3%。这

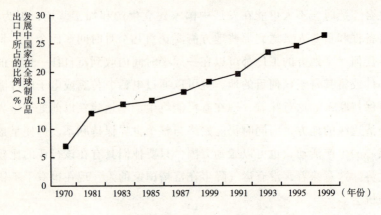

发展中国家的制成品出口在增长

资料来源: Ajit K. Ghose " Trade Liberalization and Manufacturing Employment." *Employment Paper 2000/3* (Geneva: Internationl Labour Office, 2000), and Overseas Development Institute, "Developing Countries in the WTO." *Briefing Paper 3* (London: Overseas Development Institute, 1995).

一协定所带来的红利是，在短短六年中，墨西哥就从世界第 26 大出口国，一跃而为世界第 8 大出口国，而这也能够解释为何该国的经济增长率自 1996 年以来一直能够维持在每年 5% 的水平上。[①]

批评者有时抱怨说，劳动密集型产业曾经涌入日本，因为那里的工资较低；而当其工资上升后，就又转移到韩国和中国台湾。随着这些国家的生产成本上升，这些产业又转移到马来西亚和泰国。今天，它们又开始转向中国内地和印度。批评家们说，这一点说明了资本的冷酷无情，这种转移让这些国家因高工资而陷入困境。一个国家的经济增长和繁荣刚刚起步，这个国家就被大公司和投资者抛弃了。然而，这一过程更多地是在不断提高生产进步水平。一个国家贫穷的时候，它最好去从事最简单的、技能要求最少的工作。

---

① Aaron Lukas, "WTO Report Card III: Globalization and Developing Countries," *Cato Trade Briefing Paper* no. 10, 2000, p. 11, http: //www. freetrade. org/pubs/briefs/tbp – 010. pdf.

但随着它变得富裕，它的生产会更有效率，它的人口受过更多技能培训，它就有能力从事高质量的、技术密集的生产，最终，则可以从事知识密集型生产。经济就可以这样一步一步地持续发展。相对而言，穷国则可以在劳动密集型产业中有较好表现。墨西哥出口的原材料越来越少，出口的制成品越来越多，而美国则日益从出口制成品转向出口计算机编程和咨询服务。整个世界的经济将会由此而越来越有效率，而这又可以为越来越多的地区和国家留出发展空间。因此，东亚经济一直被比作"雁行"。它们在雁行中处于不同位置，而所有国家都可以在前进过程中一步一步地提高自己的位置。

"让他们维持他们的关税"

有一些批评自由贸易的人士，尤其是教会和发展援助组织中的一些人士，他们的立场同样当得上传统贸易保护主义之名。他们也意识到了，富裕世界通过关税阻止发展中国家向其市场出口是荒唐的。但是，他们又觉得，发展中国家应当对从我们这里购买东西感到担心，因而，也应当用关税保护自己的市场，直到自己也变得足够富裕时为止。这些批评家的说法让人以为，不用反对政客们的贸易保护主义，也能够造福于发展中国家的人们。我们必须"让他们维持他们的关税"。

乍看起来，这种论点似乎合情合理——假如有人很穷，那就必须允许他们通过出口挣钱，而不能让他们花钱去进口东西，因为进口很可能使他们自己的工业无事可做。他们的工业需要"初级产业关税"。在它们具有竞争力之前，不能把它们暴露在国际竞争环境下。但我们现在已经看到，正是开放的国家，其工业发展得最快。关税迫使消费者从本国的企业购买商品，这确实能让这些企业发财。但如果不把它们暴露在竞争之下，它们就没有压力去提高效率、调整生产，也不会降低商品的价格。因此，这种政策将使精英自己发财，而广大民众则被迫为其日用品承担昂贵的价格，因为他们不能到别的地方去买。有些人说，穷国只能通过出口得到好处，而不能通过进口得到好处。这样想的人忘了，穷国既是生产者，也是消费者。因而，"禁止发展中国家维持他们的关税"就等于说，"让发展中国家的公民从更多种类的商品中做出选择"。

有人相信，长远来看，政客比市场和投资者更清楚哪家企业会具有竞争力。这样的想法完全是一种迷信。恰恰相反，这种保护主义政策必将破坏市场机制，而只有这样的机制能够将失败的项目与成功的项目区别开来。政府的产业政策几乎没有成功的案例，倒是有很多付出巨大代价而失败的例证：印度失败的工业部门，巴西试图创建信息技术产业的计划，南美国家的汽车产业计划，以及苏哈托对印尼汽车工业的保护（顺便说一句，这个行业是由他的儿子领导的）。日本的通产省（MITI）一度被认为是计划成功的典范。相对来说，它做得确实不错，但这主要表现在对市场的信息作出反应的时候。相反，在它独立创造新产业的时候，则没有成功过。比如，通产省曾投资数十亿美元开发快中子反应堆、第五代计算机和远程控制石油钻塔，所有这些都以失败告终。对日本人来说，幸运的是，通产省也同样没能扼杀某些部门。比如，20 世纪 50 年代初，它也曾试图取消那些小汽车厂，阻止索尼进口晶体管技术，但却没有能够做到。① 在西方，也有一些投入巨资而失败的项目，比如，英法合作开发的协和飞机和瑞典的数码电视。

严酷的事实是，在很多情况下，政治领导人根本就不对究竟什么能够有利可图进行客观的评估，而仅仅根据游说议员和贿赂，或者为了追求声望，而做出他们的决策。人们以为，关税壁垒仅仅是临时性的，旨在保护有发展前途的企业，但实际上它却是对低效率的企业给予永久性保护。有些政策，本来应当是对发展的一种磨炼，却变成一个密室政治和权钱交易大行其道奢华的温室。即使从理论角度看，政府的决策可能偶然会取得成功，但我们怎样才能知

---

① Bruce Bartlett, "The Truth about Trade in History," in *Freedom to Trade*: *Refuting the New Protectionism*, edited by Edward L. Hudgins (Washington: Cato Institute, 1997).

道，一旦掺和进政治斗争因素，它能否得到正确的执行。我们应当追问一声，为什么穷国应将其珍贵的资源用于巨大的、后果难料的项目，而它们本来可以将这些资源投入可以确定带来好处的领域：进行经济改革，建立自由主义的管制结构，投资于教育和卫生事业。

有些人在支持第三世界设置关税壁垒的时候，忽略了一个重要事实：发展中国家的大量贸易是与其他发展中国家进行的。发展中国家大约40％的出口流入其他发展中国家。假如穷国的消费者被强迫以很高的价钱购买本国企业的产品，他们就不能购买其邻国企业的产品。在这种情况下，本国生产商也将蒙受损失。该生产商可能在本国市场上获得某种垄断地位，但他们却不得向其他市场出售产品。发展中国家针对其他发展中国家的关税，目前已经是工业化国家针对发展中国家的关税的两倍半。工业化国家的关税平均约为8％，发展中国家的关税平均为21％。因而，发展中国家的民众被迫承受之关税负担的75％，其实是由其他发展中国家征收的。①

这就是仅仅占到全球经济1/4的发展中国家被迫承受全球关税负担的40％的主要原因。废除进口关税应是发展中国家能从自由贸易中得到的最大好处之一，这种关税的税率有时达到商品价格的数倍。有些人士相信，支持关税可以使他们成为发展中国家的朋友。他们没有意识到，他们实际上帮助了发展中国家的一小撮公司和统治者，而损害了这些社会中的消费者和整个经济。

如果生活在富裕国家的我们真诚地相信自由贸易，我们就必须废除我们的关税和配额制，而不必以他人是否让步为前提。禁止世界上的穷国发展是不道德的。除此之外，我们自己也可以从更为自由的进口中受益，即使其他国家并不想从我们这里进口。但这并不

---

① Hertel and Martin, pp. 4ff.

意味着第三世界用贸易壁垒保护自己的产业就是明智的。相反，对于这些国家的民众来说，最佳的选择也是废除本国的关税。那些希望他们保留本国关税的人，可能是传统的贸易保护主义者的一个倒影、一个镜像，但在镜子中，他们的面孔却并不比传统的贸易保护主义者更可爱。

债 务 陷 阱

　　在有关全球化的辩论中，有人对全球经济机构提出了严厉的批评。经常被挑出来批评的是世界银行和国际货币基金组织（IMF），前者领导着在第三世界进行长期发展的工作，后者旨在指导和援助各国金融系统，尤其是在危机时期。批评家们指出，这些机构充当了为富裕国家向发展中国家收债的角色，它们强迫发展中国家实施苛刻的自由主义政策，这导致了更严重的贫困。全世界的左翼团体和教会组织都说，世界银行和国际货币基金组织应当民主化，而第三世界的债务应当被勾销。

　　"民主化"是指，所有国家应当在这些机构里拥有平等的投票权，而不能根据各国认缴的资金份额分配权力。这种要求也许是正当的。但这些机构基本上是发展援助组织，而选择通过这些机构分发本国发展援助的那些国家，希望在如何使用它们拨给的资金方面有发言权。确实可以给所有国家以管理基金的平等权力，但由此带来的唯一结果是，美国这样的国家将会退出，通过其他渠道分发它们的资金。这将意味着国际货币基金组织和世界银行的终结。当然，这样也确实能够有效地解决围绕它们的争议，但这恐怕不是大多数批评者所希望的结果。

　　国际货币基金组织和世界银行的良心确实值得讨论，它们也犯了很多错误，自由主义者应当对其予以批评。比如，可以批评它们在几十年中都支持发展中国家搞计划经济；也应当批评世界银行参与绝育项目，这种项目对那些承受该项目的人带来了严重虐待；同样也应批评它们支持搞了很多大坝建设项目，这些项目总会强制搬迁成千上万人口。但全球化的反对者所批评的不是这类活动。相反，让他们愤怒的是，这些机构竟然要求发展中国家实行低通货膨胀和平衡预算的政策。然而，对发展中国家的这种要求不只是自上而下的命令。它们是这些机构对那些存在严重金融赤字、陷于破产边缘的国家发放贷款的条件。跟任何一家信贷机构一样，它们当然希望收回贷款，因而，它们必然要坚持那些能使债务国走出危机、最终有能力偿还贷款的改革措施。这样的态度完全没错，它们的建议（有时间期限的结构调整方案）通常也是健全的：平衡预算，降低通货膨胀率，扩大竞争，开放市场，减少腐败，实行法治，减少军事开支，转而投资于教育和卫生事业。在实现透明、清理统治者与经济活动主体的肮脏交易和裙带关系方面，这些机构也做了大量工作。

不过，这些机构的一些建议则引起了争议。这些建议是破坏性的。比如，它们在亚洲危机期间的活动。人们严厉地批评它们要求这些国家收缩银根的建议，而这些国家本已陷入严重的衰退中。比如，1997 年 9 月，国际货币基金组织强迫泰国增税，将那场经济危机加深到危险的程度。在一些情况下，国际货币基金组织建议各国政府维持过高的汇率，从而引发投机活动。总是采用一套危机解决策略，也会使投资者和政府冒更大风险，因为他们知道，只要他们陷入得足够深，比如像 1998 年的俄罗斯那样，国际货币基金组织就得跳出来拯救他们。从自由主义的视角看，强迫纳税人为投机者的错误买单，是很怪异的事情。毕竟，资本主义制度的核心规则是，不成功的投资者必须自己承担其失误的代价。另有一些批评家说，国际货币基金组织不是仅仅提出一些一般性建议，而是搞了太多微观管理。国际货币基金组织的官僚利用数以百万美元计的贷款承诺，试图对其他国家的政策进行遥控，其程度几乎可与对殖民地控制相提并论。我们完全有权要求第三世界的统治者将基本的民主权利和自由给予他们的人民，但我们不应试图对他们的决策细节实施控制。

从过去几十年国际货币基金组织和世界银行的建议中，我们可以得出的基本教训是，它们对接受资金的国家的实际影响太小了。对于陷入现实危机中的很多政府来说，国际货币基金组织和世界银行的贷款提供了回避真正的、激烈的经济改革措施的最后机会。各国只是承诺进行改革，为的是让巨额贷款能由自己支配。然后，统治者就表演一种危险的两面派游戏——他们只进行能讨得国际货币基金组织高兴的、所需要的最低程度的改革。俄罗斯财政部长鲍里斯·费约多罗夫（Boris Fyodorov）曾在事后总结说，国际货币基金组织给俄罗斯的资金延缓了本应进行的自由主义改革。他的同事们不是致力于寻求优良的政策，而是认为，谁贷到的钱越多，谁就越爱国，于是，开始了通过谈判勾销债务的事情。

> ［20 世纪 90 年代国际货币基金组织和世界银行贷给俄罗斯的 250 亿美元］极大地延缓了一整套连贯的经济战略的实施，降低了国家各部门进行痛苦但却必要的经济政策变革的意愿……俄罗斯的政治精英现在坚信，不管经济政策怎样，俄罗斯都将定期得到国际资金。
>
> 安得烈·伊拉里奥诺夫（Andrei Illarionov），俄罗斯自由主义经济学家，现在是普京总统的顾问①

---

① Andrei Illarionov, "Russia's Potemkin Capitalism," in *Global Fortune: The Stumble and Rise of World Capitalism*, edited by Ian Va'squez (Washington: Cato Institute, 2000), p. 209.

以为通过经济诱惑可以从外部带来改革，这种想法非常危险。多数情况下，这种形式的资源转移只能起到支撑一个已经失灵的体制的效果。援助要想带来积极效果，就必须在改革刚刚开始时实施。1994年，世界银行评估了26个结构调整项目，结果发现，只有6%的项目带来了政策的重大变革。最重要的是，当权者不可能或者说不愿意减少或改进官僚机构，也不愿减少或改进他们自己对经济的控制权。国家有时会采取破坏性的政策来满足某些重要的要求，比如，通过提高税率和关税、大量印制钞票或削减最重要的公共开支——即教育和卫生开支，来实现预算平衡，相反，国家通常不会削减补贴、精减官僚机构、裁减军队。

另一个问题是，调整计划经常过于复杂，低效率的政府很难实施。如果一个政府必须同时满足也许几百个要求和指导方针，事情就会麻烦起来，尤其是它还必须同时应付单个国家的大量其他援助项目。由于这些结构调整方案通常写得比较含糊，政府很容易拖延和暗中扭曲它们。虽然违反计划会导致资金被取消，但奇怪的是，只要政客们在口头上承诺顺从计划，资金的龙头就会再次打开。这样的事可以一再重复。一位分析家曾说，在非洲执行了15年的结构调整计划仅仅使那些国家"对全球经济开放了一点点"。①

既然接受援助的国家不愿按照援助机构的建议进行改革，因而，将国际货币基金组织的自由化建议当作这些国家深重危机的根源就是错误的。而很多左翼运动人士正是这样想的。真正遵循了建议的国家，显然要比没有遵循的国家好得多。遵循国际机构建议的国家，比如，乌干达和加纳，平均来说，具有较高的经济增长率，因而，也降低了贫困率。而回避这些建议的国家，比如，尼日利亚、肯尼亚和赞比亚，经济则依然没有起色，陷入可怕的贫困与不

---

① Goldsmith，p. 11.

平等的泥沼中。①

那么，取消债务又怎样呢？我相信，我们有很好的理由支持这种做法，但如果我们不能正确地着手做这件事，同样会面临风险。我们应当从一开始就强调，这场辩论夸大其词了。批评国际货币基金组织和世界银行的人士声称，由于债务而导致发展中国家每年死亡2万人。这个数据是将发展中国家不得不向这些机构支付的利息加总，然后计算，如果省下这笔钱，可以挽救多少条生命。即使我们接受下面的幻想——它当然是不可信的：这些钱如果省下来，会全部用于购买药品和食品而不会被用于购买军火；即便如此，上述说法也忽略了另外一个重要事实：这些负债累累的国家每年从工业化国家和国际机构那里得到的信贷资金，仍多于其利息支出。41个负债率最高的穷国（HIPCs）每年从西方国家得到的资金是其偿还利息的两倍。因而，指责西方国家由于每天吃利息而导致发展中国家成千上万人死亡，是一个可笑的统计骗局。②

尽管如此，取消债务原则上也是正确的。反对减免债务的人士说，借钱就该还，这当然是正确的。唯一的问题是，一个人为什么应当偿还另一个人的债务。假如一个独裁者借了大量钱建造本国的军事机器，自己大发其财，然后，在发生政治剧变后，一个民主政权接管权力，却发现自己陷入一堆借条中。纳税人为什么要偿还一笔他们从来没有选择承担的债务？由借款人承担这个国家不能还钱的风险，难道不是更合理吗？正常的市场化机构会从经验中学到一些东西，长期以来，它们拒绝向债务深重的国家借债。然而，国际货币基金组织和世界银行这样的政治性机构却继续在每次发生经济

---

① Lionel Demery and Lyn Squire, "Macroeconomic Adjustment and Poverty in Africa: An Emerging Picture," *The World Bank Research Observer* 11, no. 1 (February 1996): 39 – 59; Jeffrey Sachs, "External Debt, Structural Adjustment, and Economic Growth," paper addressed to the G – 24 Research Group in Washington, September 18, 1996, Geneva.

② World Bank, *World Development Report 2000/2001*, p. 202.

危机时就送钱。它们的行为虽慷慨，但不够理性，诱使很多发展中国家在 20 世纪 80 年代陷入债务陷阱。大多数这类国家已经绝对没有能力偿还债务了，债务陷阱的永久化也对任何人没有好处。像坦桑尼亚这样的国家的外债，已经是其每年出口收入的两倍，还债确实使这个国家没钱对青少年教育进行投资。因为挑战特权、削减补贴、裁减公务员在政治上是危险的，因而，在必须削减开支的时候，受损害的总是长期投资。

这并不是说，最好的主意是对所有国家无条件地减免债务——这是由大赦 2000 运动（the Jubilee 2000 campaign）这类很走红的运动所鼓吹的。相反，在减免的时候应当表明，西方不再给一些腐败的政权提供资金，不再允许他们用这些资金购买武器、强化压迫。我们一直在帮助巩固那些可恶的政权，而这样做是不道德的。要避免这样的事情，就必须要求那些国家建立民主政权、进行改革，将这作为减免债务的条件。减免债务的一个麻烦是，它会扰乱发展援助的流向，使之不会流向最穷的国家和民主国家，而会流向那些债务负担最沉重的国家。1997 年，这样的国家所获得的人均发展援助，是那些贫穷但却没有债务的国家的四倍。举例来说，象牙海岸所获得的人均发展援助是印度的 1276 倍。

自 1997 年以来，减免债务一直在进行着，尽管程度不等。那一年，联合贸易与发展大会召开了一次会议，债权国取消了 45 个国家总计 60 亿美元的债务。问题是，这一政策鼓励那些国家借入更多债务。那些被减免了债务的国家很快就背上了新债。一项研究表明，1970～1997 年间，如果一个国家每被减免相当于 GDP 1% 的债务，其债务负担就会增加 0.34%。而且，这笔钱不是用于较好的投资，债务的暂时缓解也没有被用于改进政策。相反，人们发现，债务国比其他穷国实行的政策更糟糕，更少进行长期改革。一个可能有点过于刻薄的推测是，这些国家经常是借多还少，因为他们指望以后仍将减免他们的债务。他们会把自由主义的改革措施拖到最后再出售给国际货币基金组织和世界银行，以换取尽可能多的债务减免。1996 年 9 月，世界银行和国际货币基金组织提出倡议，准备最终勾销 41 个"债台高筑"的国家的债务，而当时，债务减免已经搞了 20 多年了。[1]

债务免了又出现，出现了再免，是该政策失效的一个证明。对穷国真正有所帮助的做法，是那些"一劳永逸"策略的：在勾销债务的同时，也应记下建立改革导向的政府的承诺，它应该令人信服地表明，以后不会再要求勾销债务了。另一种办法是，现在免除一切债务，此后不再借给任何钱。任何贷款都必须到国际资本市场上，从那些愿意承受风险、本人也相信能够收回贷款的投资者那里去筹措。然而，世界银行和国际货币基金组织签署豁免 22 国 2/3 债务的协议时，并没有采取这样的策略。这一豁免措施确实附加了一些条件，比如反腐败、增加对教育和卫生的投资。但在这次豁免后，又开始考虑给予新贷款，这会带来债务再次增加的严重后果，过上 10 年，又得来一次免债行动。

> 自 20 世纪 60 年代初以来，非洲获得的发展援助，已经是第二次世界大战后美国根据马歇尔计划给欧洲援助金额的 6 倍。如果这笔钱用于投资，非洲人现在就已经享受到西方的生活水平了。关于发展援助的多项研究揭示了这一令人气馁的结果。在很多国家，援助只会产生破坏作用，它实际上降低了经济的增长率。用伟大的国际发展经济学家彼得·鲍尔（Peter T. Bauer）的话说，发展援助通常等于"把富国的穷人的钱转移给穷国的富人"。麻烦在于，这笔钱带来的是

---

[1] William Easterly, "How Did Highly Indebted Countries Become Highly Indebted？Reviewing Two Decades of Debt Relief," *World Bank Working Paper* no. 2225 (Washington：World Bank，1999)，http：//econ. worldbank. org/docs/952. pdf.

错误的激励。贸易会鼓励穷国促进其生产、想出新点子。发展援助却把钱给了领导人，让他们将国家搞穷，而不是让国家发展。发展援助是让那些最不可能使国家发展的人增加了资源。由于援助到了国家和政客手中，它就更激励那些国家的人攫取政府权力而不是致力于生产和出口。这强化了集中化的国家，使得它能够剥削农村，摧毁农业和潜在的工业。发展援助在很多情况下是帮了那些贪恋权力的腐败的统治者的忙（像蒙博托、穆加贝、马科斯和苏哈托这样的统治者聚敛了数以十亿美元计的财富，而他们的国家经济却日益恶化）。给援助而不要求民主和改革，就等于给政治独裁和经济停滞补贴。不过，也有证据显示，假如受援国已经实行了成功的政策，有产权制度、开放的市场、稳定的预算和货币政策，发展援助能够强化其经济发展。当然，在这些情况下，其实也就不需要援助。搞援助活动的官僚正确地识别出好政策，并明智采取行动的可能性，总是微乎其微的。①

---

① World Bank, *Assessing Aid: What Works, What Doesn't, and Why* (New York: Oxford University Press/World Bank, 1998), http://www.worldbank.org/research/aid/aidtoc.htm; Craig Burnside and David Dollar, "Aid, Policies and Growth," *American Economic Review* 90, no. 4 (September 2000): 847–868.

正确的药方

　　反对市场经济的一个常见的理由是，市场经济使人们和企业为利润而生产，而不是为需要而生产。这意味着，举例来说，制药企业会投入大量资源用于研究开发与肥胖、谢顶和抑郁症有关的药品，这些东西是西方人才操心和付得起钱的；而只有很小一部分资源用于开发治疗热带病的药品，比如疟疾和肺结核，而这些疾病折磨着世界上最穷国家的人民。这种批评实在让人搞不懂。

　　当然存在着不公平，但不应因此而责怪资本主义。即使没有资本主义和对利润的渴望，我们也无法设想，每个人的疾病都能够得到治疗。事实上，如果没有资本主义，能够得到治疗的人会比现在少得多。如果西方的富人权势需要有人帮助解决他们的问题，制药企业的资源就可以用于研究、并最终解决这些问题，而这些问题对于受其折磨的西方人来说，并不是小事一桩。资本主义给了企业以经济激励，使其开发药品和疫苗来帮助我们。西方人这样花钱并不会使别人的处境变糟。这些钱即使不花在这方面，也不会被用于研究热带疾病——因为那样的话，制药企业根本就不可能拥有这些资源。而随着自由贸易和市场经济不断增加穷国的财富，穷国人们的需求和欲望将在引导研究和生产的方向方面发挥更大作用。

　　西方世界可以治疗越来越多的疾病，对于第三世界来说，这并不是一件坏事。相反，这会被证明是一件有益的事，并不仅仅是因为富国能够投入更多资源用于帮助穷国。在很多领域，第三世界现在可以只花很少的钱，就可以分享到富裕的西方消费者所支持的研究成果，有时甚至不用花一分钱。默克制药公司对一项在 11 个国家消灭盘尾丝虫病的项目提供免费药品。结果，这些国家现在几乎完全消灭了这种以前影响到上百万人、每年使数千人失明的寄生虫。① 孟山都公司允许研究人员和企业免费使用他们开发的"黄金大米"，这种大米富含铁和 β 胡萝卜素，每年在第三世界可以拯救上百万人，使其不至于死于维生素 A 缺乏症。不少制药企业对穷国的艾滋病患者降低了药品价格，条件只是要保护他们的专利，使其可以在富国仍然维持原价。

这些公司之所以可以这样做，是因为存在着富裕的市场，市场里的消费者已经能使他们收回成本。这些公司只能做到他们的资源允许他们做到的地步，他们不可能只付出而无收入。然而，很多抱怨制药企业维护其专利的努力的人士所提出的恰恰就是这样的要求。如果治疗艾滋的药品专利被完全废除，世界上最穷的人也就能够掏得起钱，因为那时候，穷国可以以很低的成本仿制。这确实能使人们在当下更方便地得到一种药品，但却将使人们未来很难用上新药品，因为，制药企业开发新药品得花大笔资金。每研制出一种成功的药品，背后就有二三十种药品失败，投产一种有市场前景的新药品，可能要花上亿美元。少数几种药品以高价出售是必要的，这样可以为整个研究提供资金。如果取消专利保护，企业很难有钱进行新药品的研究和开发。如果我们以前没有专利，就不会对治疗艾滋病的药的价格产生争论，因为那样的话，这些药品就永远不可能被研制出来。在治疗发展中国家的疾病方面做得太少，不能责怪制药企业。杰弗里·萨克斯曾建议，举例来说，工业化国家可以做出一个决议，为世界上的每个人支付一笔钱，用于接种疟疾疫苗或使每位艾滋病患者得到抑制剂。如果企业家和非政府组织做这些事

---

① *World Bank World Development Report 2000/2001*，pp. 182f.

情，企业就将具有研究治疗方法和疫苗的激励。如果治疗第三世界的疾病是一个政治目标，那么，比较合情合理的做法就是在我们所有人中间分担成本，而不是仅仅对制药企业提出苛刻的要求。

不幸的是，政治资源的配置除了服从于政治，还能是什么呢？这一点，在世界卫生组织身上表现得再明显不过了，它本身是联合国的一个专业组织，其经费来自税收资金。它的目标是确保全世界人民得到尽可能好的健康卫生。要做到这一点，办法很简单。根据世界卫生组织的说法，六种疾病——疟疾、肺结核等等——合起来占到 44 岁以下死于传染病的人口的 90%。每年有 1100 万人死于这些疾病，而他们本来未必会死。因此，人们会希望世界卫生组织采取大胆行动，开始给孩子接种疫苗，抗击这些疾病。如果他们决心这样做，他们就能够解决明天的世界将会遇到的最大问题。然而，这个组织近些年来实际上在其议事日程中把这种想法往后排了。由于缺乏资源？恐怕不是。根据世界卫生组织的估计，预防这些死亡的花费在 400 万到 2.2 亿美元之间。这只占该组织年度预算的0.4% ~ 20%。孩子们在不必要地死亡，而世界卫生组织却将其每年 10 亿美元以上的预算越来越多地用于召开高级别的会议，用于推广汽车安全带和反对吸烟。这些问题在富国被认为很紧迫，因而，官僚们就必须关注这些问题，以使自己能够保住资金来源。①

我本人相信，我们可以更多地期望于博爱的资本主义而非政治。资本主义不强迫人们在每一刻都实现利润最大化。它能使人们按照自己的心愿使用自己的财产，而不受政治考虑的影响。微软的比尔·盖茨是当代资本主义的象征，他本人投入预防发展中国家疾病方面的钱，要多于美国政府。1999 年 11 月到 2000 年 11 月间，通过总额达 230 亿美元的比尔与美琳达·盖茨健康基金会，共有 14.4 亿美元用于为发展中国家的孩子接种常见疾病的疫苗，资助

① Brian Doherty, "WHO Cares?" *Reason Magazine*, January 2002, http://reason.com/0201/fe.bd.who.shtml.

发展中国家的艾滋病、疟疾等研究。这是整个工业化国家合起来用于治疗发展中国家疾病的资金总和。因而，比尔·盖茨拥有 500 亿身价，这一事实其实是世界上穷人和病人的福分。显然，他们从盖茨们那里所得到的好处，要多于从整个欧洲和一大把世界卫生组织之类的机构那里得到的好处。

第五章

冲顶竞赛

我完全支持自由贸易，但……

由于既得利益集团有力的院外活动，富裕国家对发展中国家采取了一种具有强烈贸易保护主义色彩的立场。尽管如此，这种立场在公开的辩论中，是得不到支持的。毕竟，不让第三世界变富，不是一种非常吸引人的立场。但是，有一种与此关系极为密切的贸易保护主义，却被认为可以接受，也即，让贸易受某种条件的限制。支持这种思路的人说，我们完全支持自由贸易，但接下来他又会说，"但是，不是在任何情况下都支持"，或者说，"但是，需要一套不同的规则"。如果有人这样开始说，"我完全支持自由贸易"，你就得非常认真地听他下面说的话，因为，如果这个"但是"很强硬，就说明，这个人根本就不支持自由贸易。

在有些国家，关于贸易的讨论就是这样进行的，尽管在这些国家，自由贸易是一个很正面的概念。① 当然，在有的国家，自由贸

---

① 在全球化这一概念上，同样存在这种现象。国际反全球化分子在布拉格举行游行示威的时候，其组织者是一个冠之以"反对经济全球化倡议"的组织，但瑞典的反全球化分子知道全球化在瑞典具有正面含义，所以，要求的是"自下而上的全球化"。法国的 ATTAC 主席 Bernard Cassen 说，他"一直想在全球化中找到一些好处，但最终一无所获。"见 Bernard Cassen 接受 John Einar Sandvand 的访谈："Globalizering kun til besvær," *Norwegian Aftenposten*, March 2, 2001。然而，瑞典的 ATTAC 运动则说，他们并不是全盘反对全球化，他们只是希望全球化另有一套规则。

易则是一句辱骂性的话。如果你在巴黎大街上大喊你热爱全球化市场，你很有可能被一群愤怒的家伙追上来打一顿。某些对全球化持怀疑态度的人甚至会断言，这场讨论根本就与"支持还是反对自由贸易"无关，因为，每个人都支持某种形态的自由贸易。但是，真正的自由贸易规则，连同所有权和创业自由，其目标旨在促进自由交换，它绝不可能等同于禁令和配额制，因为这些规则的目标旨在限制自由贸易。有关全球化的讨论必然会涉及究竟是支持还是反对自由贸易，假如你希望更为自由的贸易规则，你就在支持自由贸易，反之，你就是在反对自由贸易。

今天，人们普遍信奉的贸易保护主义观点是，不应允许与那些工作条件极端恶劣或允许存在童工或保护环境不力的国家进行贸易。要是这样的话，等于允许其他国家利用其恶劣的社会条件（"社会倾销"）或通过破坏环境（"生态倾销"）来挤垮本国的企业。有些人坚持认为，在与穷国商谈贸易协定时，我们必须始终坚持确保环保和劳动标准的条款，并告诉我们的贸易伙伴，如果他们想继续跟我们做生意，就必须改善其环境政策或工人工作条件。加入这一大合唱的，不仅有工会和企业，还有一些社会运动。然而，对于发展中国家来说，这种想法无异于在原来的贸易保护措施之外，又加上新殖民主义控制其决策的要求。

埃及贸易部长尤塞夫·保特罗斯－加利（Youssef Boutros-Ghali）道出了很多人对发展中国家的悲观看法："问题在于，为什么会这么突然，为什么在第三世界的劳工显示出竞争力的时候，工业化国家突然操心起我们的工人来了？……这实在太可疑了。"①

---

① 引自 Steven Greenhouse and Joseph Kahn，"Workers' Rights：U. S. Effort to Add Labor Standards to Agenda Fails，"1999 年 12 月 3 日《纽约时报》。自由工会国际联合会（the International Confederation of Free Trade Unions）中忠实信徒者急切地解释说，该组织支持社会条款，但尽管它这样再三解释，仍然遭到南方会员国的强烈反对。别的工会组织，在 130 个国家拥有 1.1 亿会员的世界工会联盟，则反对将社会条款写入 WTO 贸易协定中。

正是在克林顿总统提出对不合乎某些要求的国家予以制裁之后，1999年底的WTO西雅图会谈陷入僵局。瑞典贸易部长谈到过"克林顿的巨大错误"，发展中国家拒绝在这样的威胁下进行谈判。

不管接踵而至的抗议者和经济实力强大的国家的总统们是怎么想的，发展中国家的低工资和糟糕的环境状况并不应归咎于人们的吝啬。当然有一些例外，但总的说来，问题出在，雇主没有能力支付高工资，也无法改善工作条件，因为，在经济发展水平较低的国家，工人的生产率就是那么低。工资只能因为劳动力变得更有价值而提高，也即随着生产率水平提高而提高，因而，只能通过增加投资、改善基础设施、扩大教育、引入新机器及实行新组织等方式来实现。如果我们迫使这些国家在生产率得到提高之前就提高工资，企业和消费者将不得不为这些国家的人力支付高于目前之所值的成本。在这种情况下，他们就会被西方生产率更高、工资待遇更好的工人挤垮。世界穷人的失业率将会因此而急剧提高。经济学家曾形容这种政策，在理论上是想改善工作条件，但到了现实中，则将导致工人失去工作。墨西哥驻美国大使耶苏斯·雷耶斯－赫洛勒斯（Jesus Reyes-Heroles）曾这样解释说：

> 在我们这样的穷国，替代低收入岗位的，不是高收入岗位，而是失去工作岗位。①

劳工和环保条款其实是告诉发展中国家：你们太穷了，不配与我们进行贸易，在你们变富之前，我们不再跟你们做生意。问题在于，只有通过贸易，他们才能变富，进而才能一步一步地提高他们的生活水平，改善其社会状况。这是一个"第二十二条军规"：在其工作条件和环境保护达到高水平之前，不跟他们进行贸易，但如

① Lukas, p. 11.

果不让他们跟我们进行贸易，他们就根本不可能提高其生活和环保水平。这让人想起越南战争中一句令人不寒而栗的话："为了拯救这个村庄，我们必须烧掉它。"

假定 19 世纪末也盛行这种观念，那么，英国和法国将会注意到，瑞典人的工资只是他们的零头，瑞典人每天工作 12～13 个小时，每周工作 6 天，他们还处于慢性营养不良状态。在纺纱工厂、玻璃作坊和火柴与香烟工厂，童工很普遍：每 20 个工厂工人中有一个在 14 岁以下。假如英国和法国据此拒绝与瑞典进行贸易，对瑞典的谷物、木材和铁矿关上大门，瑞典能由此受益吗？当然不能。这将掠夺瑞典人的收入，阻碍其工业的发展。瑞典人将继续处于无法容忍的生活状态中，孩子们仍将待在工厂，也许一直到今天，他们也只能在农业歉收后吃树皮面包。所幸，历史并非如此。瑞典的贸易一直在连续增长，工业化也持续进行，经济发生了革命性变化。随着经济增长，他们逐渐解决了那些问题，尽管进展很慢，但却一直有进展。工资不断提高，劳动时间不断缩短，孩子们早上终于能够去学校而不再去工厂了。

今天，我们要求发展中国家的采矿业要跟西方现在一样安全，以此作为与其进行贸易的条件，这就等于提出我们自己的采矿业刚发展之初也没有达到的要求。只有在我们的收入提高之后，我们才有能力开发出我们今天所使用的技术，才能够承担得起安全的投资费用。如果我们要求发展中国家现在，也即在他们还掏不起这笔钱之前就做到这一点，那他们的产业就会遭受打击。如果我们因为穷国的劳动条件不够好而禁止其出口，那他们的出口产业就会逐渐崩溃，这些行业中的工人就不得不到本国的其他产业中寻找工作机会，而那里的工资可能更低，劳动条件可能更糟糕。这不是在帮世界上的穷人的忙，而是在保护我们的产业。我们怀疑，这正是富裕国家某些群体提出社会条款的动机所在。

坚持在贸易协定中写入劳工和环保标准的人士所要做的事情，就是不给发展中国家机会，而当初他们自己却曾经得到过这样的机会。真诚地希望帮助发展中国家的人士，其实应当鼓动西方通过让发展中国家分享我们的技术和经验性知识（know-how）来帮助他们解决问题，而不是不与他们进行贸易。然而，有些劳工组织，比如美国劳联－产联（AFL-CIO）却正在竭力阻止向第三世界转移现代技术！不过，已经有一些组织通过解决一些具体问题，帮助发展中国家提高其劳工和环保水平，比如联合国环境署（UNEP）和国际劳工组织（ILO）。

要求我们的贸易伙伴尊重专利和知识产权，又会怎样呢？发展中国家为了能够在 WTO 框架内进行合作，而不得不接受专利和知识产权保护条款。为什么我们规定他们要接受长达 20 年的专利保护期限，就像 WTO 的涉及知识产权的贸易协定（TRIPS）所规定的，尽管我们并没有要求他们维持最低水平的社会条件？人们通常给出一个简单的理由：侵害知识产权会构成一个贸易壁垒。不会有几个国家因为一个国家太穷或其工资太低而不向这个国家投资或出口商品，但如果他们的生产理念可能被盗窃的话，他们就完全有可能不去那里。

专利是重要的，既是对创造发明者获得补偿的权利的确认，也是推进创新和改善研究环境的一种手段。如果没有知识产权保护，穷国的发明者就会将他们的点子出售到外国以求使其得到保护。

这些是合乎情理的论证，但我觉得它们尚没有强大到可以支持下面的看法：即必须把知识产权写入 WTO 规则中，就像目前写入涉及知识产权的贸易协定中那样。理由相同，我们应当允许与任何人进行贸易，不管他们奉行怎样的政策。美国人的商业自由不应因为别的国家实行一项坏政策而受到侵害，其他国家的公民依然生活在一项愚蠢的政策下面，不必由我们政府出面予以惩罚。如果这些国家的政策使他们国家的企业陷入困境，不能激励本国的创新，那对他们来说确实很糟糕，但这并不是我们禁止本国公民自由地与他们贸易的理由。正是贸易能使发展中国家的经济发展达到一定水平，从而最终使他们能够获得保护知识产权所需要的财富和技术，而这种权利对于该国经济的重要意义也将越来越大。我们不必用贸易壁垒作为武器来推动我们希望看到的政策。相反，我们应当让我们的边界开放，同时要求这些国家开始尊重专利和著作权。

童　工

　　那么，真的就没有例外吗？真的就没有某种经济状态非常令人厌恶，以至于我们必须禁止与其进行贸易？在有关全球化的辩论中最常被提及的就是雇佣童工。今天，大约有 2.5 亿年龄在 5 ~ 14 岁之间的童工。没有一件事情比剥夺数以百万计的年轻人的童年时代——在很多时候还会剥夺他们的健康和幸福——更能在他们的思想中造成一种沮丧感的了。但是，美国或欧盟不与存在童工的国家进行贸易，会有助于这些孩子吗？不，只要我们意识到，这些孩子中的大多数是在那些跟贸易毫无关系的行业中就业，就会看到这种想法是很荒唐的。70% 的童工集中在农业领域，只有 5%，也即 1000 万 ~ 1500 万童工被出口产业雇佣，比如制造足球或运动鞋、缝制衣服或编织地毯花边。目前能够得到的资料显示，就业于出口产业的童工的待遇要比其他行业的好一些，这些行业的工作环境也是危险最小的。因而，如果把这些孩子逼到别的行业，只会使境遇变糟。

　　问题仍然是，我们总是根据我们自己的物质生活水平对第三世界做出判断。事实却是，也就在几代人之前，童工在西方也很普遍。所有社会都有童工现象。在工业化之前的法国，禁止父母不送他们的孩子去工作。穷国的孩子不是因为他们的父母很残酷才去工作的，而是因为家里需要他的收入来维持生存。因而，我们不能仅

仅就这样禁止这些国家的童工，我们也不能禁止这些国家向我们出口东西。所以，如果我们真的下了禁令，就将迟滞那些国家物质条件的改善进程，孩子们就被迫转到更恶劣的工作岗位上去，甚至有可能从事犯罪与卖淫。1992 年，有人报道说，沃尔玛进口了孟加拉国童工制造的衣服。美国国会于是威胁禁止从存在童工的国家进口产品。由于这种威胁，成千上万孩子被孟加拉国的纺织厂开除。国际组织随后进行的调查显示，很多孩子转移到了更为危险、工资更低的岗位，一些孩子还成了妓女。① 根据联合国儿童基金会（UNICEF）的统计，对尼泊尔地毯业的抵制，导致 5000 多女孩被迫去卖淫。

瑞典的非政府组织"拯救孩子"（Rädda Barnen）一直试图给有关童工的辩论中带进某种程度的中庸和理性。

> 在大多数情况下，针对童工现象，瑞典"拯救孩子"组织不会提议抵制或制裁之类与贸易有关的措施。经验证明，那些由于这类措施而失去工作的孩子，其处境很可能将会更艰难，其职业对他们的健康可能更有害。

大约有一半孩子从事的是非全日制工作，很多人这样做是为了挣到上学的钱。如果他们由于禁令或抵制童工而失去工作，他们本来就艰难的境况将会更为糟糕。要解决这个问题，我们必须辨析，我们必须应用各种各样的手段予以解决的问题究竟是什么，我们要解决的问题应当是儿童卖淫及强迫孩子成为奴隶；而这些问题只有通过经济发展和生活水平提高才能够解决。瑞典"拯救孩子"组织继续说：

---

① Carol Bellamy, *The State of the World's Children 1997* （New York: UNICEF, 1997）, p. 23, http://www.unicef.org/sowc97.

抽象地断言童工是好是坏，没有什么意义……将所有职业都视为不可接受的，也是将一个复杂的问题简单化了，也使我们难以集中力量反对最为恶劣的剥削形式。[①]

瑞典的童工主要不是通过禁令而是通过经济增长才被消除的。经济发展到一定程度，父母就有能力让他们的孩子接受教育——这样也可以使孩子的收入在未来最大化。除此之外，机械化也使手工劳动无利可图。正是这些发展，最终使得瑞典有能力从法律上禁止残存的童工，而不是相反。同样的药方也可以减少发展中国家今天的童工数量。国际劳工组织注意到，随着亚洲各国的经济增长，10～14岁工人的数量在大幅度下降。在印度，童工的比例从15年前的35%下降到今天的12%。在东南亚，童工有望在2010年完全消失。过去40年间，在最穷的发展中国家，童工占劳动力的比例从32%下降到19%，而在中等收入国家，则从28%下降到7%。[②]

假如每个人都能够接受教育，教育也肯定能够带来回报，接受过教育的人比没有受过教育的人能得到收入较高的工作：只有到了这时，父母才有可能不让他们的孩子去工作，因为这将更加有利可图。但是仅仅普及教育还是不够的，学校也必须具有较好质量。在很多国家，学校质量令人震惊，孩子们得到的教育很差，他们甚至遭到体罚。这在一定程度上是因为，学校是公立机构，教师们几乎不可能被开除。解决的途径在于选择自由，使得家庭能够从教师和国家机构那里取得学校的控制权。也许可以通过教育券制度实现这一点，就像瑞典一样。

人们一直在讨论的一个问题是，在某种具体情势下，临时性的贸易制裁是不是迫使一个异常残暴的独裁者——比如实行种族隔离

---

① Rädda Barnen: "Faktablad om barnarbete," http://www.rb.se，登录于2001年5月1日。

② 关于国际劳动组织的数据，见 Berg and Karlsson, p.64。全世界的数据可见 Goklany, p.8。

或奴隶制、发动战争或大规模屠杀其公民的统治者——下台的可行性办法？但即使在这种情况下，记住下面一点也是重要的：制裁很有可能伤害这个国家的普通民众，如果拖延的时间较长，甚至可能强化统治者的地位。大体来说，贸易趋向于增加统治者维持其集中权力的难度，因为它会带来更多的国际联系，会在国家主权之外形成别的权力中心。如果所有国家都参与制裁一个独裁统治，在某些情况下，也许可以达到一些有益的目的。至于象征性的制裁，比如冻结外交关系或抵制体育赛事，确实有可能对反抗独裁有一些好处，因为这些措施不会像暂停贸易那样伤害普通民众。但重要的是，这类制裁不应与另一类制裁混为一谈：仅仅因为有些国家穷就对其进行制裁。

最好的政策是通过其他途径，在政治论坛上施加压力，而不是废除也许最为有效的解决办法——贸易。我们的政客和各种组织不应当在其他国家侵犯人权、实行新闻审查、迫害异议人士或禁止结社——比如工会——的时候，不对其提出批评，但也永远不要将给予其他国家的普通民众以通过与我们自由地进行贸易而寻求发展的机会，视为是对其政府的善意态度。有些西方政客为了使本国的出口企业能够向一些国家出口产品而奉承这些国家的独裁政权，这实际上是赋予他们的独裁压迫以正当性。如果那些国家的政府是反自由主义的，那就绝不能对他们的压迫保持沉默。诚如小马丁·路德·金所说："一个地方的不公正是对所有地方的不公正的威胁。"

但我们呢？

　　"那么好吧，"一些批评全球化的人回应说，"即使发展中国家很穷，我们也应当与他们进行贸易，这确实对他们有好处；但这对我们却是坏事啊。"因为，如果发展中国家支付低工资，不保护他们的环境，劳动时间长得令人难以忍受，那么，他们的廉价商品不就会挤垮我们的高工资岗位，迫使我们降低我们的标准和工资吗？我们不也得更艰苦地工作更长时间吗？企业和资本难道不会很快跑到工资最低、工作条件最恶劣的地方去吗？很可能出现一场"冲向底线的竞赛"。具有最低社会标准的国家将会胜出，将会垄断投资和出口收入。

　　从理论上说，这似乎是一个很难回答的理由。唯一的问题是，这种论点得不到现实的支撑。过去 20 年间，世界上还没有出现哪个国家工作环境或工资恶化的例子，相反的例子倒多得是。要解释这一点，也很简单。消费者才不管所购买的商品是否出自工资很低的人之手，他们只希望产品尽可能的价廉物美，而不管是谁制造的。发展中国家工资较低的原因是，那里的企业生产率较低，也就是说，每名员工能够生产出来的东西较少。

　　如果由于生产率提高了而上涨工资，那没有问题，消费者也没有理由只购买由最廉价的劳动力生产出来的东西。过去 30 年间，日本的工资从仅及美国的十分之一，上涨到比美国还高，但这并没有使日本工人的竞争力弱于美国，因为他们的生产率以同样的速度在提高。企业主要并不是在寻找廉价劳动力。如果是这样，那整个世界的全部生产活动都会集中到尼日利亚。企业更关心的是从其所投入的资本中获得尽可能大的收益。穷国的工资确实较低，但那是因为，相对来说，那里的劳动力给企业带来的回报较少，那里的工作者技能更低，且只能使用效率较低的机器。随着投资、教育水平和财富在发展中国家逐渐提高，那里的工资也会逐渐走高。这意味着，我们有望看到的是发展中国家的进步，而不是工业化国家的恶化。事实也完全能够证明这一点。1960 年，第三世界工人的工资仅为美国产业工人工资的 10%。今天，已经上升至 30%，尽管美国人的工资水平也提高了。如果竞争真使富裕国家的工资下降，那么，国民收入中工资所占的比例就应当下降，但却并没有出现这样的事。①

民粹主义的美国总统候选人罗斯·佩罗特曾经巧妙地反对美国与墨西哥、加拿大签署的北美自由贸易协定。用他的一篇让人记忆犹新的文章中的话说，假如该协定生效，人民将会听到"巨人嘬奶的声音"，因为美国的工作岗位将会被墨西哥吸干。然而，事实是，自 1995 年该自由贸易协定生效以来，美国的就业岗位增加了1000 万个。美国的劳工享有世界上最高的工资。如果美国企业所追求的只是少给工人工资，那他们就会一股脑跑到非洲国家。然而，80% 的美国投资依然是投向英国、加拿大、荷兰、德国这样的高工资国家，所有这些国家跟美国奉行同样的，甚至更高的社会标准和管制标准。因此，企业所追求的是社会和政治的稳定、法治、稳固的产权、自由市场、良好的基础设施，和具有技能的劳动力。假如所有国家都在提供这些东西方面展开竞争，那么，就会出现冲向顶峰的竞赛，而不是冲向底线的竞赛。

① Gary Burtless, Robert Z. Lawrence, Robert E. Litan, and Robert Shapiro, *Globaphobia: Confronting Fears about Open Trade* (Washington: Brookings Institution, 1998), chap. 4.

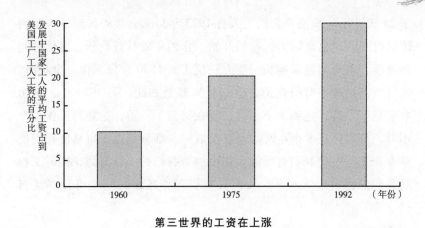

第三世界的工资在上涨

资料来源：Gary Burtless, Robert Lawrence, and Robert Shapiro, *Globaphobia*: *Confronting Fears about Open Trade* (Washington：Brookings Institution, 1998).

　　人们普遍以为，生活在美国和西欧的我们，只有更为辛勤地工作，工作更长时间，才能应付来自第三世界的竞争，应付来自日益高效的机器的竞争。有些人确实工作很努力，超出了健康允许的范围，人们普遍有一种感觉，工作要求越来越高，节奏越来越快，但这并不是由第三世界的竞争带来的。从历史上看，穷人的工作时间确实总是长于富人。但劳工统计局的研究人员则发现，现在，美国高收入群体的平均工作时间其实要比低收入群体的长几个小时。[①]

　　随着财富不断增加，我们所有人工作的时间在缩短，原因很简单，经济增长能够使我们工作较少时间就可获得同样的收入，假如我们只想得到同样的收入。与我们父母那一代人相比，今天大多数人上班晚了，而下班早了，有更多的时间用在吃午饭和喝咖啡上，有更长的假期，也有更多公共假日。在美国，现在的工作时间只有100 年前的一半，现在比 1973 年缩短了 10%，等于每一年少工作

---

① Philip L. Rones, Jennifer Gardner, and Randy E. Ilg, "Trends in Hours of Work since the Mid-1970s," *Monthly Labor Review* (April 1997)：3 – 14.

了 23 天。平均来说，美国工人自 1973 年以来，额外得到了 5 年的休闲时间。这也是因为，我们开始工作的年龄日益后延，退休时间则提前，寿命却越来越长。西方一位工人 1870 年每工作一个小时，就可以满足两小时的花销，整个一生都是如此。到 1950 年，这个数字翻了一番，达到 4 个小时，现在又翻了一番，达到每工作 1 个小时，可以休息 8 个小时。经济发展——部分是由于贸易使我们能够专业化——使我们有可能大幅度缩短我们的工作时间，同时又提高我们的物质生活水平。我们只需要工作较短时间就可以养活自己。

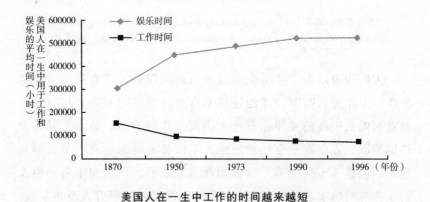

美国人在一生中工作的时间越来越短

资料来源：Michael W. Cox and Richard Alm, *Myths of Rich and Poor: Why We're Better Off Than We Think* (New York: Basic Books, 1999), chap 3.

尽管如此，生活在富裕西方的我们还是会很自然地大谈生活压力。这在一定程度上是因为一些积极的因素带来的，因为我们所面临的选择范围在迅速扩大。在工业化之前，人们一辈子待在一个地方，也许一生中只能碰到 100 个人，他们不大可能觉得，他们没有时间干他们想干的事情。工作之余的大量时间是在睡觉。今天，我们可以满世界旅游，读报纸，观赏来自世界各地的电影，每天都会碰上 100 个人。我们过去是到信箱旁等待邮差，现在，信件就在我们的收件箱中等着我们。我们有庞大的娱乐产业，向我们供应无以计数的娱乐，只要我们烦了，总有乐子可找。不用说，这会带来某种挫折感，我们总觉得时间不够。与其他时代的人们相比，与发展中国家的大多数人相比，这种烦恼只能说是一种奢侈。

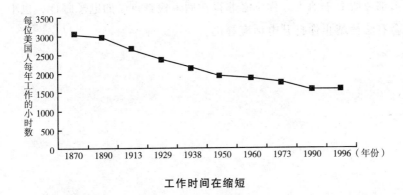

工作时间在缩短

资料来源：Michael W. Cox and Richard Alm, *Myths of Rich and Poor: Why We're Better Off Than We Think* (New York: Basic Books, 1999), chap. 3.

工作压力和疲劳确实是个问题，但从很多方面看，这些问题其实是用新词汇描述老现象。越来越多的人觉得疲劳，同样，也有越来越多的人被诊断患有颈肩疾病和心理问题。对这个问题，也需要站在历史的角度考察。每个时代、每个地方都趋向于觉得，它自己的具体问题是最糟糕的。通常，这是由于人们的无知，或者因为人们有一种将过去浪漫化的倾向。一个人对自己的工作如此热情以至于拼命做事，可能是一个问题，但是，那么多人对他们的工作烦得要死，就不是一个同样麻烦的问题吗？我们绝不要忘了，真正棘手的问题依然是，还有那么多人的工作，既不能给他们提供挑战机会，也不能让他们有所发展。

在讨论疲劳和资本主义时，关键的一点涉及一个人改变自己境遇的可能性，及什么样的体制能给一个人提供最好的这类机会。那些工作过于努力的雇员，或要求太多，或对希望从工人那里得到什么比较茫然的雇主，确实存在问题。但是，资本主义能够使人们自己决定，什么东西对他们最重要。在当他们觉得自己工作太辛苦之

时，他们可以选择去做较容易的事情；他们可以通过工会之类的渠道对雇主施加压力要求其改善工作条件，而雇主也可以对工作的状况进行评估。每个人都可以选择做别的事，从而使自己不会觉得永远都要听命于他人。你不必非得在周末检查自己的电子邮件，也不会有法律禁止你打开电话应答机。

大的是美的

在反全球化分子眼里，跨国公司正在引导这一场冲向底线的竞赛。跨国公司转移到发展中国家，利用那里的穷人和松弛的规章毫不费力地挣钱，并迫使别国政府采用那些缺乏约束力的政策。根据这种观点，关税和外商投资壁垒变成某种形式的国家防御力量，可以保护人民不受无情的企业权力之压迫，这种权力试图牺牲人民来为自己牟取暴利。反对关税和投资壁垒这样的政策而鼓吹别的政策的人，就是试图建立一个由巨大的跨国公司统治整个世界的帝国，而不管人民想什么或要什么。这个世界上 100 个最大经济体中，有51 个是大公司，这一事实总是被人当做不祥之兆说来说去。然而，问题并不在于大公司在发展，而在于，更多的国家没有发展。大企业可以实现规模经济；大企业根本不应当是麻烦，只要将他们始终置于竞争环境中，一旦他们生产的产品劣于其他企业或价格昂贵，他们就会被淘汰。我们所要担心的不是规模而是垄断。

经常有人说，自由贸易给了企业更多权力。然而，在一个自由社会中，企业并不拥有强制性权力。国家的权力是以强制权为基础的，国家可以诉诸警察力量。大公司所能享有的使人们为其工作或为他们的产品掏钱的唯一"权力"，只能以向人们提供他们所需要的东西为基础——即向人们提供工作岗位或产品。即使你不得不接受某个人提供的工作岗位以求维持生存，也没有任何

雇主可以强制你，或使你的境遇变糟。相反，雇主让你有了一个更好的境遇。大公司也可能会造成一些伤害，比如迁出某个小社区，但这只是因为，他们以前提供了一些好处，现在却又取消。但是，假如这些大企业知道，不管他们是否有利可图，他们也必须维持经营活动，企业当初就不可能在这个地方设立办公室或开办工厂。

全球化时代所发生的事情并不是大公司通过自由贸易获得了更多权力。以前，在独裁统治和受到控制的经济体中，他们更有权力——目前仍然有相当大权力。实力强大的大公司总是有能力与统治者串通，贿赂政府机构，在午宴和晚宴上与政府官员亲密交谈。他们只要给政治领导人打上一个电话，就能够获得垄断授权、关税和补贴，从而得到保护。自由贸易则使这些大公司面临竞争。最重要的是，消费者已经更为自由了，现在他们可以无情地在世界范围内挑挑拣拣，做出选择，而拒绝那些不合乎自己胃口的企业。

历史上确实有一些可怕的先例，若干公司事实上统治着一个社会，但这是由于这些地方不存在竞争。生活在与世隔绝的小村庄或一个封闭国家中的人们，被迫以这些公司报出的价格购买他们所需要的东西，因此，一小撮人以消费者为代价而发财致富。有人有时会指控资本主义创造了垄断和托拉斯，这些巨大的联合企业不是因为其最好，而是因为其最大，因为其抑制竞争而兴旺发达。然而，这不是资本主义的错。恰恰相反，假如这个占据垄断地位的企业胡作非为，惟有自由贸易和竞争能够确保其竞争对手渗入这个市场。第一批垄断者不是出现在 19 世纪的英国，当时它所奉行的几乎就是自由放任政策，而是出现在美国和德国，他们的工业化开始得较晚，就用关税来保护他们的市场。由于欧盟对糖征收很高的进口关税，因此，欧洲国家今天仍然维持着糖业的垄断，其结果是，欧盟的糖价是世界其他地方的两三倍。

资本家很少是资本主义坚定的支持者：他们经常最热衷于用法

律来保护垄断和排他性特权。实行市场经济和自由贸易是摆脱这些垄断、特权、迫使资本家提供尽可能好的商品和服务的一条途径，这样，我们掏的钱才会物有所值。自由贸易给了企业向更多消费者供应其所欲求之商品和服务的自由，而不是授予其对任何人行使强制权力的特权。自由市场中的企业自由，类似于餐馆侍者向顾客递菜单的自由。它意味着其他餐馆的侍者——甚至是外国的——也可以进来递上另一份菜单。这一过程中的失败者——如果有失败者的话，必然是那曾经占据垄断地位的侍者。

很多批评市场的人所要求的东西——企业别那么追求利润、市场少一点自由、调整别那么剧烈等等——可以在共产主义垮台后的俄罗斯看到。在那里，国有企业实际上消失了，代之而起的是通过公开拍卖实行私有化。在很多情况下，这一过程带来的结果是管理层和雇员接管了企业，但却无人负责，也没有为该企业筹措资金，并通过实现生产现代化使企业在未来能够赢利。因为这需要进行重大的结构性调整，也会损失大量就业岗位，而这不利于在那里工作的每个人，因而，私有部门的现代化改造就完全停滞了，经济增长也没有加速。相反，很多所有者只管自己抢占公司的资源。很多这类企业被那些在政界有关系的人给弄走了。他们更关心的是扩大自己的势力范围，掠夺企业，而不是发展这些企业，获得长期利润，因为，人们只有将自己的钱投入一个项目才会对长期利润有兴趣。而且，在俄罗斯，外人很难与这些企业竞争，因为在俄罗斯办企业得交纳很高关税，要办理牌照，接受专断的管制，而法律保障乏力，腐败到处泛滥。在1992年出台最初的自由化措施后，俄罗斯的改革进程走向了反方向。悖谬的是，俄罗斯企业整体上缺乏自由恰恰导致一部分大企业在政治的保护下拥有巨大的自由。①

没有什么东西能够强迫人们接受新产品。假如它们获得了市场份额，那只是因为，人们需要它们。即使是最大的企业也要靠消费

---

① Illarionov 2000.

者的喜好才能维持生存，假如他们不再考虑消费者的喜好，明天就得关门。像可口可乐这样的大公司，也不得不针对不同地区的口味，调整其饮料的配方。麦当劳在印度出售羊肉汉堡，在日本出售红烧鱼汉堡，在挪威出售大马哈鱼汉堡。电视巨头默多克创造一个泛亚洲电视频道的努力失败了，不得不创建多个频道以适应各地观众的不同趣味。

置身自由竞争中的企业只有做得比别人好，才能够成长壮大，提高其销量；只有保持较高的生产率，才能活跃于国际市场。那些不能迅速做到这一点的企业会走向衰败，或者被其他能够更好地利用其资本、厂房、机器和雇员的企业取代。资本主义是非常无情的，如果企业供应的商品和服务样式陈旧、质量低劣或价格昂贵的话。有人担心原有企业会越来越庞大，最终会变得不受市场控制，这样的担心完全没有现实依据。世界上资本主义色彩最浓厚的一个国家——美国——的经验，恰恰与此相反。自 20 世纪 30 年代以来批评市场的人士就对大企业占据支配地位的危险发出警告，然而 25 家最大公司的市场份额却在逐渐变小。

批评全球化的人追问，为什么有些公司变得比民族国家还大？这个问题又得到有关全球化的辩论中流传最广的数据的支撑：在全世界 100 个最大经济体中，有 51 个是商业性大公司。一旦我们认识到，100 大中有 51 个大公司这个惊人数据是不正确的，这个反对理由也就失去了其说服力。该数据是依据公司销售额和民族国家 GDP 计算出来的，然而，这两者根本就不可比。GDP 只是衡量一个国家的经济增加值，而销售额则包括产品的完整价值，不管其产自哪里。一家企业出售了一栋房屋，但并不是它从头到尾创造出这个东西。要得到这个最终产品，它将大量服务外包出去，又购进各种各样的零部件和材料。在估价这家企业的销售额时不减去这些购货和开销，必然会过高估计它们的规模。相反，计算一下该企业在商品上附加的价值，可能也就只有销售额的 25% ~ 35%。这样也就立刻可以看到，世界上 100 个最大经济体中，只有 37 个是商业性大公司，而且它们几乎都位于名单的后面：在 50 个最大经济体中，只有两个是公司。假如我们看到，像瑞典这样的小国，也是世界上最大的企业沃尔玛的两倍，公司总的说来比国家还大的印象就会改变；而法国是沃尔玛的 15 倍，而美国则是它的 100 多倍。事实上，全体工业化国家的 GDP 要大于所有公司的增加值。世界上 50 家最大公司的增加值仅相当于世界上 50 个最大国家 GDP 的 4.5%。[①]

过去 20 年间，总的说来，公司的绝对规模确实扩大了，但是，世界经济也一样，事实上，后者还稍微快一些。因而，这些数据无论如何也不能表明，公司比政府发展得快，也比政府更有实力。事实上，与北美和东亚各国相比，大公司其实变小了，而正是这些地区开放了其市场，允许企业展开竞争。这样一来，它们就发展得比大公司本身更快。然而，那些一直封闭其市场、不接受外部投资的国家，比如，大多数非洲国家，相对于公司来说则萎缩了。因而，贸易和投资不会使大公司变得越来越大，比政府还有实力，相反，缺乏贸易与投资反而会导致那样的结果。

更自由、更高效的金融市场能使资本扩散到具有全新主意的新兴企业家那里，从而能使小企业更加有效地与大公司展开竞争。信息技术已经使得这种竞争更为轻松。1980 ~ 1993 年间，美国 500 家最大企业占本国总工作岗位的比例已经从 16% 下降到 11.3%。即使我们用批评全球化的人士引用的那个成问题的指标——公司销售额与 GDP 总额的比例，也可以驳斥那个神话，因为，这个比例从 59.3% 急剧地下降到 36.1%——在短短 13 年时间中，下降了几乎一半。同期，美国企业平均雇佣的员工从 16.5 人下降到 14.8 人，在超过 250 名员工的企业中工作的人口比例则从 37% 下降到 29%。[②]

---

① Paul De Grauwe and Filip Camerman, "How Big Are the Multinational Companies?" *Mimeo* (January 2002), http://www.degrauwe.org/publicatie.php? pub = globalisering/multinationals.htm.

② James Rolph Edwards, "The Myth of Corporate Power," *Liberty* (January 2001).

因而，用大多数标准来衡量，在自由市场中，许多大公司的支配地位是在减弱，自由市场有利于数量广泛得多的更灵活的中小企业。今天，全世界进行国际化运营的企业中，有一半的员工人数在250位以下。很多大企业都被其竞争对手打垮了。1980年美国最大的500家企业中，到1990年，有1/3已不在该名单中，5年后，又有40%出局。在资本密集行业，比如制药业、汽车制造业和航天业，规模确实具有较大作用，因为开发新产品的成本较高。而这些行业中企业的大合并，所显示出来的，并不是它们对消费者的权力，而是，如果它们不合并，就会失去生存的能力。最大的品牌确实总在我们眼前晃来晃去，但是我们忘了，总是会有新品牌加入，而老对手则会退出。多少人还记得，也就在几年前，诺基亚只是芬兰的一家制造汽车轮胎和行李箱的小企业？

大公司的支配力在削弱

资料来源：Sebastian Edwards，"Openness, Productivity and Growth"．*NBER Working Paper 5978*（Cambridge, Mass.：National Bureau of Econ omic Research, 1997）．

在外国开办的企业如果没有人愿意与它们做生意，它们就不会有市场，而如果它们不能提供较好的条件，也就雇佣不到工作人员。如果一家公司比别的公司更有效率，它就能生产出更廉价的商品。其结果是，由于它的工人对它的价值较大，因而，公司就能够给他们开出更高工资，并提供比别的企业更好的工作条件。假如我们比较一下美国设立在发展中国家的工厂和办事处中的雇员与当地人的工作条件，就会非常清楚地看到这一点。批评者们很正确地注意到，发展中国家的雇员的工作条件比我们富裕世界的差很多，但这种比较是不公正的，因为，发达国家的劳动者的生产率也高得多。要确定外国企业到发展中国家究竟是不是一件好事情，有意义的比较应该是，这些企业的雇员与同一个国家的其他雇员相比福利究竟如何。在最穷的发展中国家，美国人开办的公司的雇员的平均工资是所在国平均工资的 8 倍！在中等收入国家，美国公司雇员的工资是该国工资的 3 倍。即使与同一国家相应的现代化部门的职位相比，跨国公司的工资也高出 30%。在最不发达的国家，外资企业支付其雇员的工资平均是该国相应企业的两倍。马克思主义者坚持认为，跨国公司剥削穷苦的劳动者。然而，假如"剥削"是指挣到高出几倍的工资，那么，它怎么能算坏事呢？

在工作条件方面，同样可以看到这样的差别。国际劳工组织（ILO）的调查已经证明，跨国公司，尤其是在鞋类与服装行业中的跨国公司，领导着改善工作场所和工资条件的潮流。由于第三世界的供货商的工作条件标准较低，耐克长期以来遭到反全球化分子的攻击。然而，事实是，耐克是给员工提供了最好条件的公司之一。这并不是出于慷慨，而是着眼于利润。这些公司付得起这么高的工资，因为它们的生产率较高，它们也更积极地回应公众舆论。因而，耐克一直要求其供货商提高标准，国内企业也就不得不调整适应。周立泰是中国最著名的劳工律师之一，他曾指出，正是西方的消费者构成了工作条件改进的首要驱动力量，因为，他们使耐克、锐步等企业提高了标准。"如果耐克与锐步走了，"周指出，"这种压力就会消失。这是显而易见的。"[1]

正是跨国公司使其员工习惯了较高的工资、没有危险机器的更

---

[1] Lukas, p. 6.

干净的工厂，从而也就从整体上提高了劳动条件标准。这样，本国企业也不得不提供较好的条件，否则，就没有人愿意为他们工作。这一趋势很容易用第三世界国家的工资表示出来。我们已经看到，在过去 40 年间，这些国家的平均工资已经从相当于美国人工资的10% 提高到了 30%。

耐克已经监督它的转包商（subcontractors），让其工厂也接受公正的检查。全球员工与社区联盟（the Global Alliance for Workers and Communities）对匿名员工的系统访谈已经证明，尽管仍有抱怨，但最重要的是，员工首先很高兴得到这份工作，他们觉得这是不错的工作。在印尼的工厂，70% 的员工为了得到这份工作而不惜长途跋涉；3/4 的人对其与上级的关系比较满意，并觉得，他们可以自由地提出想法和建议。这个比例大约等于瑞典全国性政府的雇员中觉得可以自由地与其雇主交流观点、其观点也会得到认真考虑的比例，当然，这两种情况其实是不可比的。在越南的工厂中，85% 的人希望至少再干上三年，同样数量的人觉得，他们的工作条件和机器是安全的。在泰国工厂中，只有 3% 的人觉得跟他们的上级相处较差，而 72% 的人认为他们的收入不错。公司为员工提供免费药品、医疗、衣服、食品和交通，尤其得到很好评价。在参与有关全球化辩论的西方人中，只有很少几位实地考察过耐克在亚洲的转包商的工作条件，其中一位是美国密歇根大学的琳达·林（Linda Lim）。她发现，在越南，年均最低工资是 134 美元，而耐克的工人可以挣到 670 美元；在印尼，最低工资是 241 美元，在耐克的供货厂商中工作的工资则是 720 美元。① 记住下面一点仍然是

① 这次调查可登录 http：//www. theglobalalliance. org. 关于 Lim，参见 Liza Featherstone and Doug Henwood，"Clothes Encounters：Activists and Economists Clash over Sweatshops," *Lingua Franca 11*, no. 2（March 2001）. 关于瑞典政府雇员的调查数据，可参见 Gunnar Aronsson and Klas Gustafsson，"Kritik eller tystnad：en studie av arbetsmarknads-och anstä llningsförhaållandens betydelse för arbetsmiljökritik," *Arbetsmarknad and Arbetsliv 5*, no. 3（1999）：189 – 206.

至关重要的：这里的条件不应与富裕国家相比，而应与这些国家的其他人相比。假如耐克由于遭到西方世界的抵制和制裁而撤走，供货商将不得不关门，那些员工就不得不失业，或者转到本国的工业或农业领域，从事更为危险的工作，而工资更低，且不怎么有保障。

很多发展中国家都设立了所谓的经济"自由区"，或者是出口加工区，主要吸引出口产业。在这里，允许以特别优惠的税收条件和贸易管制措施开办企业。反全球化分子将这些自由区形容为驱使奴隶和不人道的工作条件大行其道的天堂。在有些地方，确实有虐待和丑闻，必须采取坚决的行动禁止这类事情；而大多数虐待行为和丑闻发生在贫穷的独裁统治国家，因而，不是自由"走得太远了"，而是它还没有落地生根。加拿大反资本主义的活跃人物诺米·克莱恩（Naomi Klein）在其著作《拒绝品牌》（*No Logo*）——这本书很快就风靡于反全球化圈子中——中声称，西方公司在这些特区制造了可怕的工作条件。然而，她却没有给出任何证据。她只是听了一些有关菲律宾一个出口加工区工作条件恶劣的传言而已，她承认，之所以到那里，只是因为那里是最糟糕的特区之一。经合组织设法得到了关于这些特区的更完整的景象，它发现，这些特区为穷人创造了大量工作机会，那里的工资也比国内别的地方高。大多数特区实施着与本国别的地区相同的劳工法规，而且，越来越多的自由区也注意到了，廉价劳动力并不是成功竞争的全部优势所在，他们也正在鼓励企业投资于对其员工进行教育。在同一研究课题中，经合组织指出，在雇员的基本权利（禁止奴役和虐待，谈判的自由和组建工会的自由）与更多投资和更高经济增长率之间，存在着正相关。①

---

① Organization for Economic Cooperation and Development，*International Trade and Core Labor Standards*（Paris：Organization for Economic Cooperation and Development，2000）。

跨国公司借助其规模优势，也有能力为研究和长期项目提供资金。根据经合组织的统计，那些大公司将它们从所运营的国家获得的 90% 利润用于再投资。如果它们在几个国家同时开展业务，则会充当传播经验、高效的组织结构和新技术的桥梁。抱怨跨国公司，即是抱怨更高的工资、更低的价格和更大的繁荣。正是这些大企业，引领着向着顶峰冲刺的国际竞赛。跨国公司不仅仅在发展中国家提供了较好的条件，在美国的外国企业支付给其员工的工资，也比美国本土企业高 6%，这些企业雇佣人数的增长速度是美国本土企业的两倍。外国企业占了美国研发投资的 12%，在英国，更是不下 40%。[①]

当然，这并不是说所有企业都表现得很好，这就跟一般社会一样；企业家中也有流氓，就跟警察中有流氓一样。我们确实可以找到不少例证证明，有的企业对他们的员工、对民众或对环境很恶劣。尤其是在原材料产业中，存在一种奉承营业所在国之国家政权的倾向，而不管该政权是否独裁或是否有压迫性。因为，这些企业要是不这样的话，就无法在此经营下去。但一些企业的恶劣行径并不是禁止大公司或阻止它们投资的理由，这就好像我们不应因为发现了警察滥用权力的现象就解散警察队伍，或者因为有些移民是犯罪分子就驱逐全部移民一样。相反，恶劣行径可以是起诉那些行为恶劣的企业的理由，只要它们确实违反了法律；我们也可以批评和抵制它们。

最大的问题可能是，国家允许甚至诱使企业采取不负责任的行为。在公共部门和私人部门之间应当有一道严格的界限。政府必须建立稳定的管制规章，公司则必须在这些规章的范围内尽全

---

① "Foreign Friends," *The Economist*, January 8, 2000. Organization for Economic Cooperation and Development, "Survey of OECD Work on International Investment," Working Paper on International Investment (Paris: Organization for Economic Cooperation and Development, 1998), http://www.oecd.org/pdf/M000013000/M00013315.pdf.

力进行生产和贸易。假如企业在遵守恶劣的管制规章时做坏事，那么，解决的办法就应当是改革这些规章，并批评这些企业，而不是阻止它们开展业务。解决之道在于使政府民主化，制定公平的法律，从而确保一方的自由不会终结于另一方的自由开始之处。

跨国公司存在于政府进行压迫的国家，在大多数情况下，有助于追求民主，因为这些公司对来自西方消费者的压力比较敏感，因为他们对销售额有直接影响。比起直接对尼日利亚政府施加压力来，抵制壳牌公司，可能更容易影响到尼日利亚的政治。诺米·克莱恩的著作《拒绝品牌》的副标题就包含有这样的意思：把目标对准品牌恶霸（Taking Aim at the Brand Bullies）。克莱恩指出，大公司一直试图通过长达几十年的广告与慈善活动，为其商标塑造出特殊的正面形象。然而，它们这样做也很容易使自己遭到伤害。商标是它们最大的资产，因而，它们对公众的负面反应非常敏感。要建立一个品牌，需要公司花费几十年时间，但只要活跃分子们花上几周时间，就可以摧毁它。但克莱恩其实应当将这看成是对资本主义的一个正面论证，因为这些企业巨人如果在任何方面有不良行径，人们都可以对它们施加压力。街头的流动贩子可能欺骗你，因为你以后再也见不到他，但是那些著名品牌，则关系到大公司的生死存亡，因而其行为必须体面一些。它们必须证明自己的产品优良而安全，必须证明它们对员工、顾客和环境都很好，只有这样，才不至于失去其良好形象。负面的关注则会带来巨大损失。①

《经济学人》杂志也注意到，公司的道德通常要好于大多数政

---

① Naomi Klein, *No Logo：Taking Aim at the Brand Bullies*（New York：Picador USA，2000）. Klein 极度反感企业利用人们从属于某一群体，在一个群体中共享认同的需要。但假如这确实是一种基本需要，那么，资本主义其实是一件好事情，因为，应当让人们从多种选项中选择一种认同，而不是只继承本文化的认同。我宁愿看到人们争论是一台苹果计算机好还是 PC 机好，而不愿看到人们争论是白肤色好还是黑肤色好。因为拥有阿迪达斯运动鞋而具有优越感，确实很无聊，但总要好于因为是异性恋者而自豪。

府。在有些国家，在当地语言还没有出现诸如环境问题、性骚扰这样的词汇时，大多数公司都已经制定了处理这类问题的详尽指南。大多数公司都觉得，对于公众怀疑涉及腐败丑闻的董事长，就像德国前总理科尔那样的事，必须予以解雇，或者被怀疑有性骚扰或可能存在金融交易问题的董事长，就像美国前总统克林顿那样的事，也必须予以开除。然而，这两位西方最民主、最稳定的国家元首却安然无恙。①

> 外资企业能够传播知识和新观念，从而使一个国家的经济发生革命性变化，孟加拉服装业就是一个很好的例证。20 世纪 70 年代，当地企业家努鲁尔·库阿德（Noorul Quader）与韩国大宇公司建立了合作关系。大宇向库阿德出售缝纫机，并培训他的员工。他的企业在孟加拉开业后，大宇在一年多时间内协助他进行营销活动，并就新生产方法提出建议，结果，其利润率达到 8%。1980 年，130 名具有技能的工人和两名来自韩国的工程师开始在孟加拉投入生产，政府也给予服装出口业以自由贸易待遇，而当时整个经济还实行贸易保护主义。这家工厂每年的产量都几乎翻一番，到 1987 年，该公司已经销售了 230 万件运动衫，价值 530 万美元。到那时，最初的 130 名员工中，已经有 114 人开办了自己的服装企业。原来没有一家服装出口企业的孟加拉，突然之间有了 700 家服装出口企业。

---

① "The World's View of Multinationals," *The Economist*, January 27, 2000. 即使像 Björn Elmbrant 这样的批评家也主张，整个世界的企业并没有变坏，"而是持续的剥削与负责任的企业家精神越来越多地混合在一起"。Björn Elmbrant, *Hyperkapitalismen*（Stockholm：Atlas 2000），p. 79.

现在，这个数量又增加了三倍，从而使服装制造业成为孟加拉最大的产业，占到该国出口额的 60%。这些工厂雇佣了 120 万人，其中 90% 都是妇女，她们从贫困的农村走出来寻找更安全、收入更好的工作。别的工业部门另外又雇佣了 500 万人。尽管工作条件是恶劣的，但新工作总是意味着新的选择机会和较高的工资，即使在传统行业中，工资也上涨了，因为它们不得不以此吸引工人。①

---

① Clive Crook, "Third World Economic Development," in *The Fortune Encyclopedia of Economics*, edited by David Henderson (New York: Warner Books, 1993).

"黄金和绿色森林"*

　　尽管事实正在证明，跨国公司和自由贸易对第三世界的发展和人权是有好处的，但有人会提出另一个反对理由：全球化会损害环境。这些人是这样论证的：西方世界的工厂搬到没有环境立法的穷国，在那里，它们可以污染环境而不受任何惩罚。为了维持其企业的生存，西方也就不得不采取同样措施，降低其环境标准。这是一个让人沮丧的命题，其意思就是，只要人们拥有合适的机会、资源和技术，他们就会用其破坏大自然。然而，在发展与环境之间果真存在冲突吗？

　　有人认为，两者间存在冲突。这种认识是有问题的，跟冲向底线的想法所显示的问题是相同的。它们根本不符合现实。工业并没有逃往环境标准恶劣的国家，也不存在降低全球环境保护水平的压力。相反，大量美国和欧洲投资涌入了与其本国环境管制水平相当的国家。不断有人谈论，自《北美自由贸易协定》签署后，美国工厂纷纷迁往墨西哥。然而，人们不怎么知道的是，自实行自由贸易后，墨西哥已经强化了其环保管制，而在此之前漫长的历史上，这个国家对环境问题向来就没有兴趣。这种强化是一个全球性趋

---

　　* "黄金和绿色森林"是斯堪的纳维亚的一个比喻，它是指你承诺，你可以制造一个人所需要的任何东西，即使你实际上不可能造出来。——作者自注

势。在整个世界，经济的进步和增长与日益有效的环境保护是同步的。四位学者曾研究过这种关系，他们发现，"在我们的（环境）指标与经济发展水平之间，存在着非常强的正相关性"。一个很穷的国家，会将全副心思都用在摆脱贫困上，根本无暇考虑环境问题。国家会在其有承担能力的时候才会开始保护自己的自然环境。他们变富后，就会开始管制排放；当他们获得更多财富后，他们也会开始管制其空气质量。[1]

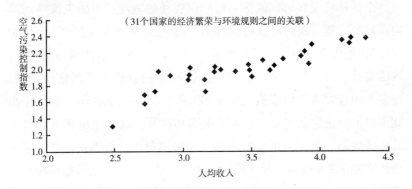

经济繁荣带来更多环境规则

资料来源：Sumita Dasgpta, Ashoka Mody, Subhendu Roy, and David Wheeler, "Enviromental Regulation and Development: A Cross-Country Empirical Analysis", *World Bank Working Paper* (Washington, D.C.: World Bank, March 1995).

　　多种因素会导致环境保护水平随着国家财富的增加、经济的发展而提高。那些不知道自己能从哪儿搞到下一顿饭的人，不大可能把环境质量作为自己优先考虑的问题。减轻痛苦、摆脱饥饿的愿望显然优先于保护环境的愿望。我们的生活水平提高后，我们才会开始对环境重视起来，并能得到资源改善它。西欧以前就是这样，现

① Susmita Dasgupta, Ashoka Mody, Subhendu Roy, and David Wheeler, "Environmental Regulation and Development: A Cross-Country Empirical Analysis," *World Bank Policy Research Working Paper* 1448 (Washington: World Bank, 1995).

在的发展中国家同样如此。不过,这样的进步也需要人民生活在民主制度下,只有这样,他们才有能力,并被允许表达意见;否则,他们的意见就不会产生影响。在独裁统治下,环境遭到的破坏最严重。但是,富裕社会之所以能够较为容易地保护环境,既有赖于人们的责任感,也是由于其经济比较繁荣这个事实。富裕国家有钱处理环境问题;它们也可以开发那些有利于环境的技术——比如废水和废气排放控制装置,并开始矫正以前的错误。

全球环境发展与其说像一场冲向底线的竞赛,不如说像一场冲向顶峰的比赛,我们可以将其称为"加利福尼亚效应"。加州于20世纪70年代第一个颁布了《清洁空气法案》,此后该法越来越严厉。该法实行严厉的尾气排放管制,对汽车制造商提出了严格的要求。很多人预言大难即将临头,企业和工厂将会迁到别的州,加州很快就不得不废止它的规章。然而,事实却相反:其他州也逐渐收紧了其环境规则。由于汽车公司需要富裕的加州市场,因而,全美制造商都被迫开发新技术,减少排放。这样一来,他们也能够很轻松地满足其他州的苛刻要求,其他州又会再次提高他们的要求。反全球化人士经常声称,利润动机和自由贸易加在一起,会使企业诱惑政客卷入一场冲向底线的竞赛。加利福尼亚效应却指出了相反的现实:自由贸易使得政客可以推动那些追逐利润的大公司开展一场冲向顶峰的竞赛。

之所以发生这样的现象,乃是因为,遵守环境规则的成本在大多数公司的开支中只占很小比重。企业最为看重的是一个良好的经营环境——自由主义的经济和有技能的劳动力,而不是某种恶劣的自然环境。这个研究领域的一篇综述文章指出,没有事实表明,国家的环保规则会导致其出口萎缩,或减少在实施这种规则的国家投资设立公司的数量。① 这一发现既驳斥了公司提出的反

① Adam B. Jaffe, Steven R. Peterson, Paul R. Portney, and Robert Stavins, "Environmental Regulation and the Competitiveness of U. S. Manufacturing: What Does the Evidence Tell Us?" *Journal of Economic Literature* 33, no. 1 (March 1995): 132 – 163.

对环境管制的论点，也驳斥了环保主义者提出的，为了环保必须限制全球化。

加利福尼亚效应中所显示的冲向顶峰的竞赛，已经在全球范围内初露端倪。因为全球化使各个国家可以更迅速地吸收新技术，而这些新技术通常对环境有利得多。有研究者调查了 50 个国家的钢铁制造业后得出结论：经济更为开放的国家通常也在引进清洁技术方面处于领先地位。生产同样数量的钢铁，这些国家的排放比封闭国家低 20%。这一过程正是由跨国公司驱动的，因为运用相同技术进行标准统一的生产，可以让他们得到很大好处。由于他们可以更迅速地进行调整，因而他们也拥有更先进的机器设备。在环保规章强化之后，他们更愿意立刻采用最有利于环境的新技术，而不是花费巨大代价对原有设备修修补补。

巴西、墨西哥和中国——这是接受外资最多的三个国家——都遵循着同样的模式：它们得到的投资越多，它们越能对空气污染实行更严格的控制。在全球化时期，最严重的空气污染在其城市中已经在减少。西方公司在发展中国家成立企业后，它们的生产通常比当地企业的生产更有利于环境，它们也更乐意遵守环境规章；最起码因为，它们需要保护自己的品牌形象和声誉。只有 30% 的印尼公司遵守了本国的环境规章，但 80% 以上的跨国公司都做到了这一点。每 10 家外国公司中就有一家遵循着显然比该规章还先进的标准。假如经济更为开放，具体来说，假如全世界的政府都能逐渐取消对有利于环境的技术所征收的让人难以理解的关税，则上述发展态势将会更为显著。[1]

---

[1] 关于投资与环境，参看 David Wheeler, "Racing to the Bottom? Foreign Investment and Air Pollution in Developing Countries," *World Bank Policy Research Working Paper* 2524 (Washington: World Bank, 2000), http://econ.worldbank.org/view.php?type=5andid=1340。关于钢铁生产，参看 D. Wheeler, M. Huq, and P. Martin, "Process Change, Economic Policy and Industrial Pollution: Cross Country Evidence from the Wood Pulp and Steel Industries" (paper presented at the annual meeting of the American Economic Association, Anaheim, Calif., 1993)。

有时人们会听到下面的说法：基于环境理由，绝不能允许南方的穷国发展得跟北方国家一样富裕。比如，在由美国全国科学院出版的一本讨论《对环境有重要意义的消费》的论文集中，我们看到，人类学家里查德·威尔克（Richard Wilk）很焦急地说：

> 假如每个人都渴望过上西方的高消费生活方式，那么，消费、能源消耗、浪费和排放的无情增长将会带来巨大灾难。[①]

然而各种研究证明，这是一种严重的误解。相反，正是在发展中国家，我们看到了最严重、危害也最大的环境问题。在富裕国家，越来越多的人意识到了诸如受威胁的绿色区域之类的环境问题。而在发展中国家，每年有超过 6000 人死于空气污染，那里的人在家里使用木材、动物粪便和农作物秸秆取暖、烧饭。联合国发展署估计，每年有 220 多万人死于室内空气污染。这一结果确实是"灾难性的"，比大气污染和工业排放更具有破坏性。将人们禁锢在这样的发展水平，也就意味着，每年使数以百万计的人过早死亡。

有人说，现代意义上的污染随着经济增长而增加，这种说法是不正确的。相反，污染会呈现钟形曲线。非常贫穷的国家的经济增长会使机动车辆和烟囱急剧增加，它们会排出大量烟雾，环境会遭受破坏。但当财富增长到一定程度后，环境指标则会得到好转：排放会减少，空气和水中的污染物浓度将会逐渐下降。问题最糟糕的城市不是斯德哥尔摩、纽约和苏黎世，而是北京、墨西哥城和新德里。除了上面提到的因素外，环境改善也要归功于经济结构从原材料密集型生产变为知识密集型生产。在现代经济中，肮脏的重工业

[①] Richard R. Wilk, "Emulation and Global Consumerism," in *Environmentally Significant Consumption*, edited by Paul C. Stern, Thomas Dietz, Vernon W. Ruttan, Robert H. Socolow, and James L. Sweeney (Washington: National Academy Press, 1997), p. 110.

在很大程度上被服务业取代。银行、咨询企业和信息技术公司对环境的影响当然不同于原来的工厂。

根据一份对已有的环境数据的考察，一般来说，转折点出现在一个国家的人均 GDP 达到 8000 美元之前。研究者发现，当人均GDP 达到 1 万美元后，经济的进一步增长与更好的空气和水质量之间，存在着正相关。① 这大约就是阿根廷、韩国和斯洛文尼亚的发展水平。在美国，人均 GDP 大约为 36300 美元；而在这里，自20 世纪 70 年代以来，环境在持续好转，这与人们从媒体中得到的印象刚好相反。70 年代不断有人提到美国城市的烟雾，当时情况也确实比较严重：有人断定，每年有 100～300 天的空气都是不健康的。而今天，每年只有不到 10 天是不健康的，只有洛杉矶是例外。在这里，大约是 80 天，但即使在这里，过去 10 年间，这类天数也下降了一半。② 在别的富裕国家，我们也可以看到同样的趋势。比如，在东京，几年前，一些悲观人士曾预言，未来由于空气恶劣整个城市都得戴上氧气面罩，事实当然并非如此。

经济发展对发展中国家有各种各样的其他正面影响——比如，可以减少饥荒，使人们不再受到眼看自己孩子死亡的痛苦。除此之外，经济发展超过一个关键点，也能够改善环境。而且，这一关键点在发展中国家出现得越来越早，因为它们可以从更富裕的国家那里汲取教训，也可以利用更先进的技术。比如，中国的大城市是世界上污染最严重的，而自 20 世纪 80 年代中期以来，这些城市的空气质量业已稳定下来，在几个城市甚至已经在慢慢改善。而就在这期间，这个国家出现了非常快速的经济增长。

---

① Gene M. Grossman and Alan B. Krueger, "Economic Growth and the Environment," *National Bureau of Economic Research Working Paper* 4634 (Cambridge, Mass.: National Bureau of Economic Research, 1994); Marian Radetzki, *Den gröna myten: ekonomisk tillväxt och miljöns kvalitet* (Stockholm: Studieförbundet Näringsliv Samhälle, 2001).

② Stephen Moore and Julian L. Simon, *It's Getting Better All the Time: 100 Greatest Trends of the Last 100 Years* (Washington: Cato Institute, 2000), section XIV.

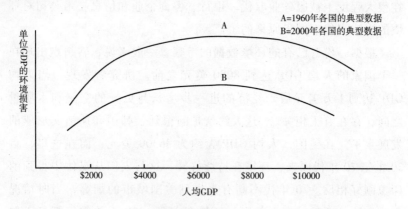

经济繁荣有利于环境

注：可以看到，对环境的损耗不仅随着经济增长、也随着收入水平的增长而下降。

资料来源：World Bank, *World Development Report 1992：Development and the Environment*（Washington：World Bank，1992）.

几年前，丹麦统计学家和绿色和平组织成员比约恩·隆伯格（Björn Lomborg）跟他的十来名学生搜集了有关世界环境问题的各种统计数据和事实。他本人曾想当然地以为，全球环境在逐渐恶化。然而他却发现，令他惊讶的是，这种想法根本就不能得到正式的经验数据的支持。相反，他发现，空气污染在下降，垃圾问题不那么严重了，资源没有枯竭，越来越多的人能吃饱饭了，人们的寿命也延长了。隆伯格收集了很多领域他所能找到公开发表的现有数据，并将其公布在一本书中——《悲观的环保主义者：测量世界的真实状况》（*The Skeptical Environmentalist：Measuring the Real State of the World*）。书中所描述的景象对于广泛流传的关于环境的悲观看法，是一个很有价值的矫正，而报纸的大字标题很容易就将那些悲观看法灌输到人们大脑中。

隆伯格证明了，最近几十年，发展中国家的空气污染和排放也一直在减少。重金属排放量一直在大幅度减少，氮氧化合物减少了近30%，而硫的排放下降了大约80%。在贫穷的发展中国家，污

— 196 —

染和排放一直在加剧，但仅在 14 年间，在每一经济增长水平上，颗粒物浓度每年下降 2%。在发达国家，排放到海洋中的磷一直在急剧减少，沿海水体中大肠杆菌的含量在直线下降，从而使得人们重新开放了原先封闭的游泳区。

隆伯格证明，整个世界不是在大规模地采伐森林，相反，1950～1994 年间，世界上的森林面积从 4024 万平方公里扩大到 4304 万平方公里。他发现，酸雨从来就没有导致过大面积的树木死亡。有一个说法经常被人引用，但却是错误的：每年有 4 万个物种灭绝。隆伯格追溯了这种说法的来源，它最初出自 20 年前的一个估计。自那以后，这种说法一直流传于环保主义者圈子中。隆伯格认为每年灭绝近 1500 种，或者可能多一点。而过去 400 年间有明确记录的灭绝事件加起来也就刚刚 1000 多种，其中有 95% 都是昆虫、细菌和病毒。至于垃圾的问题，未来一百年丹麦的垃圾总量，即使不进行回收利用，也就只够在一块 3 平方公里的区域内填上 33 米深。此外，隆伯格证明了，不断增加的财富和不断提高的技术能够解决我们未来所面临的问题。今天世界上所消耗的水，未来可以由一家海水净化工厂生产，可以由太阳能提供电力，占地仅及撒哈拉沙漠的 0.4%。

因此，以为经济增长必然会造成环境破坏是错误的。声称我们需要这样多或那样多的星球才能让整个世界达到西方人的消费标准，也同样不正确。环保主义者经常提出这样的说法，这种说法所操心的，与其说是排放和污染，不如说是，假如人人都像富裕世界的人那样生活，资源就会枯竭。

显然，我们今天所使用的一些原材料，按照目前的数量，确实不够全世界每个人过上跟西方人相同的生活水平。然而，这样的话其实就跟石器时代最鼎盛时期的人说下面的话一样有趣：假如人人都达到他的消费水平，那么，就没有足够的石头、盐和皮毛供大家消费。原材料的消耗不是静态的。随着越来越多的人达到较高的富裕水平，我们会开始寻找利用其他原材料的方法。人类一直在改进

技术，以图能够利用那些从前不可被利用的原材料，而我们的富裕水平将使我们具有这种能力。新发明能使原来的原材料被更好地利用，使废物变成新的原材料。一个半世纪前，石油只是一种人人都不愿踩到的黑色的黏稠的东西，没有人想到去地下寻找石油。然而，我们寻找更好能源的兴趣使得我们发明了利用石油的方法，今天，它是我们的主要能源。沙子从来都不是令人兴奋或珍贵的东西，但今天，它却是我们时代最具有力量的技术——计算机——的主要原料。它占了地球外壳的四分之一，其中所含的硅是计算机芯片的关键成分。

存在着一种转移短缺的简单的市场机制。假如某种原材料处于短缺状态，其价格就会上涨。这会使每个人都会想办法节约这种资源，寻找更多这类资源，对其予以再利用，并寻找替代它的资源。过去几十年中，原材料价格显然呈现下跌趋势。金属从来没有像今天这样便宜。价格在下跌，这本身就表明，需求没有超过供给。以工资，也即以我们必须工作多长时间才能挣到购买某种原材料的成本来衡量，自然资源今天只有 50 年前价格的一半，只有 100 年前的 1/5。1900 年的电价是现在的 8 倍，煤价是现在的 7 倍，石油价格是现在的 5 倍。[①] 出现短缺的风险一直在降低，因为新的发现和更高效地利用技术能够使现有的储量发挥更大作用。

在一个技术永远不会停止发展的世界上，静态的计算是没有意义的，也是错误的。隆伯格用简单的数学就证明了，假设我们拥有一种原材料，在一百年中其用途都保持不变，每年的需求增加 1%，而回收利用或利用效率每年提高 2%，那么，这种资源就永远不会枯竭。

如果真的出现短缺，那么，靠着恰当的技术，大多数东西都是可以回收利用的。比如今天，全世界 1/3 的钢铁生产是废钢再利用。技术进步能够超过资源损耗的速度。就在若干年前，人人都相

---

① Ibid. , section XV.

信，不可能让全体中国人都用上电话，因为那需要无数电话接线员。但是，人力的供应并没有耗尽，因为人们开发出了新技术。于是又有人宣称，中国要在全国范围内通电话，从物理的角度看是不可能的，因为，全世界的铜都不够这个国家在全国范围架设笨重的电话线路。然而，在这成为一个问题之前，光纤和卫星开始取代了铜线。人们曾相信，铜会被耗尽，然而，它的价格在持续下跌，目前只有 200 年前的十分之一。

很多时代的人都曾担心重要的原材料会被耗尽，但这样的事情几乎从来没有发生过。通常来说，这种事情只会发生在与世隔绝的、贫穷的地方，而不会影响到对外开放的、富裕的地方。非洲人每年已经有上千人死于真正的短缺，但有人却宣称，因为我们在理论上发现了出现短缺的风险，所以，绝不能允许非洲人跟西方的我们一样富裕。这种说法既是愚蠢的，也是不公平的。

环境问题不能光从环境的角度考虑解决。保护水、土地和空气免遭破坏，需要恰当的规则。需要实行排放收费制度，使得污染者能从不损害他人的环境中获得利益。很多环保问题也需要国际性规章和协定，这对我们是一个全新的挑战。比如，在一个国家变得较为富裕的过程中，碳氧化物排放趋向于增加而不是减少。在谈论市场和环境的时候，重要的是要认识到，一个更为自由的不断增长的经济，有助于这方面的努力，因为它能使人们找到最好的解决办法，不管是从自然的角度，还是从人的角度看，都是最好的。为了应付这些挑战，拥有财力和先进的技术要好于不拥有财力和技术。

环境的改善通常要归功于资本主义，尽管很多人因为环境问题而责怪资本主义。实行私有财产制度能够创造出考虑长远利益的所有者。土地所有者肯定会小心照顾土地，他希望明天能够拥有一块好地或森林，否则的话，他们未来不管是继续耕种土地还是出售土地，都得不到收入。假如土地是集体所有或政府所有，就没有人考虑这种长远利益。相反，每个人感兴趣的都是在其他人耗尽这种资源前尽快地利用它。正是因为属于公共土地，亚马逊的雨林在 20

世纪 60 年代和 70 年代被迅速采伐，今天依然是这样的命运。在印度，只有 1/10 的森林被政府承认为私人所有，尽管实际上，印度人拥有和占据了大部分森林。正是由于缺乏明确的捕鱼权，导致（得到大量补贴的）捕鱼船队想尽办法赶在他人到来之前一网打尽海里的全部鱼。因而，毫不奇怪，历史上最大规模的环境破坏发生在计划经济国家，因为那里的所有权都属于集体。

几年前，在日益扩展的撒哈拉边缘沙漠拍摄到一张卫星照片。每个地方的土地都呈现出炎热的黄色。游牧部落在过度利用公共土地后就迁走了。但在这块沙漠中间，也可以看到一小块绿色。后来证实，这是一片私人所有的土地，该农场的所有者没有过度利用，而是从事养牛业，这在长远来说更为有利可图。①

有人有时批评贸易和货运破坏了环境，然而，借助更有效的交通和净化技术，这个问题是可以被克服的，当然也需要排放收费制度，它能够通过定价的方式使人们看到污染的成本。最大的环境问题跟生产和消费有关，贸易除了能对经济增长发挥一般好处之外，也能在环保领域作出积极贡献。贸易能使一个国家的资源得到尽可能高效的利用。商品能够在成本最低、因而也对环境损耗最小的地方生产。也正是因为这个原因，生产一定量产品所需要的原材料总量才会随着生产效率提高而减少。运用现代生产流程，今天生产软饮料所需要的金属比 30 年前减少了 97%，这部分是因为使用了更轻的铝。今天汽车上所用的金属仅是 30 年前的一半。因而，在存在相关技术的地方从事生产活动，要好于每个国家都试图自己生产自己所需要的东西，那意味着它将消耗所有的资源。地处寒冷地带的北方国家从温带国家进口肉类，要比为了使本国能够生产肉类而将资源浪费在浓缩饲料和牛栏建筑与保暖设施上，更有利于环境。

假如政府确实相信市场，那么他们就应不再补贴能源、工业、

① 这个例子引自 Ingemar Nordin, *Etik, teknik och samhälle* (Stockholm: Timbro, 1992), p. 154.

道路建设、捕鱼业、农业、森林砍伐等等事情。这些补贴的结果是维持那些本来就不应当存在或者本来应当用更好的方法或在更好的地方从事的经济活动。世界观察研究所（The Worldwatch Institute）认为，全世界纳税人每年被迫为那些破坏环境的经济活动支付近6500亿美元。该研究所说，取消这些补贴将使全球的税率下降8%。仅在美国这就意味着，每个家庭每年可以少交2000美元的税。①

欧盟的肉类生产证明了，不仅是环境，还有动物，都会由于没有效率的产业而遭受损害和痛苦。对欧盟低效率的牲畜管理提供补贴，意味着动物的生活状况将会很悲惨：在运输过程中，动物们拥挤在一起；有时，农场主会给牲畜吃动物尸体肉。废除农业关税、从南美进口肉类是一个更好的主意，在南美，动物可以在广阔的原野上闲逛，自由地吃草，只是到最后才会被圈起来。然而，今天极高的关税却阻碍了南美肉类的进口。举例来说，在疯牛病危机期间，麦当劳觉得它在欧洲的分店出售的汉堡使用欧盟肉类可能有风险，为此，希望从南美进口牛肉，但欧盟却不准其从南美进口。高达百分之几百的税率使进口汉堡所用的前腿肉成为不可能。

---

① David Roodman, "Worldwatch Proposes ＄2000 Tax Cut per Family to Save the Planet," *Worldwatch Briefing* (Washington: Worldwatch Institute, 1998), http://www.worldwatch.org/alerts/pr 980912.html.

第六章

非理性的国际资本？

没有领导的集体

反对资本主义的人士争辩说，在经过漫长的努力之后，市场机制确实有可能将一个国家提升到繁荣的巅峰。只是，也许一个月后，我们又会看到，这一切将全部丧失。他们描绘了这样一副图景：非理性的投机者疯狂进行投资，然后，当羊群改变方向的时候，他们又会带着资本撤走。他们抱怨说，每天有近1.5万亿美元的资本在跨国流动。仿佛这个事实本身就是一个问题。全球化的批评者比约恩·艾尔姆布兰特（Björn Elmbrant）将金融市场形容为"一个没有领导的集体，摇摇晃晃，自己把自己绊倒"。①

对金融市场的焦虑很容易形成。金融市场看起来很抽象，因为，很少有人跟它直接打交道。我们只是感觉到它们有影响，因而，人们很容易将其神秘化。这种力量促使克林顿总统的竞选总管詹姆斯·卡尔维尔（James Carville）说："［来生］我宁愿还是回到债券市场。在那里，你可以胁迫任何人。"那些对市场有敌意的人士也喜欢批评股票市场上的行为模式，假如人们不能理解那些行为的理由，就会觉得十分怪异而混乱。正是这样，这个市场遭到人们的猜疑。确实，企业股东在企业裁减工作岗位的时候挺高兴，但这并不意味着他们喜欢看到有人失业，他们所追求的是更高的劳动

---

① Elmbrant, pp. 89f.

生产率，及由此导致的开支之削减。

不过，美国股票市场在失业率上升的时候通常也会走高。这样的反应难道不是表明，市场从他人的不幸中得到欢乐？当然不是。这只是表明，投资者知道，联邦储备系统将失业率升高视为经济下滑和通货膨胀风险降低的信号，因而美联储很可能会调低利率。股票市场所热爱的不是失业，而是低利率这个经济润滑剂。此类现象中最奇怪的莫过于，在商业周期指标点数下滑而经济增长率减速的时候，股票市场有时却会飙升。因为，投资者会这样想："好了，马上就该调低利率了。"

但股票市场的波幅在放大，无人能否认这一点。这种波动是否至少意味着，投资者的思考已经不再那么长远，而仅仅是追风？这可能部分是事实。市场当然不会在每种情况下都是完全理性的，不管理性是什么意思。最近几年的大起大落，尤其是网络股价格的波动证明了，一个关乎未来的市场，自然会有被夸大的预期和错误的定价。但它也证明了，这种夸大是不可能永远维持下去的，夸大的预期不可能填补一家企业真实赢利能力的匮乏。

导致这种波动的原因，不是思考趋于短期化，恰恰是由于股票市场已更加关注长期趋势。对于传统的工业企业，人们很容易根据投资和销售的历史数据推测其未来的业绩。因而，市场对该企业的估价是相对平稳的。但在新兴的研究密集型行业中，企业的销售前景不够确定，长期的销售额难以预测。现在不大容易说清该企业究竟是会繁荣还是会破灭。我们如何能知道今天开发了新的移动电话的企业，十年后仍然是行业领先者呢？正是由于我们不知道，所以，有关该公司未来前景的蛛丝马迹都会造成市场的急剧变化。这同样也适用于整个股票市场，因为人们不清楚，整个经济将会向哪个方向发展。人们会对显示经济未来上行或下滑的每个迹象作出敏捷的反应。

因而，设想一下，对那些完全集中于未来的公司，比如那些从事医药研究的公司，市场会如何反应？很可能它们存活不了十年，但也有可能它们会找到艾滋病疫苗。假如是后者，它们就会发大财。因而，出现"泡沫"是完全合情合理的。尽管一匹马看起来不大可能赢得一场比赛，但只要有足够高的概率，也会有人把钱押在它身上。尽管如此，假如我们观察整个市场的行为，就会发现，传统企业的股价波幅似乎并没有加大。

现在，很多批评市场的人士说，他们绝不反对理性的金融市场。"极端的资本主义"（hypercapitalism）才是问题所在，即不受约束的资本在全世界到处劫掠，它们甚至不需要在边界上出示护照。他们说，正是这些急躁的资本，所关心的更多是下个季度的利润，而不关心长期发展和技术更新。捍卫资本的流动，是一个涉及自由的问题。但并不是像批评者所宣称的那样，是"资本自由"的问题，因为，资本不是人，无所谓自由与不自由。这里所涉及的是人决定用他们的资源干什么的自由。举例来说，是将其养老金储蓄投资于他们相信最为有利可图的地方的自由。养老基金实际上是国际市场上最重要的投资者。美国超过一半家庭现在都持有股票，要么是直接持有，要么是通过退休基金。他们就是市场。

还有企业自由地到其他国家寻找资金的问题。工厂和办公楼不会自己建起来，得需要资本。有人认为，投机者扼杀了长期发展，这种看法是与下述事实相矛盾的：发展是与不断投资研究和创新同步进行的。资本流动日益自由对近年来的全球发展起了重要作用，它使资本能够被投资于产生最大收益的地方，相应地也就是能够得到最有效利用的地方。①

如果我们从一国内部的角度来考虑，上述论点就更容易理解。假设你有 1000 美元，你想借出去，并且你只能借给你所在镇子范围内的人，你可以有一个选择，或者将其借给一位旧书商，或者借

---

① 关于这一问题，不错的入门介绍是 Klas Eklund 的 "Globala kapitalrörelser," in Vä lfä rd, politik och ekonomi i en ny värld（Stockholm：Arbetarrörelsens Ekonomiska Raåd，1999）。另一种更为理论化的取向由下列作者提供：Barry Eichengreen and Michael Mussa, et al., Capital Account Liberalization：Theoretical and Practical Aspects（Washington：IMF，1998）。

给一位小咖啡店主。你可能更相信那位咖啡店主，决定将这笔钱借给她。这样，她就可以购进一台能煮新口味咖啡的咖啡机，换掉一些旧桌子。但由于在这个小镇上对新咖啡的需求是相当有限的，因而，她只能付给你2%的利息，而书商只能付给你1%。因而，咖啡店主就不用担心你会拿走钱投到别的地方。

假设你现在可以在全州范围内进行选择，就会有更多人来竞争你的这笔资本。一家工厂用你的钱可以购进一些新机器，大幅度提高其收入，因而，它付给你的利息是咖啡店主付给利息的两倍。这样一来，你挣的钱更多了，而且，整个经济也受益了，因为，这笔资源投入这个地方，比投入别的地方，得到了更有效率的利用。假如允许你拿这笔钱在全国或全世界范围内投资，个人和整个经济得到的收益会更大。因为在这种情况下，所有潜在的投资会彼此竞争。因而会有更多企业来追求你的这笔钱，那些能够最有效地利用它的人也准备支付最高的利息。货币、贷款、股票资本都普遍地投资于有望得到最大收益的地方。这样，资本就得到有效利用，提高劳动生产率，这会使其投入的经济得到发展，并给投资者带来最大回报。

由于每位企业家需要与其余所有企业家竞争，所以看起来似乎是最有钱的企业将会吸引到全部资本，因为它们可以给予最高回报。然而，资本是可以从各个国家搞到的，因而，供给也会增加。开价最高的不是最有钱的人，而是能够用这笔钱挣到最多钱的人。毕竟，一家地位很稳固的企业为什么要为它所不需要的资金支付特别高的利息？通常，最高的利润率不是出自已经有充裕投资的产业，而会出自那些没有财政能力支持其令人兴奋的项目的企业。对于那些有好点子而没有资本的人来说，资本市场是最重要的。前面已经说过，自由的资本市场能够促进一个社会的平等。这些市场能够使拥有大量资本的人和企业，将其资本交给那些没有资本但似乎有能力较为有效地利用资本的人手里而获利。这样，它们也就使小企业得以建立起来，与原有企业展开竞争。资本市场越灵活，所受的妨碍越少，资本越容易流动到那些能够最有效地利用它的人手中。

富裕国家拥有大量资本，而南方穷国则缺乏资本。因而，资本的自由流动意味着投资将流向那些资本稀缺而又具有较好投资机会的国家。发展中国家获得了全世界超过 1/4 的投资，这些投资投入到企业、工程和土地中。因而，存在着私人资本从工业化国家向发展中国家的数额巨大的转移。流往发展中国家的直接投资净流入量现在每年大约在 2000 亿美元。这一数字是 10 年前的 4 倍，是 20 年前的 15 倍。这要归功于资本市场更自由，信息技术不断改进。这种发展，对于那些一直因为资本短缺而落后的国家，是非常有益的。如前所述，在过去 10 年间，世界上的穷国共获得 1 万亿美元的外商直接投资，约等于它们在过去 50 年中所获得的全部发展援助的总和。因而，这个没有领导的集体，被人称为摇摇晃晃、自己绊倒自己的家伙，在向发展中国家提供资本方面，却比富裕国家的政府和发展援助机构机灵很多倍。

批评全球化的人士指出，在目前所有的经济交易中，只有 5% 是商品和服务的真实贸易，其余的金融交易都是"用钱生钱"。某

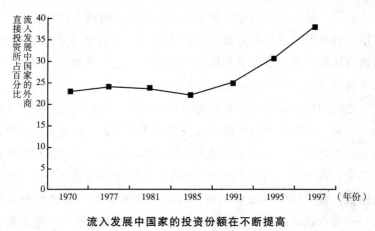

流入发展中国家的投资份额在不断提高

资料来源：Ajitk Chose，"Trade Liberalization and Manufacturing Employment"，*Employment Paper 2000/3*（Geneva：International Labour Office，2000）.

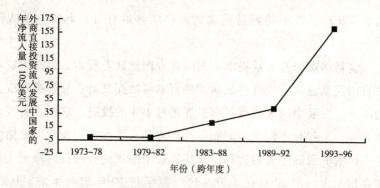

发展中国家获得越来越多资本

资料来源：Barry Eichengreen, Michael Mussa, et al., *Capital Account Liberalization*: *Theoretical and Practical Aspects*（Washington：IMF, 1998）.

些批评者觉得，这种交易除了给经济添乱外没有任何价值。然而，没有任何东西像金融活动那样能有效地促进生产。金融活动可以为生产活动提供资源，可以促进技术进步。国际金融市场则扩大了投资数额。如果存在一个庞大而高效的金融市场，且有能力通过衍生产品买卖风险，人们就能够为比以前更大的项目融资，可以承受更高的风险。这可以解释，为什么金融市场上的资金周转量越来越大。数以十亿美元计的资金每天在全球范围内周转，这些资金中只有很少会真的换手，大多数交易其实是企业和投资者调配其投资，以回避风险。只有当企业和投资者能够进行这些调配时，发展中国家才能够享受到资本国际流动的好处。

通过利用国际金融，我们能够分散风险，我们只需投资于不同地方即可。假如一个国家的经济较为糟糕，那么，在过去，这便意味着，养老基金之类的东西就得不到足够的资金补充。同样的事情如果发生在今天，只要这个国家允许其人民将其储蓄分散投资到不同国家，就可以赚到足够的钱。瑞典的新养老金体系已经使我本人——而在这之前我既不拥有股票也不拥有信托基金——能将我的养老金的一部分投资到拉美、亚洲这些新兴市场，而不再只局限投资于瑞典。金融市场也使家庭、企业，甚至政府在其收入较低的时候借钱，而在收入提高后再还钱。这已经成为无须被迫削减消费而缩小收入低迷影响的办法，如果没有这种办法，人们所遭受的痛苦将相当严重。

　　米尔肯研究所（the Milken Institute）编制的"资本获得指数"（Capital Access Index）证明，在资本可以随时获得，而且比较廉价、分配又是公开而诚实的情况下，经济能得到最好发展。而在资本供应短缺、价格昂贵、随意分配的情况下，经济发展表现最差。因而，有很多玩家的广泛而自由的金融市场能带来发展，而"国家指挥资本流动，资本集中于少数金融机构和公司，则会妨碍经济增长"。各方面的研究普遍证明，在给定国家中，金融市场功能的发展是预示这个国家未来若干年经济增长的准确标志。有一些研究证明了，在资本不受管制的自由与经济增长率之间不存在关联，但这些研究并没有试图测量不同国家管制的强度。有一些调查试图将这一强度因素考虑在内，考察了 64 个工业化和发展中国家，剔除（尽可能地）其他因素的影响。这项调查表明，在资本流动自由与经济增长之间存在显著的正相关，也表明，实行资本自由政策的国家从企业那里征收到的税收要多得多。自由能使资源流入能得到最有效利用的地方，这能使人们较容易创办企业并开展国际贸易。①

---

　　① 这项研究及与其冲突的研究成果，俱见下列综述：Eichengreen et al. , p. 19. See also Glenn Yago and David Goldman, *Capital Access Index Fall* 1998：*Emerging and Submerging Markets* (Santa Monica, Calif. ：Milken Institute, 1998)。

管 制 更 多?

　　资本流动的麻烦在于,它可能突然撤出某个国家,使其陷入经济困境,或者,一种货币会因为投资而陷入不稳定状态。很多信贷银行和投资者并不具体了解个别国家的经济,因而,假如他们大量撤出该国,其他人就会将此视为一种信号,以为这个国家的某些方面要出问题,并且跟随这个潮流,由此导致大恐慌和羊群心理。信贷没了,工程难以为继,企业失去一切资源,经济就会猛地急刹车。

　　短期资本交易目前之所以比长期投资或商品贸易增长得更快,一个原因就是,后者在世界各国都受到严厉管制。假如这些市场也适当地自由化,局面就会有所不同。有些人觉得,必须拉平管制的程度,但他们走的却是错误的方向——想用控制其他方面的措施来管制金融市场。比如,马来西亚就在20世纪90年代后期的"亚洲危机"中临时实施严厉控制外汇交易的措施。即使这样的措施能够缓解眼前的问题,也会带来某种长期恶果,即导致投资者未来不愿进入这个国家。如果投资者在想离开的时候受到阻挠,那么,他们就会在当初进来的时候要求得到更快的回报,则这个国家就会面临资本短缺的风险。各种经验数据显示,允许资本自由地流出一个国家,也可以增加自由流入的数额。在这方面施加控制将立刻带来一个结果,马来西亚的邻国,比如印尼,遭遇了资本更为严重的撤离，因为市场广泛担心，印尼也会步马来西亚的后尘，实行类似的控制措施。从长期来看，这种效应也会对马来西亚产生反弹，降低投资者的信心。亚洲一家基金的经理最近这样说到马拉西亚：

> 一个过去曾经在大多数基金中占到18%比重的市场，现在完全被排除在考虑之外。①

这种经济上的隔绝必然伴随着国家在政治上趋于孤立。

替代上述做法的一个方案则是对短期资本流动进行更为持久的管制。假如快进快出的资本最初就没有进入，自然就降低了以后遭受资本逃离之苦的风险。智利实行的管制规则经常被视为这方面的典范，因为该国一直没有发生重大危机。智利坚持，进入本国的资本必须滞留足够长时间，其中一部分必须以很低的利率存入中央银行。这类管制似乎比别的控制措施运转得好一些。但智利引入这种规则的理由却是，本国的储蓄率已经很高，本来就不想再让本国增加资本。这种状况完全不同于那些遭受资本和投资匮乏之苦的国家。即使在资本充裕的智利，该政策也带来了金融问题。业务国际化的大公司可以规避这些控制措施，随便就可以搞到资本，而小企业则难得多，不得不支付高出几倍的利息。

而且，这些规则的好运气是很短暂的。智利遭受了1981～1982年的真实经济危机，银行破产，货币贬值90%。这场危机发生的时候，也正是其资本控制措施最为严厉的时候。当时，完全禁止资本流入，除非资本在这个国家停留至少5年半。智利从这次危机中汲取了教训，决心改革和巩固其银行业，这个改革措施可能是它避免后来再发生危机的主要原因（顺便说一句，智利正是在亚

---

① Sheila McNulty, "Investors Lose Faith in Malaysia's Weak Reforms," *Financial Times*, January 17, 2001.

洲危机最严重的时候取消了其对资本的管制)。①

　　资本控制措施经常让投资者和政客产生一种虚幻的安全感。即将到来的危机会被扰乱市场的管制掩盖，一旦背后的问题最后暴露出来，则打击会更沉重。就在亚洲危机降临韩国之前几个月，当地的政客和国际投资者还相信，该国对资本流动的限制将会使该国不受外汇危机的冲击。高盛公司曾在 1997 年断定，韩国的商业银行和中央银行将会面临困难。但自韩国实现资本管制后，高盛又宣布，投资者可以不管那些危机了。投资者接受了这一建议而忽视了风险。然后，亚洲危机最猛烈地冲击了印尼、韩国，最终轮到俄罗斯，而俄罗斯在新兴市场中实行了最严厉的资本管制。那些资本管制最少的地方，中国香港、新加坡和中国台湾，日子则要好得多。② 巴西也遭到严重冲击，那里的政客当时以为，对短期资本的限制能使他们躲过危机。

　　处置不当的政策迟早会造成危机。假如资本管制措施使政客相信他们可以随心所欲地实施自己喜欢的政策，则很有可能他们会加剧危机。从理论上说，在危机期间临时性控制资本，能使该国有喘息之机，从而可以改造其银行业和金融部门，消除预算中的问题，并放开其经济。但是，管制通常会被用到相反方向上，成为回避痛苦的改革的工具。这种回避的一个标志是，实行资本管制的国家的预算赤字和通货膨胀率，通常会比不实行资本管制的国家高。也正是因为这个原因，拥有较为自由的金融市场的自由主义经济体会更快地走出危机。我们可以比较一下亚洲危机后很多亚洲国家迅速复苏与 20 世纪 80 年代初拉美危机后的情况，在那场危机后，拉美各国对资本外流予以控制，并回避了进行自由主义改革。其结果是一个失落的十年：通货膨胀，居高不下的失业率，低增长率。我们也

---

① Sebastian Edwards, "A Capital Idea? Reconsidering a Financial Quick Fix," *Foreign Affairs* 78 (May/June 1999): 18 – 22.

② John Micklethwait and Adrian Wooldridge, *A Future Perfect* (New York: Random House, 2000), p. 55.

可以比较一下墨西哥 1995 年"龙舌兰危机"后的快速复苏，与该国 1982 年债务危机后漫长的萧条。

资本控制的另一个麻烦是，在一个日益进步、沟通越来越快的世界上，这些措施很难维持。它们实际上会引发犯罪，投资者的大量时间会用于规避管制。管制实行的时间越长，其效力越小，因为，投资者已经有时间找到绕开它的办法。此外，大多数管制都对格外重要或容易受到影响的企业网开一面。因此，在大多数国家，控制措施成为腐败的诱因，不同的人会得到法律的不同对待。

托 宾 税

有人曾提议实施一种管制资本的措施，这种设想近年来相当流行，也即所谓的"托宾税"（Tobin tax），系以诺贝尔经济学奖得主詹姆斯·托宾的名字命名，正是他第一个提出了该设想。托宾税是以 0.05%～0.25% 的低税率对所有的外汇交易征税，ATTAC 运动也鼓吹开征这个税种。这个设想旨在减慢资本流动的速度，使投资者在让其资本跨越货币的国界时仔细掂量一下。支持这种税的人士认为，这样可以避免有害的投机和严重的汇率危机。对托宾税的批评则主要针对其不可行性。在实践中，它要求所有国家都实施该税，否则，交易就会绕道非签约国进行。假如开征该税，那么，越来越多的贸易将会转而使用世界上的几大主要货币，以减少交易成本。也许，全世界的经济最终都会使用美元。但是，对托宾税其实还有一个更为严厉的批评理由：即使它是可行的，它也是有害的。

这种税对于金融市场的危害，实际上大于单个国家的管制所造成的危害。后者的唯一后果是减少实行那类措施的国家的资本流入量，而托宾税却会减少整个世界的货币周转量，减少从国外融资的机会，即使是那些对这种融资有巨大需求的国家。阻止资本流动的障碍会将资本封闭在已经形成了资本的地方，也即富裕国家，而第三世界将是蒙受损失者。因而，托宾税其实不是一种资本税，而是一种关税，它使得贸易和投资的成本提高。托宾税的鼓吹者声称，未必会有这种后果，因为税率很低。对于长期投资来说，这种成本确实可以忽略不计。但问题是，一项投资并不只有一次交易。一位投资者可能最初只为一个项目提供部分资本，假如该项目是成功的，则他会从所获利润中提取一部分作为追加投资，将收益转至这些业务的其他方面，增加资本，从海外购买零部件，等等。而每一次这类交易都得纳税，这样，托宾税的总成本就会比其纸上写的那个百分比数字所表明的成本高出好多倍。这样，用本国的货币在本国境内做生意，就会更为有利可图。这将导致资本回报的广泛下降，将会导致匮乏资本的国家所能使用的资本减少，结果将是，投资下降，利率则会升高，借款人不得不支付更多利息。

托宾税的鼓吹者说，他们所针对的只是纯粹的货币投机，而不是生产性投资。然而，以为在有益的投资和"无益的投机"之间存在截然界限的想法，本身就是完全错误的。批评者通常将衍生产品视为纯粹的投机，然而，为使投资正常运作，衍生产品却是必不可少的。在一个价格和汇率不断变动的世界上，假如没有衍生产品所提供的那种保险机制，一家企业的预测很可能完全落空。假设一家公司开采金属，这种金属的价格急剧下跌，公司就得不到收益，面临破产的威胁。而有了衍生产品，这家企业就不用将其大部分精力用于猜测市场未来如何变动了，相反，它可以购买一种以事前确定的价格在未来出售这种原材料的权利，此即销售期权。这一期权的购买者受让了该风险，也接过了预测市场变动的责任。那家金属公司就可以将其精力全部用于开采金属，风险则转嫁给了那些专门观察上述风险变动和配置的人，也即，转嫁给了投机者。

由于汇率也在急剧变化，因此，举例来说，假如企业所收到的货币迅速贬值，也会遇到类似的风险。假如金属公司预测其市场的未来走势都存在一定难度，那么，要它追踪使用该货币的经济体在未来几个月或几年内的发展态势和汇率的风险，就更难了。这种不

确定性就使得用各种类型的货币衍生产品做生意显得非常重要。这样一来，企业就可以购买以事先确定的价格购进它将收到的货币的权利。然而，托宾税所要防止的正是这类"投机"。而这类"投机"，跟正常的投资活动一样，所涉及的交易不止一次。如果一位投机者自己承担了全部风险，那他就是非常脆弱的。这位投机者必须有能力连续地根据市场变动配置他的风险，从而使其总的风险组合保持平衡。一个庞大的间接市场能够确保他拥有这种能力，这个市场可以使人们几乎立刻用这些衍生产品进行交易。正是这些"投机"使得该公司的保险费用尽可能地廉价，并使之即使面临风险也可进行投资。股权的间接市场，即股票市场，作用基本相同。它能使人们有勇气成为一家新企业的股东，从而为其发展提供资金。

托宾税的结构所针对的正是这类市场。它所带来的后果就是让时刻准备受让风险的投机活动减少，而能存在的投机活动则会索要更高的报酬。因而，企业和投资者所需支付的保险费用将会提高，其结果是，他们将不再投资于那些具有较大风险因素的国家和货币。在这样的情况下，蒙受损失的同样是更为匮乏资本、风险也更大的地区，也即穷国。投资者会将其资本放在看起来比较保险、他们对其市场也比较熟悉的地方。过去十年间，发展中国家得到了全部直接投资的1/4。假如开征托宾税，这一数字将会大幅度下降。穷国的个人和企业将更难得到贷款，他们将不得不支付较高的利息。

因而，托宾税会带来严重风险，金融市场可能因此遭到破坏。然而，这种税又不可能防范外汇危机。到了现实中，该税只能树立一道虽然并不太高的壁垒，但却妨碍日常交易。假如外汇交易突然变得有利可图，那就会出现剧烈的波动。而该税并不能解决货币投机和资本逃离的问题。当投机者意识到，他们有机会打破一种固定汇率（比如1992年时的英国货币和瑞典克朗），并可由此赚取大笔利润，那么，那样低的一点税根本不足以阻止他们动手。假如他们能够从一种货币的汇率中赚到 20%～50% 的利润，他们才不会因为 0.05% 的税而撒手。同样，当他们对一个国家已经丧失信心、只有快速逃离才能避免巨额损失的时候，就像 1997 年的亚洲危机期间，该税同样不会起什么作用。这么低的税率只足以破坏金融市场日常的、健康的活动，而不足以防范那些危机。

外汇市场的高周转量降低了临时性短缺和扰乱性定价的风险。一个规模较大的市场也能够降低个别玩家和少数交易决定价格的风险。这样一来，自由的外汇市场就能够防止多种货币汇率同时剧烈波动的现象。悖谬的是，托宾税却会因为降低了外汇市场的流动性而强化波动。我们将不能看到持续的平均化和调整过程，取而代之的是周期性的大波动。自 20 世纪 70 年代以来，货币市场的震荡和波动幅度并没有增加，尽管市场普遍地自由化了，交易额也增加了 4 倍。事实是，实行严厉资本管制的国家的汇率比限制较少的国家的汇率的波动要剧烈得多。①

不过，尽管有这些缺点，托宾税倒是有一个优点：它将会带来巨大的财政收入。ATTAC 运动估计每年为 1000 亿美元，另有人说每年是 100 亿～500 亿美元。问题是，这笔钱是否能够拿到手。要征收这笔钱就需要一个庞大的官僚机构来监控全世界的所有交易，并授权它们征收那笔钱。我们这里所说的乃是发生在全球计算机中的交易，包括那些根本就没有会计体系、也没有有效行政管理的国家中的交易。换句话说，这就要求存在一个类似于世界政府之类的机构，而可以推测，它的官僚机构将会耗费掉所能征收上来的税款的大部分。而怎么管理这个官僚机构呢？由联合国吗？在那里，独裁政权和民主国家拥有同样的权力。谁又能防止这个世界政府不会退化为一个腐败的机构？谁能够防止它滥用其过大的权力？还有，谁能够得到那笔钱？

当然，从理论上说，托宾税每年能带来几十亿美元的收入，这

---

① Eichengreen and Mussa, p. 18.

笔钱可以被用于帮助第三世界。然而，假如我们确信，这类财政转移是有益的，那么，我们为什么不通过别的途径实现这种财政转移？为什么不废除针对这些国家的关税或取消欧盟那些产生破坏作用的农业政策？这种政策正在扯第三世界的后腿。为什么不增加发展援助或对污染活动实行全球性收费？为什么我们一定要通过破坏金融市场来获得财政收入？莫非破坏金融市场本身才是真实的动机？

亚 洲 危 机

要弄清如何防范危机，我们应当研究一下以前的历次危机及其成因。1997～1998 年间的亚洲危机通常被说成有点像是一起意外事件，亚洲各国健康的经济体突然遭到了投机性袭击和资本外逃的打击。事情可能并非如此。在关于危机事实的这种说法中，倒也不是一点道理都没有：这些国家如果不放开资本流动，就不会出现资本的外逃。理由很简单：那样的话，资本当初就不会进入这些国家。其实是多种因素聚集在一起导致了这场危机。这其中，投机不是引发危机的因素，而是让杯中已经满满当当的水溢出来的那滴水而已。[1]

在那场危机到来之前一段时间，受该危机冲击的那些国家就已经显示出麻烦的显著征兆，这些征兆在 1996 年和 1997 年变得很明显。这些经济体在 20 世纪 90 年代期间获得了大量资本流入，尤其是通过短期借贷——这是其政府鼓励的。泰国银行和金融机构的海外借贷比例已经从 1990 年的 5% 上升到 1995 年的 28%。泰国中央银行采取各种银行业管制措施，使国内利息偏高，从而使从海外借

---

[1] Steven Radelet and Jeffrey Sachs, "What Have We Learned, So Far, From the Asian Financial Crisis," CAER II Discussion Paper no. 37 (Cambridge, Mass.: Harvard Institute for International Development, 1999), http://www.hiid.harvard.edu/caer2/htm/content/papers/paper37/paper37.htm; Tomas Larsson, "Asia's Crisis of Corporatism," in Va'squez.

贷具有吸引力，而借来的这些资金又会以较高利率在本国再贷出去。政府又实行固定汇率制和税收补贴，这鼓励了此类贷款。与此同时，这些国家的政府却歧视长期资本。韩国试图通过禁止外商直接投资、收购股份和证券，以完全排除长期资本。于是，短期贷款成为从海外筹资的唯一办法。

韩国银行可以借入期限很短的美元或日元，必须很快就偿还。但它会以较高的长期利率将这笔钱在韩国贷出。这就要求银行始终有能力续借外国贷款，否则，它们就将突然无钱偿还其他债务。资本通过这些银行和金融企业流入，而它们却并没有为如何运用如此巨量的资本流入做好准备。它们无法面对竞争，它们总是跟政权和强大的经济利益集团结成同盟。韩国、马来西亚、泰国和印尼的很多资源都流入受政府照顾的企业和面子工程。外人没有理由担忧，因为他们知道，统治者是不会让他们的亲信破产的。这一原则不仅适用于国家银行，也适用于部分私人企业，比如韩国的财阀，即超级集团公司，或者由印尼苏哈托的亲信们所经营的企业。除此之外，外国借贷者也确信，只要该地区出了乱子，国际货币基金组织肯定会干预，挽救他们的损失。因而，外国人也就不加限制地向这些国家借钱，结果是，在收益较低的重工业和房地产业出现了投资过剩，而更有活力的企业却没有得到好处。

最终遭到危机打击的所有国家都出现了相对外汇储备来说数量过于巨大的短期债务。与此同时，它们又都实行固定的或受控制的汇率。这种格局导致一些最终具有毁灭性的麻烦。通常，假如汇率在不断波动，人们是不敢从海外借入大量资金再在国内以稍高一些利率贷出的。除非他有能力抵御汇率波动风险，否则，汇率的微小波动就会给他带来损失。但如果政府表示将确保固定汇率，看起来这种风险就不存在了，于是，人人都发疯一样从海外贷款。此外，管制也意味着，本国货币会被高估（大约20%），至少是因为美元在升值，而很多国家的货币都盯住美元。币值高估会使出口更困难。1995年，泰国的出口曾增长25%，而在随后几年，事实上是下降了。1996 年，即遭到那场被称为意外事件的危机打击的前一年，泰国股票市场指数跌去了 1/3。

由于汇率高于市场认为应有的水平，因而，这些国家的货币就招来了投机者，就像欧洲货币体系（EMS）的几种货币在 1992～1993 年间所遭遇的那样。假如有人准备为某件东西支付高于其实际价值的价格，投机者当然也渴望从这里发财。投机者可以用该国货币借入大量资金，到该国中央银行以最高利率换汇。结果，受 1997 年亚洲危机影响的货币都被迫使用其外汇储备来捍卫其过高的汇率。

因此，资本的外逃并不是毫无理由的恐慌，而是十分理性的。对这些国家的经济及未来经济增长率的信心开始涣散。更糟糕的是，对这些国家抵御经济危机的能力的信念也丧失了。大家都知道，这些国家没有健全的法律制度。比如，没有破产法。现在，这些国家也已经拿出全部外汇储备来保证偿还外国贷款，维护整个金融体系。假如每个人都在争夺，储备肯定是不够的。个人投资者意识到，他们必须迅速收回他们的资本，这样才能及时将其带出。他们对政府拯救每家企业的能力的信心开始动摇。第一批抛弃其当地货币财产的人，不是投机者，而是那些需要迅速还清贷款的本国企业家。这些国家在蒙受巨大损失后被迫放弃其汇率，这让人们对其的信心进一步下跌。资本抽逃，无法借到新贷款，企业突然无法筹集到资金，危机降临了。

毫无疑问，投资者是相互影响的，于是，就形成了羊群效应。而这一次，则是盲目的恐慌。具有健康的经济和稳固的制度的经济体，比如中国台湾、新加坡和澳大利亚，较好地应付了危机，而它们的邻国则遭受重创。因而，"亚洲危机"并不是一个准确的概念。仔细思考一下即可发现，国家的政策决定着一个国家受这场危机的影响有多大。两位研究人员曾研究过危机的过程，他们概括说：

　　我们没有发现传染的证据，也即，不是一个国家的货币困境传播到别的国家。那些遭受最为严重的金融困难的国家之所以有如此遭遇，是因为，每个国家都面临真实的经济困境，这些困境

在很大程度上与银行信贷过分增长和无力偿付等问题有关。[1]

全世界都感受到了这场危机的影响，但在一个一体化的世界上，很自然的，发生在一个角落的事件会影响别的地方，但这不是由于非理性的羊群心理。流动性的短缺——也即，在需要现钞的时候货币却被全部锁死在投资中——意味着，投资者不得不从其他风险累累的国家调出资本。人们也会设想，美国公司和银行，也即美国经济，将会受到其最重要的市场的影响而陷入深重的危机。处于危机中的亚洲的银行从俄罗斯撤回其资源，也给那些向这些地区贷款的巴西银行和基金经营者带来了麻烦，等等。但是，这种国际效应该是双向的。一个国家的正面事件也能够在别的地方带来正面效应。拉美和亚洲的前一次经济好转为欧洲和美国的经济好转作出了贡献。很有可能，正是美国后来强劲的经济挽救了整个世界，使之没有陷入与亚洲危机相关的衰退中，并很快推动亚洲经济走向复苏。

> 诺米·克莱恩等人声称，东亚过去几十年所取得的全部进步都被这场危机毁灭了。这种说法纯粹是胡说八道。遭受打击较为严重的国家——韩国的人均 GDP（用购买力进行调整后）在 1998 年下降到 1995 年的水平，而这个水平比十年前已经翻了一番。而仅在 1 年后，也即 1999 年，韩国的 GDP 就已经达到历史最高。这场危机的某些方面被左翼活动分子严重夸大。一些人甚至走得更远，竟然宣称，这场危机使 5000 万印尼人陷入绝对贫困状态（每天收入低于 1 美元）。这一数字是整个东南亚临时陷入绝对贫困状态的人数的四倍。世界银行的正式数据显示，到 1999 年，印尼的绝对贫困人口只增长了 100 万，自那以后，该数字则在减少。[2]

---

① Yago and Goldman.
② Klein, chap. 9; Elmbrant, p. 85f; World Bank, *World Development Report 2000/2001*, p. 163.

避 免 危 机

　　可以通过各种办法避免金融和外汇危机，但对一个国家来说，最根本的办法，其实就是实行一种健全的经济政策。将其储蓄撤出遭遇资本大规模逃离的国家的第一批人，通常都是本国公民，他们看得一清二楚，通常正是他们最清楚他们的统治者试图掩饰什么样的经济问题。这表明，缺乏信心乃是由真正的问题，而不是由于无知和随大流的行为导致的。避免危机的要害在于政府要控制其财政开支和通货膨胀。亚洲危机期间的麻烦不是急剧增加的预算赤字和高企的通货膨胀率，但它们的确是摧毁人们对一个经济体信心的最快、最常见的办法。

　　对于新兴经济体来说，最重要的长期任务就是对司法和金融机构进行改革。各国应当在对外商资本开放之前，对国内金融市场和贸易政策实行自由化。否则，资本在这个更广泛的市场无法得到正确引导，极易导致投资扭曲。对金融部门的监督和管制应当予以改革，必须允许竞争。必须清除腐败和裙带关系，代之以法治和资本收益要求。无知确实能够在危急局势下导致恐慌，因而，要避免恐慌，就需要公布可靠的信息，国家和公司的活动要透明，而很多亚洲国家却恰恰一直刻意回避这些政策。必须实行信用评估，制定破产法，而亚洲很多国家则一直缺乏这些东西。在巩固各国金融市场方面，国际社会可以提供有效的咨询服务。会计规则和准备金要求是同等重要的，也应当就金融危机的协调管理签订协议，而迄今为止，这种管理始终相当随意。

金融市场的自由化有时确实伴随着金融危机。但是，问题不是出在自由化身上，而是由于缺乏与之相配套的必要制度。经济学家贾格迪什·巴格瓦蒂（Jagdish Bhagwati）曾经指出，假如在进行其他重要改革之前就放开资本流动，确实可能带来问题。他所建议的解决办法，不是资本控制，而是各国在放开其金融市场之前，先创造出政治上的稳定，自由贸易，并进行国内改革，比如私有化。[1]尽管如此，到了现实中，由于金融市场自由化较容易做到，因而，它通常先于国内改革，因为进行国内改革所耗费的时间更长，而且改革必须克服来自既得利益者的抵制。国际货币基金组织就因此而备受指责，以前，它在有些国家还不具有必要前提条件的情况下就建议放松管制。《经济学人》杂志的两位记者将国际货币基金组织所鼓吹的资本流动比作宠物店里不负责任的推销员，他只是宣称，狗是很好的伴侣，但却忘了提醒别人，要让它活下去，得喂它，还得遛它。[2]

国际货币基金组织现在则付出很大努力就各国如何创造出具有长远作用的良好制度提出建议，各国政府也对此颇感兴趣。这项任务是重要的，不过，这样的改革所要求的是长期的努力，其过程肯定比较乏味。而为资本控制措施和托宾税摇旗呐喊，尽管会误导他人，但比起制度建设的辛勤过程来说，显然要容易得多，也更加让人兴奋。假如确实具有解决问题的精神，则可以采取的一个合理的、应急性改革方案，是废除受控制的汇率。托宾

[1] Jagdish Bhagwati, "Why Free Capital Mobility May Be Hazardous to Your Health: Lessons from the Latest Financial Crisis", paper presented at the NBER conference on capital controls, Cambridge, Mass., November 7, 1998, http://www.columbia.edu/~jb38/papers/NBER_comments.pdf.
[2] Micklethwait and Wooldridge, p. 178.

税的提出者本人就曾指出，固定汇率也许是亚洲危机的罪魁祸首。①

固定汇率给了投机者可以投机的东西。一旦经济出现问题，人们怀疑可能出现货币贬值，或者有迹象表明政府将奉行通货膨胀政策，汇率就会被认为太高了。市场就会相信，该国的币值不值政府所确定的那个价值。由于实行固定汇率，投机者就可以通过以这种货币借入再将其出售给中央银行的方法而赚大钱。当该国被迫通过调低汇率而使其货币贬值时，投机者则可以偿还贷款，到那时，它已经大幅贬值了。汇率相对于供给、相对于可能出现贬值之后的币值的汇率高估，相当于给了投机者以巨额补贴。实际上是政府自己招来了汇率危机。定价不准确，就无法放开资本流动；唯一的问题是，币值或资本流动是不是错误的。在各国中央银行为本国货币支付较高价格的时候，投机者向其出售这些货币，这一点都不奇怪：欧盟为产糖的甜菜提供补贴的时候，很多欧洲人就去种植甜菜。

如果固定汇率太高，则不管政府接下来可以干什么，都为时已晚。他们确实可以投入巨大的成本来捍卫汇率，结果将是耗光其外汇储备，提高其利率，而这将勒紧其经济。另一个办法，则是让其币值直线下跌至市场水平，在这种情况下，这个国家各个行业将没有能力偿还汇率较高时所借的贷款。不管采取哪种办法，都会发生危机。两位经济学家在一项研究中指出，所有的固定汇率安排确实

---

① 1998 年 11 月 17 日 James Tobin 在 Radio Australia 上的一次访谈，http：// www.abc.gov.au/money/vault/extras/extra14.htm。比如："我自己的感觉是，发展中国家试图实行固定汇率制，是一个巨大的错误……三大货币——美元、日元和德国马克（很快会变成欧元）都是浮动汇率，它们中间却不存在汇率危机。我不知道我们为什么坚持要韩国和泰国等国实行固定汇率。而这造成了危机……" 也可参见 James Tobin，"Financial Globalization：Can National Currencies Survive?"（paper presented at the Annual World Bank Conference on Development Economics，April 20 - 21，1998，Washington），http：//www.worldbank.org/ html/rad/abcde/tobin.pdf.

迟早都会陷入汇率危机。1992 年的欧洲货币体系如此，1997 年的墨西哥、1998 年的俄罗斯、1999 年的巴西和 2001 年的阿根廷，无不如此。另两位分析家则指出了这个问题的另一面：

> 我们还没有看到，实行完全浮动汇率制的新兴市场国家发生过严重的金融或货币危机。①

---

① 关于浮动汇率的研究，见 Radelet and Sachs, p. 13。关于固定汇率的研究，见 Maurice Obstfeld and Kenneth Rogoff, "The Mirage of Fixed Exchange Rates," *Journal of Economic Perspectives* 9，no. 4（Fall 1995）：73 – 96。

市场的独裁统治？

反对金融市场自由化的另一个理由，则是经济学之外的理由。批评全球化的人士将其视为威胁民主制的一种因素。自由的市场、资本和企业假如不满意某个国家实行的政策，可以很快地撤离该国。假如税率太高，大公司就会逃离到避税天堂。假如一个国家，尤其是小国开始出现较高预算赤字，它可能会遭到高利率的惩罚。《纽约时报》专栏作者托马斯·弗里德曼用"金紧身衣"（the golden strait jacket）来形容全球化对各国政府的影响：为了避免吓走流动性日益增强的企业，各国政府必须限制其政策的灵活性。批评家们继续推论说，这些趋势意味着，市场已经开始操纵政策，他们甚至在谈论"市场法西斯"（market fascism）或"市场的独裁统治"（dictatorship of the market）。

后一种说法完全是一种奇谈怪论，它抹杀了真正的独裁统治的罪恶行径，企图将截然对立、而绝非程度不等的两种现象混为一谈。历史上实行不可兑换之货币制度——也即其公民不得兑换别国货币——的第一个国家，正是实行极端贸易保护主义政策的纳粹德国。共产党政府通常也将独裁统治视为命令型经济的前提。权力交接和自由辩论将会颠覆政府的长期计划，这些制度只能与自由主义的市场相容，在这里，每个人自己决定自己的事情。而新兴民主国家总是在其所采取的第一批政策措施中，开放市场，使其经济自

由化。

反之亦然。从长远来看，一个国家一旦承认经济自由，则该国的独裁统治就很难避免实行政治自由。近几十年来，我们看到，在一个接一个国家，赋予其公民以选择商品和自由投资之权利的统治者，很快就被迫让公民自由地选择政府。东南亚和拉美的独裁统治就是这样瓦解的。墨西哥在选择自由贸易后没过几年，其一党制国家就崩溃了。亚洲危机之后，苏哈托在印尼的独裁统治就土崩瓦解了。现在我们已能看到，非洲一些国家进行了第一次民主的权力交接，而这些国家正是市场较为开放的国家。

人们一直普遍认为，阿拉伯国家内部高度不平等，经济则是以石油为主的计划经济，永远不可能民主化。然而，已经有若干阿拉伯国家，比如卡塔尔和巴林，进行了自由主义的经济改革，带来了经济的增长。这种经济增长则伴随着政治改革。卡塔尔已经废除了新闻审查制度，半岛电视台（Al-Jazeera）的卫星频道可以自由经营，而在投身于阿富汗战争和伊拉克战争的美国人看来，这种新闻自由甚至太自由了。美国试图说服卡塔尔政府控制该频道，卡塔尔政府的回答是，在一个表达自由的国家，是不能这样做的。卡塔尔也进行了民主的地方选举，妇女可以参加投票，也可以担任官职。巴林的新领导人已经释放了政治犯，持不同政见者已结束流亡回国参加政治对话。2002年该国举行了地方和全国的议会选举，男女都可以参加投票，也都可以竞选职位。那些变得富裕、受过更好的教育、习惯了自己进行选择的人们，不会再乐意在别的领域中由别人替他们做决定。因而，市场经济通常会导向民主，就像民主制度会巩固市场经济一样。如果从前遭到排斥的群体获得政治上的发言权，精英们就不大容易以牺牲他们为代价增进自己的利益。而这会推动更多经济自由化措施，从而将降低贫困率，其结果就是，民主制度得到加强。惟有分权的经济体系能够使得各个群体不依赖政治权力，这反过来又会提供政治多元化的基础。关于经济自由的国际调查显示，有权在国际范围内做生意的公民享有政治民主的可能性，是没有这种权利的公民的四倍。这也正是追求民主的人士积极推动其国家加入世界贸易组织的原因之一：加入该组织有一个好处，可以增加透明化和民主化的压力。一向可以为所欲为的当权者现在至少在一个领域内必须遵守公正的国际法律。

20世纪清楚地证明，除了资本主义之外，没有任何一种经济体制能与民主制度相容。谈论"市场的独裁统治"不仅是在侮辱市场，也十分无知。

从某种意义上说，债务国确实是不自由的。一个国家必须通过缩小预算赤字和债务消除市场的疑虑。一个国家必须进行改革，才能恢复人们对本国经济的信心。否则，当你需要新贷款时，外部世界会要求提高贷款利率，甚至根本就不再贷款给你。那么，这样的现代国家将发现自己落入"市场的控制之下"，但出现这样的结果后，应当受到指责的是该国政府，而不是市场。假如政府对其财政管理不当，不是靠自己的财政收入，而是靠市场资金来支撑其开支项目，那就表明是它自己决定要依赖市场的。

国际金融市场实际上是由福利国家创造出来的，20世纪70年代危机期间，它们靠借款来维持其政府开支。这样它们就扩大了自己的回旋余地。如果没有金融市场，政府就只能在自己的财政收入范围内过活，有了金融市场，提高财政收入的需求就可以被尽可能地往后拖。于是，那些具有可信的、稳定的政策的国家，就比金融市场出现之前有了更为广泛的选择范围；但借款人有充分的历史依据不信任那些债务沉重的国家。这些国家经常会通过制造通货膨胀或汇率贬值——这些措施会降低货币的价值——单方面减少债权人可能得到的偿还额。因而，金融市场会促使债权人和投资者严密观察政府在干什么，而那些看起来不合乎要求的国家则不大可能得到优惠条件。但债权人按照自己的条件出借资金，并不等于独裁统治。政府仍然可以随便把他们的经济搞糟，只是他们因此将会丧失迫使他人为他们的管理不善买单的能力。

> "假如国家的债务积累到一定程度，我相信，没有一个国家能够公平地、完全地偿还。要解放其公共财政，假如真的可以做到的话，只有通过破产才能做到；有时是公开地破产，但在现实中，一般都是假装偿还而实际破产。"
>
> 亚当·斯密，1776 年。①

市场的评价常常是进步的。20 世纪 80 年代，拉美的独裁统治纷纷瓦解，其时，市场也抛弃了这些债务沉重而危机重重的经济体。亚洲金融危机之后，大多数亚洲国家致力于开放和民主化。因为市场需要信息和法治，投资者厌恶隐匿和腐败就像躲避毒药一样。促使资本逃离一国的因素，莫过于人们怀疑其政治精英胡作非为，而很少有什么东西比公共领域的透明更有吸引力了。在有些人看来，由市场对政治进行判断本身是非民主的。他们的看法是，债权人应当保持沉默，政府要借钱的时候则随叫随到，即使眼看着政府将通过通货膨胀赖账。按照同样的理由，纳税人把他们的储蓄存放在海外也是不民主的。假如人们将民主等同于政府的全面控制、默默地顺从国家的统治者，则为了保护自己利益而对政治作出反应当然就是不民主的了。假如这就是民主，公开发表异议也就是不民主的了，而新闻审查反倒是民主了。这样的"民主"更像是要求人们全面顺从的独裁专制。②

批评者们觉得受到威胁的，其实不是民主，而是他们要求民主国家实行的政策，即扩大政府管制人民的经济决策之权的政策。然而，说市场威胁到政府对我们的活动的控制权，显然不如说它威胁

---

① Smith, p. 929f.

② Mattias Svensson, Mer demokrati-mindre politik (Stockholm: Timbro, 2000), http: //www.timbro. se/bokhandel/pejling/pdf/75664666. pdf.

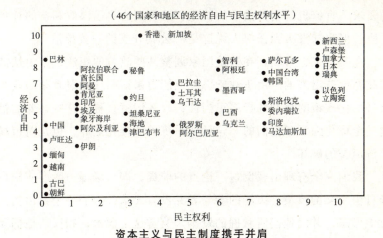

（46个国家和地区的经济自由与民主权利水平）

资本主义与民主制度携手并肩

资料来源：Roger Donway, "Lands of Liberty", *Navigator*, no. 4, 2000。

到民主制度更带劲。为什么一个民主的政府对我们的决策拥有更大的权力就叫做"更民主"呢？按照这种逻辑，假如由美国政府来决定我们可以跟谁结婚、可以干什么活或者有权在报纸上发表什么，不就更民主了？当然不是。人民中的多数应当选择他们的政治代议士，而这并不意味着应当由这些代议士投票来决定人民本身应当怎样安排自己的生活。民主是统治国家的一种方法，而不是治理社会的方法。

如果政府在市场的压力下不得不改变政策，那么，这样的改变确实像是对民主制度的威胁。举例来说，美国政府因为害怕企业离开美国而不得不废除资本收益的双重征税。这样的观点同样以下面的命题为其预设：人民必须始终服从政治决策，而政治过程不能受国会有意识决策之外的任何东西的影响。然而，正常的状态是，灵感和对现状的挑战，经常来自外部，而不是来自政客。只有在一定程度上使国家的政策适应不断变化的环境，民主制度才能生存，而这样的适应，并不是不民主的。假如这是不民主的，那么，将税负和公共开支提高到政治党派所承诺的水平之上的任何因素，也都是不民主的。有不少这样的因素，包括压力集团（比如绿色抗议者）

的要求，官僚机构自身活动的扩张，政客们为自己谋取利益的种种手段。但我却没听到任何人说这是"公共开支的独裁统治"。

在我看来，市场正在迫使国家调整某些政策的想法，是由怯懦的政客创造出来的。由于缺乏勇气或能力来证明采取财政紧缩政策或自由化政策的那种选择之正当性，政客们就宣称，这些必要的措施是全球化强加于他们的。这是随手拣来的推托之辞，也是对市场经济声誉的破坏。

我们完全有理由驳倒这一论点的前提，即市场强迫政府实施市场自由主义的政策。市场的参与者并没有要求政府搞一个自由主义意识形态，并以他们所掌握的资本来奖赏这个国家；相反，他们只是要求一个秩序良好的经济，不要出现崩溃。市场对政策的反应有助于各国削减预算赤字、降低通货膨胀率、降低利率。没有人会把自己的钱放到一个根据某种意识形态而不是根据经济标准进行投资的养老基金中。假如经济同样秩序良好，则投资者不会对社会民主主义的福利国家和自由至上主义的守夜人国家区别对待。世界上最为全球化的一个国家是瑞典，而它曾经是世界上税率最高的。

在过去 20 年的全球化时代，政府规模仍在扩张。1980～1995年间，全球所有国家的税负从其 GDP 的 22.6% 提高到 25.9%，公共开支从其 GDP 的 25.7% 提高到 29.1%。[1]

人员和企业可以自由流动这个事实，并不必然意味着他们立刻会搬到税率最低的地方。他们会搬到他们觉得他们的税款发挥了最大价值的地方。假如公民觉得，他们交纳的税款让他们得到了充分的安全保障和服务，他们就不会离开这个国家。假如企业觉得他们交纳的税款让他们得到了物有所值的研究、教育和基础设施，他们也同样不会离开这个国家。在一个人们可以更为自由地流动的世界上，只有当税款没有得到有效利用或者被用在人们觉得没有价值的事情上（这样的事时有发生），高税率才会成为问题。假如人们觉

---

① Larsson，*Falska mantran：globaliseringsdebatten efter Seattle*，p. 44.

得交了税却得不到什么回报，政府恐怕就很难征到税。这恐怕不能算是不民主吧？

　　甚至恰恰是全球化使得一个国家更容易维护选民们所乐意的政治体制，即使他们的选择是青睐高税率和庞大公共部门。这是因为，全球化和自由贸易使得我们可以更容易通过与具有其他体制的国家进行交换而获得不为我们的体制所青睐的东西。即使英国和加拿大政府举办的医疗保健垄断企业不利于开发医疗新技术、进行科研，它也可以从医疗产业更有活力的国家进口这些东西。即使高税率妨碍了国内金融市场的形成，企业也可以到别的国家筹资。全球化能使各国享用到它们并不擅长的东西。当然，有一些政策仍然会带来问题。如果一个国家不给自己的公民教育和生产的机会或对这些不予鼓励，它也就没有什么东西可用来交换。但关键在于，我们自己的政治体制依然是我们，即选民们，根据自己的价值可以决定的东西。

第七章

要自由化，不要一致化

选择文化的权利

假如孩子被迫自己发现每一样东西，他们的成长将会很缓慢。幸运的是，他们有父母，父母会把自己的经验和知识传授给他们。这样，孩子能够迅速获得远远多于光靠他们自己的努力所能获得的信息：如何吃饭，什么东西有毒，怎样找到市中心，如何游泳，等等。全球化的最大好处之一就是，新生的经济体可以向老经济体学习。当然，发展中国家不是孩子，工业化国家当然也不是父母，但工业化国家的经济已经经历过发展中国家将会经历的发展历程。因而，发展中国家的经济增长就不必耗费跟西方国家一样长的时间。相反，它们可以抄近路，从我们的错误中汲取教训。西方人用 80 或 100 年所实现的发展，中国台湾只用 25 年就成功地做到了。

发展中国家可以跳过发展的中间阶段，而直接从欧洲和美国所开发出来的技术中获益。移动电话就是一个例证。发展中国家不必再投入巨额成本建设固定电话线路；它们可以直接跳跃到无线技术阶段。现在，即使是穷人也可以用移动电话来搜寻他们生产的商品的价格。很多发展中国家现在都有电话出租公司，村民通常凑钱租用一部移动电话。这种进步意味着，在更广泛的市场上，价格将会更加平稳，也会少浪费一些粮食，因为可以更精确地计算发货时间。

> 哈里玛·卡图恩（Halima Khatuun）是孟加拉国一个村庄的文盲妇女。她向一位定期经过的商人出售鸡蛋。过去她只能以他报的价格出售，因为她见不到别的收购者。但有一次，他来收购，开价是每四个鸡蛋12塔卡（taka），她却让他等一会儿，她用移动电话去询问另一个村庄的市场价格。因为那里的价格是14塔卡，她就可以还价，最后争取到了13塔卡的成交价。市场信息让她不至于被骗走1塔卡。①

　　信息新技术现在已经使整个世界的经济活动发生了一场革命。在摩洛哥、突尼斯、黎巴嫩、埃及，数以百计的工匠，其中很多是妇女，以前从来没有接触过国际市场，现在，他们可以通过被称为"虚拟市场"的互联网出售他们的产品。② 他们的销售额上升了，现在所能得到的利润比在原来的市场上销售要多了。

　　穷国的人们可以通过卫星和互联网与总部保持联系，从而为西方公司完成服务性工作，他们也可以通过网络获得信息。有了互联网，可靠的医疗建议和先进的教育不再只由生活在世界大都市的人们所专享。人们可以抱怨进步太缓慢，全世界仍然只有5%的人口可以上网，其中绝大多数还生活在富裕的西方世界。但这样的抱怨显然忽视了从历史角度看问题。我们所知晓的互联网只诞生了3500天，如今地球上每10个人中就有一个可以接触到了。这是世界历史上传播最快的新技术。电话已经出现了125年，但就在几年前，世界上一半居民仍然从来没有打过电话。这一次，进步已经急剧地加快，其根源就是全球化。北京和上海每10个家庭就有一个

---

① World Bank, *World Development Report 2000/2001*, p. 73.

② 参见 http://www.peoplink.org/vsouk。

拥有一台计算机，用不了几年，中文将是网页上使用最广泛的语言。

发展中国家在发展过程中抄近路的能力使有的人设想，在这条道路的尽头有一个共同的终点，所有社会将共同趋向于这个终点。这幅图景困扰着很多人。他们担心整个世界会"麦当劳化"或"迪斯尼化"，即全世界都全面地同质化，每个人都穿同样的衣服，吃同样的食物，看同样的电影。然而，这幅图景并没有正确地描述全球化的过程。每个人在欧洲各国首都不难看到汉堡包和可口可乐，但他们也可以很容易地看到印度的烤腌羊肉串（kebab）、日本的寿司、得克萨斯－墨西哥风味食品（Tex-Mex）、北京烤鸭、泰国菜和法国奶酪或热牛奶咖啡。我们知道美国人在听小甜甜布兰妮，在看亚当·桑德勒的电影，但同样有必要记住，美国也是一个有1700支交响乐团的国家，每年有750万人次去歌剧院，有5亿人次去博物馆参观。[1] 全球化并不只是向全世界播放粗制滥造的真人电视节目或成天播放音乐电视，很多电影频道也在播放经典电影；探索频道和历史频道则在播放纪录片，CNN、MSNBC及众多竞争者则在播放新闻。现在，只要在网页上点击几下就可以欣赏到音乐和文学名著，电影史上的经典可以在随便哪家音像店里买到。

尽管有很多保留，但我们还是可以说，发展正在通往某个共同的目标，但这个目标不是具体某种文化的支配地位。相反，目标是多元化，是从众多不同的道路和维度中进行选择的自由。因而，人们实际的选择将会多样化。全球化和更广泛的交换所带来的，不是在所有国家人们选择同样的东西，而是在一个国家，人们突然发现了广泛得多的选择余地。随着市场扩展，并趋向于国际化，这种全球化将使那些哪怕非常狭窄的文化样式也有可能生存下来并繁荣起来。也许，在某一特定地方，市场上根本就不会有很多人对试验性

---

[1] Moore and Simon, p. 218f.

的电子音乐或陀思妥耶夫斯基小说的电影版感兴趣，因而，这类音乐家和电影制作人假如完全依赖本地受众，就不可能制作出任何东西来。但假如把分散在不同国家、具有相同趣味的人合起来，则即使是非常狭窄的消费群体，也能够具有相当大的购买力。全球化能够增加我们得到我们真正想要的东西的机会，不管我们觉得对这些东西的兴趣是多么缺少知音。假如把全世界对它们的需求汇总到一起，摩洛哥的民间艺术和法国的罗克福特（Roquefort）奶酪将会有很好的生存前景。如果需求来自全世界，商品和文化的供应量必将会扩大。讽刺的是，这样的国际化却使人相信，差异正在消失。你到国外旅行，你看到的很多东西，其实国内也有：那里的人们也在享用来自全球不同地方的商品，进同样的连锁店。这种现象不能归因于一致化和差异的消失，相反，恰恰是由于每个地方的多元化都有所增长的缘故。美国人之所以是文化领先者，乃是因为，他们已经习惯于面对非常广泛的公众进行商业化的生产；而他们之所以如此，是因为，美国是一个拥有共同语言的大国。现在，其他国家也被给予了相同的机会。

应当承认，这样的机会在某种情况下可能产生负面影响。到别国旅行的时候，我们想看看独一无二的东西。到了罗马，我们却看到了好莱坞的电影、中餐、日本宠物小精灵（Pokemon）游戏、瑞典的富豪汽车。这样一来，我们就会看不清当地的色彩。像比萨饼、意大利面条和意大利浓咖啡之间的民族特色，我们都已经熟悉了，因为，我们在本国也可以品尝到它们。罗马的一些比萨店甚至在制作芝加哥风味的比萨。我们在家乡就有机会自由选择，其结果是，我们觉得我们所到的地方不那么地道，至少是在主要的旅游线上。这是一个问题，但这属于一个奢侈的问题。有时，已经定居海外的捷克朋友来访问布拉格人。这些朋友为麦当劳也进入布拉格而痛心不已，因为它威胁到这座城市的独特的美丽。这样的反应让布拉格人很愤怒。他们怎么能够把他们的城市看成一座博物馆，为使他们偶尔参观一下而拒绝快餐店？布拉格本地人所需要的是一座现实的城市，也应当有这些流亡的捷克人自己也在享用的便利而廉价的食品。一座现实的、可以生活的城市，对于游客来说，不可能是"夏季的布拉格天堂"。我们不让其他国家和他们的民众生存，仅仅是为了给我们一种风景如画的假日体验。然而，他们跟我们一样有资格选择他们认为合适的东西。①

文化是变化的，选择的范围越大，变化也就越快。如果我们能在报纸上读到别人的生活方式和价值，在电视上能看到它们，那吸收它们就不再需要费多大劲。尽管大体说来，文化的变化，其实没有什么新东西，不过就是彼此碰撞，互相影响而已。文化一直就是这样变化的。文化意味着培育，变化和更新是其内在的组成部分。假如我们试图将文化模式凝固在某一时间，将其视为独特的美国或泰国或法国或瑞典或巴西或尼日利亚的，它们也就不再是文化了。它们就不再是我们生活的活生生的组成部分，相反，将成为博物馆里的收藏品和民俗。博物馆并没有什么错，它们是消磨一个下午的好地方，但我们不可能生活在那里。

在谈到应当把文化与外界隔绝、予以保护的观念的时候，挪威社会人类学家托马斯·希兰德·艾里克森（Thomas Hylland Eriksen）曾经指出，文化是一个过程，而不是一个静态的东西，因而，从根本上说是不受限制的。

一旦政府成为民众的文化认同的保护者，文化就会受到限制，会用官僚的僵硬的官腔固定下来。它就不再是活生生的、动态的、可以变化的、发展的，而会成为一个包裹，成为一个拼好了的七巧板，不能从中间拿走任何一块，否则就会变样。②

---

① Jonah Goldberg, "The Specter of McDonald's: An Object of Bottomless Hatred," *National Review*, June 5, 2000.

② Thomas Hylland Eriksen, *Kulturterrorismen: en uppgörelse med tanken om kulturell renhet* (Nora, Sweden: Nya Doxa, 1999), p. 46.

即使我们认为最为"正宗"的传统，一般来说，也都吸收了外来的文化。① 外人通常觉得很难相信，但事实却是，最神圣的瑞典传统之一就是在圣诞夜看唐老鸭电视；而就在圣诞节前十一天，在赞美意大利的一位圣人的时候，人们用点燃的蜡烛装饰金发女郎的头发。秘鲁作家马里奥·瓦尔加斯·略萨（Mario Vargas Llosa）曾说，他经过毕生对文化，尤其是法国文化——法国政客试图用关税和补贴来保护本国文化——的研究有一个发现。

> 我所得到的最值得重视的教训……是下面的知识：文化要保持生机，不需要官僚或警察的保护，不需要被禁锢在栏杆后面，不需要让海关官员将其隔离起来，因为这会使它完全地方化，从而窒息而亡。它们需要生活在自由中，可以与别的文化进行交流，借此，它们将更新和充实自己。
>
> 文化不是电影《侏罗纪公园》里的恐龙，仿佛这个给了整个世界以蒙田和福楼拜、德彪西和塞尚、罗丹和马塞尔·卡尔内（Marcel Carne，法国著名电影导演）的文化正在濒临灭亡似的。然而，那些政治煽动家们谈起文化的时候，仿佛文化就是木乃伊，不能拿出来接触这个世界的空气，仿佛自由会摧毁它。②

全球化时代文化的彼此接触，能够减少人们被锁定在一种文化的风险。对于传统的守护者来说，这也许是个坏消息，但很多人都会认为，摆脱他们自己的文化的老套和约束，是一场最伟大的胜利。要摆脱死板的性别角色，要能够按照自己的价值生活，或者要

---

① "本土"文化产品很可能是经由文化接触与交流而形成的，这样的例证见 Tyler Cowen, *Creative Destruction*: *How Globalization Is Changing the World's Cultures* (Princeton, N. J.: Princeton University Press, 2002)。

② Mario Vargas Llosa, "Can Culture Be Exempt from Free Trade Agreement?" *Daily Yomiuri*, April 25, 1994.

想打破家庭传统、进入自己选择的行业，全球化可能必不可少。有别的文化样式做参考，对他们能有所帮助。电视和互联网已经带来有关别的无数种选择的那么多信息，精英们怎么还能够说他们的生活方式就是唯一的？如果政客就在跟别的国家公开宣称自己是同性恋的政客进行贸易谈判，他怎么还能煽动对同性恋的憎恶？定期开会的人们不可能只想着自己、光顾自己合适，这本身就是克服视野狭隘、目光短浅、故步自封的良方。

英国社会学家安东尼·吉登斯（Anthony Giddens）在其回忆录中讲了一个打动人心的例子，用以说明，仅有一种选择的时候，传统将具有怎样的压迫性。

> 假如我受到诱惑以为，传统的家庭可能是最好的，我就会记起我伯母曾跟我说的一句话。她不得不跟一个人有一段最为漫长的婚姻，不得不跟她的丈夫生活60年以上。而她曾经对人倾诉，她跟他在一起的那些日子，非常不快乐。而在她那个时代，她却无路可逃。[1]

没有一个统一的公式可以向我们表明，一个人必须接受多少现代化，必须保留多少传统。每一个平衡都要由那些自己进行选择的人来确定。这可能意味着——但也未必：传统的文化形态会逐渐凋零。现在，那些并非出生在某一文化中的人也可以接触到该文化，因而，这种文化生存的前景其实在另一个方面增大了，它不再由习惯的力量来维持，而能够通过主动的选择逐渐扩散。学者萨尔曼·拉什迪（Salman Rushdie）曾评论说，有根的是树，而不是人。

---

[1]　Giddens，p. 66.

自由的征程

对新潮流的开放能使那些最诱人也最能令人信服的观念很容易传播开来。因此，自由和个人主义的观念在全球化的时代获得了巨大的力量。没有哪个观念能像自决（self-determination）观念这样令人鼓舞。当人们发现别国人拥有这种权利的时候，它就变得几乎不可阻挡。对于接受新观念、新图像、新音乐的自由的向往，对于选择的自由的向往，很快就引导人们要求拥有更多选择、更多地由自己决定自己事务的权力。正因为此，那些享受到经济自由的人也会要求得到政治自由，那些得到民主制度的人也会要求得到个人自由。人权的观念正在传遍全球。如果说，在整个世界的进步中，有什么差异正在消失的话，那就是，社会正在趋同于民主制度。根据这一制度，人们可以按照自己的心愿生活。这个世界的日趋相同之处就是，越来越多的人可以过不同的生活。

> "低种姓经常遭遇的蔑视几乎正在消失。现在，我自己就很清楚地知道，每个人，包括贱民，都是人，跟我一样具有人的尊严。我们都有同样的血脉。"
>
> 印度农民 Ram Vishal，本人属于中间种姓①

---

① Berg and Karlsson, p. 51.

有些人不能"应付"自由，他们需要经过一个强人领导时期，或者某一个国家的人不能对别国的政策说三道四，这样的观念，具有强烈的种族主义色彩。如果别国政府压迫或者消灭其公民，我们有资格——或许有义务——与之作斗争。有些人以为，人性的尊严在边界两边有不同含义，这样的想法本身就是荒谬的。智利前独裁者皮诺切特访问英国的时候，一位西班牙检察官要求英国当局逮捕他，尽管最后并未能对他作出判决，但这也是一个里程碑事件。古巴领导人卡斯特罗对这一裁决极为愤怒，这也是合乎逻辑的，即使他本人搞的完全是另一套政治。他正确地认识到了，这个世界现在越来越没有独裁者的藏身之地。今天，专制暴君和大屠杀者已经不能像十年前那样自由地周游整个世界，因为他们很可能被送进战争罪犯法庭和国际法院。这种变化反过来又刺激了本国的司法系统。这表明，国际措施补充而不是取代了本国法律。未来，也许反人类的犯罪活动将变得无利可图。

未来是不能预先决定的。不存在唯一的道路，也没有什么东西强迫我们接受全球化。反全球化分子在这一点上完全正确。资本可能被锁住，贸易可能遭到阻拦，边界可能设上路障，至少在19世纪后期的全球化时代之后就发生过这样的反复。那时，整个世界经历了几十年的民主化和开放时代，人们可以不带护照穿越边界，不用工作许可证就可以找到职业。他们可以轻松地成为他们定居的国家的公民。但在几十年的反自由主义宣传和民族主义武力恫吓之后，到20世纪初，取而代之的是集中化和封闭的边界。曾经在贸易和新价值的创造中紧密合作的国家，却彼此把对方看成敌人，并在旧价值的名义下开战。这些国家利用武力而不是通过自由竞争来夺取市场。1914年第一次世界大战的爆发标志着这一全球化时代的终结。在几代人之后，世界第一次搞起了贸易保护主义和护照制度。

全球化带来的很多后果很容易引起人们的疑虑——原来的经济形态瓦解，利益受到损害，文化遭遇挑战，传统的权力中心受到侵

蚀。随着边界变得不那么重要，人员、商品和资本能够更为自由地流动，但犯罪分子、狂热情绪和疫情也同样能够自由流动。全球化的鼓吹者必须证明，更大的自由和更多机会能够抵消这些麻烦。他们必须指出解决这些问题的可能办法，也许比以前更有效的办法，否则，就将存在严重的风险：反全球化的观念将会在西方世界扎下根。如果果真如此，则一次经济衰退或一场小规模的关税战，就有可能激起一场贸易保护主义的猛烈反扑。1929 年的华尔街危机后，美国转向一种具有强烈保护主义色彩的政策。那之后有很多年，美国对外出口的东西只有萧条。别国政府也作出类似反应，整个世界的贸易由此崩溃，仅用了三年时间就缩小了三分之二。一个国家的危机导致了整个世界的萧条。到了今天，贸易保护主义的回潮也必将意味着富裕世界的停滞和发展中国家更严重的贫困。它甚至有可能引发冲突，使各国彼此为敌。如果各国政府只管自己，将外国的一切都视为威胁而非机遇，则最简单、也最粗鄙的民族主义就会落地生根。

全球化今天再以这样的方式毁灭的可能性不大。帝国主义的野心已经弱化了，全球化已经在空前数量的民主国家中得以牢固树立起来。民主和人权的观念正在越来越具有影响力，亚洲和拉美总的来说已经与世界经济更紧密地融合为一体，而这乃是出于他们自己的选择。大多数人致力于在比如 WTO 的框架内实现受到管制的双边贸易协定，因而，强国政府已经不大可能随心所欲地扭曲自由贸易。然而，即使民主制度和市场将继续扩展，也不是所有人都走一条路。缅甸、朝鲜这样的国家就证明了，一个国家确实可能将自己与全球化的环境隔绝起来，只要这些国家准备付出压迫和贫困的巨大代价。假如我们准备承受丧失自由和繁荣——这是自由化题中应有之义——的代价，只要我们准备让发展中国家的穷人忍受我们保留关税壁垒的决定之苦，也就没有什么东西迫使欧盟放开我们的市场。我们并不一定要追随全球化的趋势；它只是可取的，所以才值得我们追求。如果没有人维护，如果没有人向孤立主义发起挑战，全球化并不能自己获得发展的动力。

　　所有变化都会引来猜疑和焦虑，有时，这种猜疑和焦虑是正当的；即使是正面的变化也可能会在短期内带来麻烦的后果。决策者都不愿意承担失败和出问题的责任。他们觉得，让别的东西承担责任更可取。全球化便成了一只很好的替罪羊。它包含着历史上种种服务于这种目的的匿名力量：别的国家，别的民族和种族群体，被人看不起的市场。当政客们厉声谴责全球化毁灭了经济、增加了贫困、使一小部分人变富，或者当企业家们说迫使他们污染环境、裁减工作岗位或提高他们的薪资的是全球化而不是他们的决策的时候，全球化无法自己站出来为自己辩护。在好事情发生时，比如环境得到改善、经济高速发展、贫困减少的时候，全球化的功绩通常也得不到承认。因此，全球化不能为自己进行辩护。因而，需要很多人对历史进程承担全部责任。如果日益全球化的趋势要继续下去，就需要对摆脱边界和控制的自由给予某种观念上的辩护。

　　在未来 25 年中，我们这个星球将增加 20 亿人，其中 97% 的人口增长将发生在发展中国家。不存在一个自动的、事先确定的程序来决定，他们将经历哪一种世界，他们将有哪些机遇。这在很大程度上取决于你、我这样的人相信什么、思考什么、争取什么。

* 　* 　*

　　在陶华玲居住的中国村庄，拉舍·贝尔格和斯蒂格·卡尔森（Lasse Berg and Stig Karlsson）遇到的人们这样描述自他们上次到这个地方以来所发生的思维方式的变化："上次你们在这儿时，人们的思想和心灵是封闭的，受到了束缚。"一位农民杨正明解释说，但当他们获得了支配自己土地的权力后，他们第一次有权自己决定一些事务了。即使像这样比较温和的自由，也是革命性的。他们不得不自己思考问题，按照新思路来思考。他们也被允许更多地为自己和自己所爱的人考虑，而不是服从领导人的指示。杨接着

说："这样，农民就能够自己掌握自己的命运了。他不需要听别人的话。他自己决定自己干什么，怎么干，什么时候干。他的劳动所得是他自己的。我们也得到了自由。我们可以为自己考虑了。"作者贝格以一段更为普遍的观察结论概括了他的印象。

> 不只是在中国人的内心中一堵墙现正在崩塌，类似的事情正在全世界发生，在印度的比哈尔，在东帝汶，在奥万博兰（纳米比亚北部一个地区）。人们发现，个人有权成为他自己。而这一点在以前并不是不言而喻的。这一发现带来了一种渴望，不仅是渴望自由，也渴望生命中美好的东西，渴望财富。①

这种新的精神风貌，即使我们对其有所保留，也一定能让我们对未来保持乐观。我们还没有走完全部行程：强制和贫困仍然占有这个星球的很大部分地区。其大倒退有可能、并且确实将会出现。但一旦人们知道，生活在压迫和无知状态下并不是自然的和必然的，他们就不会再将其作为唯一可以想象的生存状态接受下来。一旦人们意识到，他们不只是社会和集体的工具，他们自己就是自己的目的，则他们就不会听天由命了。一旦人们品尝到自由的滋味，他们就不愿意被关在高墙厚垒之后；他们将会努力争取为自己创造一种更好的生存状态，改进我们所生活的这个世界；他们会要求得到自由和民主制度。政治的目标应当就是给予他们这种自由。

---

① Berg and Karlsson, pp. 162 – 171.

译后记 全球化的政治与伦理风险

姚中秋

本书原名为《为全球性资本主义辩护》，出于众所周知的原因，改为今名，但含义并无变化。诚如书名已经揭明的，这是一本礼赞自由市场的著作，而全球化则是自由市场制度被扩展至全球范围，所有人直接、间接地卷入全球范围的分工交换网络的过程。

通读全书，可以发现，本书的结论非常简单：自由市场是人类所能找到的最好的组织经济活动的制度形态。这个结论如此简单，以至于可能不需要进行论证，作者的论述基本上是反驳种种反对自由市场的观点，来捍卫上述结论。

全书渗透着一种乐观主义，我们在最坚定的自由市场经济学家那里，总是能够看到这种乐观主义，比如，亚当·斯密和米尔顿·弗里德曼。斯密相信，个人出于私利而进行的自愿交易，可以增进社会的福利。弗里德曼相信，只要取消了政府的各种管制，就可以实现自愿的最有效利用。

简单的结论具有思想的穿透力，但是，简单的结论也容易引起人们的怀疑：事情真的这么简单吗？中国人正在经历的过程似乎表明，事情并非如此简单。

市场化的法律与伦理基础

尽管有所保留，本书作者也承认，WTO 对于推进自由贸易是

有所助益的。2004 年 12 月 11 日是中国加入国际贸易组织三周年。在过去的三年间，中国更深地融入全球市场分工体系中，从中获得了不小收益：中国人在生产、贸易、消费活动中有了更广泛的选择余地。

不过，全球化的收益和风险的分布并不是均匀的。消费者大体上是全球化绝对的受益者，因为全世界的企业围绕每个地方的消费者而展开的竞争，极大地增进了所有消费者的选择余地。

但企业和商人则在享受到全球化的好处的同时，也面临全球化的风险。比较文明一点的风险，就是贸易伙伴国制造的贸易壁垒，比如惩罚性关税、反倾销调查。中国入世三年以来，国外共对中国企业发起反倾销调查 137 起，涉案金额约 35 亿美元，这些调查主要出自欧盟和美国政府之手。在这本书中，作者对于欧盟、美国以关税和非关税壁垒方式限制或禁止第三世界国家之产品进口的做法，既从经济学角度提出了批评，也从伦理角度提出了谴责。他认为，西方国家的这种做法是不道义的。

全球化时代的中国商人还可能面临更为野蛮的风险。2004 年 6 月 10 日，阿富汗反政府武装分子突袭中建十四局在阿富汗昆都士公路项目工地，向睡梦中的中国援建工人疯狂扫射，造成 11 死 5 伤。这是真正的恐怖袭击事件，仅具有政治目的，当可不论。但另一种形式的恐怖袭击则与贸易直接相关：2004 年 9 月 16 日，位于西班牙东南部的小城埃尔切火光冲天，温州商人在这里的商店和集装箱遭到暴徒的攻击、焚烧。

国内也有反全球化者，当年中国加入 WTO 的政治决定，曾引起很多人的担忧。但西班牙小城民众对自由贸易的这种非理性的反抗，仍然令普通中国人大为震惊，以至愤怒。麻烦在于，站在西班牙人的角度，其情感就可能与中国人不同。对于中国产品的大量涌入，不管是政府设置关税与非关税壁垒，还是民众非理性的暴力反抗，阻挡中国产品进口，在西班牙以至西方普通民众的心目中，未必不具有正当性。

　　按照本书作者的看法，西方人的这种反应是错误的。从国际贸易、比较优势等等经济学理论的角度看，确实如此。不过，人们的政治选择通常取决于情感，而非取决于真理。因此，这种情感本身恰恰需要政治学予以认真对待。

　　我们可以看到，在一国之内，面对一群新兴企业的冲击，原有的企业也有可能陷入困境。尽管靠这些企业生存的人们非常愤怒，他们却仍会约束自己的行为。因为，法律禁止他们作出非理性的反抗。人们在情感上对竞争对手也并没有深刻的厌恶。也就是说，在法治框架相对健全的国家，跨地区贸易的政治与伦理风险是可以控制的。

　　在理解斯密、弗里德曼等经典自由市场经济学家的乐观态度时，我们必须特别注意他们所考察之市场制度本身的法治框架。在作为他们的理论之背景的英美国家，普通法体系早在 13 世纪就已经相对成熟，并且灵活地适应了未来经济和社会的变动，而现代意义上的市场经济只是到 18 世纪才逐渐发育。因而可以说，在历史上，现代市场经济乃是在相对健全的法治框架内发育出来的。而经由国会和普通法体系所塑造的国家之统一，也有助于人民感情和伦理观念上的统一。法律的统一及由此形成的民族观念，使得跨地区贸易的政治与伦理风险被控制在可以承受、可以解决的范围内。

　　全球化过程则缺乏这样的法律与伦理支撑。全球化的市场先于全球性的法律与伦理体系降临了。这就是全球化时代的一个困境：生产和消费已经日趋全球化，但政治仍然以民族国家为单位进行，而伦理观念也通常局限于本民族范围内，目前尚没有形成与全球化相对应的全球性的伦理、法律规则及其执行机制。也就是说，民族主义的情绪和观念在很大程度上仍主宰着人们的心灵。

　　贸易竞争的主体一旦被国界线分开，商业民族主义一旦遮蔽人们将他人视为与自己平等之人的情感，人们的行为就不受约束了。受到威胁的一方会游说自己的政府设置关税与非关税壁垒，甚至可能像西班牙人那样，发动商业恐怖袭击，而本应维持秩序的当地警

察，却袖手旁观。在警察看来，被攻击的是中国人，非我族类，其心必异，正常的商业竞争行为就是不可容忍的，而攻击行为却是可以容忍的。因为，没有一个全球性的法律与伦理约束人们的行为，调节人们的情感。

中国的企业在全球化时代会面临这些风险，欧美企业也同样会面临第三世界国家设置的关税与非关税壁垒，以及民众的非理性抵抗。当然，在每个国家，尤其是在西方国家，向来倾向于反对自由市场的主流知识分子，也往往是反全球化的一股重要力量。总之，尽管每个国家都可能从全球化中获益，但由不同阶层所推动的形态各异的"商业民族主义"在每个国家都存在。

全球化意味着野蛮化？

因此，与民族国家范围内"全国化"——即法律、伦理规范和情感在全国范围内的统一——的成就相比，全球化则处于相对"野蛮"的状态，全球化过程意味着人类在某种程度上经历了一个再野蛮过程，全球化如果要取得成功，必须发育出支撑它的法律与伦理框架。

文明的每一个进步，都意味着每个人对未来的确定性提高。举例来说，野蛮人完全可能因为一场自然灾害而被饿死，而现代文明人则可以确信，他不会被饿死；他可以确信假如有人无端侵犯他，他可以得到法律的救济。他也可以确信，对于他的诚实和慷慨，人们会作出善意的回应。其中的奥秘就在于，社会方方面面的规则越来越严密，而规则的执行机制则越来越有效，从而给人们创造出了一个更为宽松、又更为保险的私人空间。在这里，普遍的正义规则可以确保个人的自由，个人可以确信，他的未来是比较确定的，不会遭遇到他人的无端侵害，他可以大胆地投资于未来。

反观全球化，则由于缺乏全球性法律与伦理框架的支撑，在一定程度上，人们对于生活、生计的确定性降低了。从事贸易活动的人们——其实也就是所有人，因为全球化就意味着所有人直接间接地卷入全球化分工交换体系中——都不得不面对来自异国的政治与伦理风险，而这样的风险在国内跨地区贸易中已经不复存在。

这就是全球化"野蛮"的一面。人们活动的范围，相应地，能够影响到人们的各种因素的范围，已经扩展到全球。但是，却没有形成与之相应的全球性的伦理、法律规则和各自的执行机制。比如，在埃尔切事件中，面对暴民的暴行，当地警察袖手旁观。在当地部分居民看来，这些警察的做法是爱国的，值得赞扬的。而从温州商人的角度看，警察的这种袖手旁观，是一个十分强烈的信号：他们再也不能确定，在这个城市，他们还有没有未来。而在比如说北京，他们不会有这样的焦虑。因为他们大体上可以确信，有本民族的道德和本国法律的约束，他们大概不会遭受这样的袭击；即使发生类似袭击，他们也可以获得司法或政治上的救济。这样的确信，对于商业活动，乃至于对于文明本身来说，都具有决定性意义。

如何化解全球化所带来的这种法律与伦理风险，是全球化时代最重大的挑战。否则，全球化给人们带来普遍物质福利的同时，却可能使人们的政治与伦理生活趋向野蛮化。对于外国人的狂暴，当然会扭曲人们看待自己邻人和同胞的心理。当一个人仇恨外部敌人时，自然地也会在自己的邻居、同胞中寻找甚至制造敌人。

从这个角度看，本书作者，以及很多自由市场经济学家未免过于天真了。在国内，他们相信，市场的发育可以为保障个人自由的宪政制度之确立奠定基础。乍看起来，这样的论断当然没有错，问题在于，如果没有宪政制度之核心——法治，市场本身又如何发育起来？中国20多年来的市场发育当然为未来宪政制度之建立提供了一定基础，但是，在非法治的框架下所强力推进的市场化进程本身，又制造出许多反宪政的因素。比如，底层民众严重的不公平感，以及由此而产生的对于绝对平等的向往；在转轨过程中获益最大的既得利益集团——权贵资本家，也必然拒绝深化体制转轨，而

宁愿永远停留在转轨中间状态，同时攫取权力与市场的双重好处。

在全球经济范围内，这群天真的自由市场经济学家也只看到了全球化在配置资源方面的效率，而没有看到全球化给经济活动主体所带来的法律与伦理风险。而他们在反驳反全球化者的时候，也过于迷信经济学的真理，而缺乏法律与伦理的维度。他们以为，仅靠经济学的真理就可以教化政治家和民众。他们中的有些人走得更远，为了实现真正的商业自由和贸易，而完全否定国家存在的意义，从而走向了自由市场无政府主义。这里的理想是美丽的，但它离现实未免过于遥远，而且，对于人性，也未免过于乐观。

经济学的真理和经验数据确实可以在公共论坛上起到说服政治家和民众的作用。不过，要论证自由市场和全球化之可欲性，光靠经济学显然不够。自由主义者天然地倾向于人员、产品、服务、资金、信息在全球范围内之自由流动，因而这种自由流动乃是个人自由的应有之义。不过，审慎的自由主义者也需要面对民族国家存在及民族主义情感的现实，并在这个基础上探究全球化的治理秩序的可能性。只有在展示这样的可能性之后，方可有效地对反全球化的论点作出回应，并对全球化之可行性给出更有力的论证。

全球化下交叉重叠的民主政治

全球化的法律与伦理秩序是有可能形成的，尽管真正的形成将是非常遥远的事情，但我们确实可以探索某种过渡形态。

全球范围内绝大多数具有正常理智与情感的普通人都可能认定，埃尔切暴民的暴力活动及地方警察的不作为，不合乎人类普遍的正义感。即使当涉及自己的切身利益时，人们总会做出带有偏见的判断，但上述正义感已足以构成全球文明秩序的根基。据此，我们或许也可以对全球化所需要的全球性伦理和法律制度框架之形成和完善，具有一定信心。

只是，作为旁观者的那种理智与情感如何变成可执行的法律与伦理规则，如何有效地调节人们的情感，却是一个严峻挑战。要让人们对自己在全球范围内活动的预期之确定性，达到其在民族国家范围内活动时那样的程度，恐怕需要一个漫长的过程。

不过，假如自由市场与法治和民主政治之间存在某种正相关，那么，全球化本身也在一定程度上提供了破解其所带来之政治与伦理风险的可能性。

一方面，全球化的竞争迫使理性的政府接受全球性贸易规则，并可能形成某种有利于自由贸易的制度竞争。这种制度总的趋向是强化法治。这一点，在中国表现得非常明显。而在这一法治建设过程中，大量全球性规则进入民族国家的法典体系中，从而使得法律可以在一定程度上为异国的人员和企业提供某种保护。这种法律就是阻遏商业民族主义的一道篱笆，尽管不是完全有效，但总能起到一定作用。

在政治层面上也可以找到化解反全球化的力量的渠道。在民主的政治框架下，谁都可以影响政治决策，也可以对民众进行说服，即使你是一个外国人。安利、雅芳们显著地影响了中国关于直销的立法，新加坡企业强烈地影响了苏州的经济政策。同样，如人比较明智的话，也可以影响埃尔切的地方政治。中国的也可以在欧盟、美国进行院外活动，彼此进入对方国内治，这可能就是这个瘸腿的全球化时代政治的一种特

同时，各国的企业也可以进入他国的舆论空间，说服普通民众，使其舆论能够有利于自己，起码不至于损害自己。从事公益政治则是说服贸易伙伴国普通民众的有效途径。

各国企业也可以进入当地的社会生活，寻找自己的支持者。美国、欧盟的出口企业可能得到中国消费者的支持，中国企业同样可以在欧盟、美国组织一个反对贸易保护主义的同盟军。力量是现成的，进口商及其商会、销售商、信奉自由市场的学术机构和学者，及政客。

这样，全球贸易将带来各国政治的交叉。民主意味着政治的开

放性，不仅针对本国所有群体开放，甚至也对异国的利益团体开放。每个国家的部分人会参与到其他国家的公共生活，从事院外游说，参与当地社会生活，或者塑造所在国的舆论。这种交叉的政治、公益活动，可以在一定程度上缓解全球化的政治与伦理风险。

这种互相交叉的民主活动，当然会增加企业和个人的成本。从纯粹经济学的角度说，这是不经济的。因此，很多自由市场经济学家更加向往无政府主义。不过，即使在国内政治中，民主也是需要成本的。在民主政治下，一个拥有巨大利益的群体，是所有人觊觎的目标。民主制度本身就是各种利益团体讨价还价的平台，如果你不去进行游说和说服，你的利益就很有可能遭到忽视，甚至被其他群体分食。因此，民主政治需要每个人自己保护自己的利益，它其实是一种复杂的、高成本的政治。但是，假如宪政之下的民主是目前人类所能找到的最不坏的宪制，那么，支付这种成本就是可欲的。这样的付出，有助于推动一种全球性政治和伦理的发育。

至此，我们似乎又回到了"看不见的手"命题：企业为追逐私利而从事的政治游说和说服工作，有可能导向一个良好的非意图全球范围内各国间互相交叉的政治，这样的政治可以形成一全球性法律与伦理元素，缓解民族主义情感，降低全球化

须承认，民族国家内部的民主生活容纳外部参与的过程，终面临着中断的可能性，就像很多国家的民主制度本身曾经出现过反复一样。这是人性使然。人类的历史永远不会终结。因为，自由制度永远不会一劳永逸。历史终结的天真论断，其实是自由人放弃责任的最好借口。

本书的翻译是九鼎公共事务研究所的项目，冯兴元先生提供了巨大帮助，在此表示感谢。

陈海威先生翻译了第一章，其余章节由姚中秋翻译，并审校全书。

社会科学文献出版社网站

www.ssap.com.cn

1. 查询最新图书　　2. 分类查询各学科图书
3. 查询新闻发布会、学术研讨会的相关消息
4. 注册会员，网上购书

　　本社网站是一个交流的平台，"读者俱乐部"、"书评书摘"、"论坛"、"在线咨询"等为广大读者、媒体、经销商、作者提供了最充分的交流空间。

　　"读者俱乐部"实行会员制管理，不同级别会员享受不同的购书优惠（最低7.5折），会员购书同时还享受积分赠送、购书免邮费等待遇。"读者俱乐部"将不定期从注册的会员或者反馈信息的读者中抽出一部分幸运读者，免费赠送我社出版的新书或者光盘数据库等产品。

　　"在线商城"的商品覆盖图书、软件、数据库、点卡等多种形式，为读者提供最权威、最全面的产品出版资讯。商城将不定期推出部分特惠产品。

咨询 / 邮购电话：010-65285539　　邮箱：duzhe@ssap.cn

网站支持（销售）联系电话：010-65269967　　QQ：168316188　　邮箱：service@ssap.cn

邮购地址：北京市东城区先晓胡同 10 号　社科文献出版社市场部　邮编：100005

银行户名：社会科学文献出版社发行部　　开户银行：工商银行北京东四南支行　　账号：0200001009066109151

图书在版编目（CIP）数据

为全球化申辩／〔瑞典〕诺尔贝格著；姚中秋，陈海威译.
- 北京：社会科学文献出版社，2008.5
（全球化译丛）
ISBN 978 - 7 - 5097 - 0061 - 7

Ⅰ. 为… Ⅱ.①诺…②姚…③陈… Ⅲ.①全球化 -
研究 Ⅳ. D81

中国版本图书馆 CIP 数据核字（2008）第 014175 号

·全球化译丛·

为全球化申辩

著　者／〔瑞典〕约翰·诺尔贝格
译　者／姚中秋　陈海威

出 版 人／谢寿光
总 编 辑／邹东涛
出 版 者／社会科学文献出版社
地　　址／北京市东城区先晓胡同 10 号
邮政编码／100005
网　　址／http：//www. ssap. com. cn
网站支持／（010）65269967
责任部门／社会科学图书事业部（010）65595789
电子信箱／shekebu@ ssap. cn
项目经理／王　绯
责任编辑／童根兴
责任校对／汪建根
责任印制／盖永东

总 经 销／社会科学文献出版社发行部
　　　　　（010）65139961　65139963
经　　销／各地书店
读者服务／市场部（010）65285539
排　　版／北京中文天地文化艺术有限公司
印　　刷／三河市世纪兴源印刷有限公司

开　　本／787×1092 毫米　1/20
印　　张／14
字　　数／227 千字
版　　次／2008 年 5 月第 1 版　印次／2008 年 5 月第 1 次印刷

书　　号／ISBN 978 - 7 - 5097 - 0061 - 7/D·0025
著作权合同／图字 01 - 2006 - 4157 号
登 记 号
定　　价／35.00 元

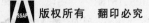